Adam Weishaupt

Das verbesserte System der Illuminaten

Adam Weishaupt

Das verbesserte System der Illuminaten

ISBN/EAN: 9783742898265

Hergestellt in Europa, USA, Kanada, Australien, Japan

Cover: Foto ©Andreas Hilbeck / pixelio.de

Manufactured and distributed by brebook publishing software (www.brebook.com)

Adam Weishaupt

Das verbesserte System der Illuminaten

# Das

verbesserte System

der

Illuminaten

mit allen

seinen Einrichtungen und Graden.

Herausgegeben

von

Adam Weishaupt.

Herzoglich Sachs. Goth. Hofrath.

"Hic situs est Phaethon, currus auriga paterni:
Quem si non tenuit; magnis tamen excidit ausis.
Ovid. Met. B 2.

Frankfurth und Leipzig,
in der Grattenauerischen Buchhandlung,
1787.

Der Welt
und dem
menschlichen Geschlecht.

Einleitung.

Ich habe mich in der Einleitung zu meiner Apologie schon oft darauf beruffen, daß das System der Illuminaten von einem grossen Grad der Unvollkommenheit ausgegangen sey, daß es sich aber späterhin, durch eben diese Unvollkommenheit, zu einem sehr hohen Grad der Vollkommenheit verbessert habe. In der Apologie selbst werde ich mich noch oft darauf beruffen. Ich kann mir vorstellen, daß jeder Leser, in einer Sache, wo man so leicht und vielfältig getäuscht wird, nicht blos glauben, daß er lieber selbst sehen und urtheilen wolle, daß er gründliche überzeugende Beweise fordern werde. Wie kann ich dieses gerechte Verlangen besser, als durch die würkliche Vorlegung aller Grade und der ganzen Einrichtung erfüllen? — Hier sind sie also. Man müßte mir ganz ausserordentliche Gaben zutrauen, wenn man mich beschuldigen wollte, daß ich erst seit kurzem dieses ganze System entworfen, um die Beschuldigungen meiner Gegner zu widerlegen. Sollte es nöthig seyn, so könnte ich selbst in Bayern vormahlige Mitglieder namhaft machen, welche einige dieser Grade, so wie sie fertig geworden, schon vor den ausgebrochenen Stürmen erhalten haben. Ich selbst habe in Ingolstatt noch darnach gearbeitet: und was statt alle Beweise dient, so müssen sich meine Zuhörer erinnern, daß ich das in meiner **Apologie des Misvergnügens im dritten Gespräch** S. 217. vorgetragene System über den Ursprung des Uebels, unter andern philosophischen Systemen öffentlich vorgetragen habe. Wäre aber auch dies alles nicht geschehen, so würden diese Grade noch meinen Hauptsatz beweisen, daß ich meine ersten rohen und unverdauten

Begriffe

Einleitung.

Begriffe sehr verbessert habe, daß die ersten Verirrungen die Grundlage und Quelle dieser Verbesserungen geworden. Da einige von diesen Graden schon gegen vier Jahre alt sind, so kann ich den geneigten Leser versichern, daß sich meine Begriffe seitdem auf ein neues geläutert haben, daß ich also manches ändern würde, was ich hier ungeändert vorlege, um meinem Versprechen getreu zu bleiben. So verschieden die Urtheile der Leser ausfallen mögen, so hoffe ich doch sollen alle darin übereinkommen, daß die in diesen Graden aufgestellten Grundsätze fähig seyen, grosse und erhabene Menschen zu bilden. Nur wird manchem sich der Zweifel aufdringen, ob es möglich seye, Menschen für diese Grundsätze empfänglich zu machen, sie darnach zu bilden und in würkliche Ausübung zu bringen. Ich kann aber versichern, daß es möglich sey, daß ich einige Mitglieder

würklich

wirklich dazu gestimmt habe; und ich würde noch grössere Beweise dieser Möglichkeit geliefert haben, wenn die ausgebrochenen Stürme den besten Lauf meiner Arbeit nicht mit einemmahl unterbrochen hätten, und ich glaube, der Leser hat Beyspiele an meinen Zöglingen gesehen, welche mein Vorgeben bestättigen.

Diese Grade erscheinen also, um das Publikum zu überzeugen, daß ich die Wahrheit rede, daß der Gedanke an eine weitere Fortsetzung des Ordens bey mir gänzlich erloschen ist, daß ich viel und allzeit Gutes gewollt habe, daß ich nur aus Mangel einer bessern Einrichtung gefehlt habe. — Und nun wandert hin, unter die Augen des Publikums, an das Licht der Sonne, ihr meine spätern Ueberzeugungen, ihr so sehr gefürchtete Kinder der Finsterniß und Nacht! Rettet nun die Ehre eures
Urhe-

Einleitung.

Urhebers, der euch in dieser Finsterniß zurück hielt, um, wie er glaubte, mehr und besser zu nuzen. Ihr habt euerm wohlmeinenden Vater düstre und trübe Tage gemacht. Zieht nun hin, und erfahrt das Urtheil der Welt, und benehmt denen, zu deren Glück ihr bestimmt ward, ihr ungegründetes Mistrauen und Furcht. Macht nun, denn das seyd ihr schuldig, (oder aller Glaube an eure Wahrheit wankt) so viel glückliche Menschen, als ihr unglückliche gemacht habt. Beweist meinen Mitmenschen, Freunden und Feinden, bekannten und unbekannten, daß ich nicht für mich, daß ich nur für sie gelebt habe, daß ich sie noch immer schäze und liebe; aber sagt ihnen zugleich, daß sie es mir, so wie allen, die vor mir ein gleiches versucht haben, sehr übel vergolten. Sagt ihnen, wenn ihnen dieses System zu idealisch zu platonisch, zu übertrieben scheinen sollte, daß ich also das Gute übertrieben habe, daß also ihre Unruhe und Furcht sehr ungegründet waren, daß sie sich eben darum nicht weiter wundern, daß tausend Fehler geschehen sind, ehe die Schauspieler geübt, und die Muster gebildet waren. Sagt ihnen, daß sie in der Regel recht haben, wenn sie von geheimen Gesellschaften nur Böses vermuthen; aber zu gleicher Zeit dient ihnen zum Beweis, daß auch diese Regel, nicht ohne Ausnahme sey. — Und nun gehabt euch wohl, und ziehet hin.

Ideen über das Wesen und Einrichtung einer geheimen Gesellschaft.

Unterricht für die Mitglieder des ersten Grades.

Die Zeit deiner Ueberlegung ist nun vorbei. Dein Entschluß dich mit uns zu verbinden, ist unabänderlich. —— Freund! du laufst Gefahr, gemishandelt, gemisbraucht zu werden. ——

Du bist also fest entschlossen, neue Verbindlichkeiten zu übernehmen, deine durch andere Verhältniße schon ohnehin eingeschränkte Freyheit noch mehr zu beschränken, das Schicksal anderer als dein eigenes anzusehen, durch Unklugheit, Uebereilung, Leidenschaft deiner Mitverbundenen grossen Gefahren, und Verfolgungen ausgesezt zu werden? Du, der du so gerne dieses Ganze nach deinem Wink zu ordnen, und zu formen gedenkest, so gerne befehlen, und so ungern gehorchen willst, kannst dich entschließen ein kleines Rad an einer grossen Maschine zu werden, das nicht grösser, und nicht kleiner seyn darf, als es der Zweck erfor-

erfordert, um die vorgehabte Würkung hervorzubringen? —

Bey solchen Bedenklichkeiten und Gefahren verlohnt es sich wohl der Mühe, und die Pflicht, und Redlichkeit eines ehrlichen Mannes erheischen es auch, jedem Neuling die Lage, in die er sich versezen will, so zu schildern, daß er dereinst bei sich erhebendem Mißvergnügen, und späterhin erfolgender Reue sich mit Irrthum, und Unwissenheit vergeblich schüze, über Verführung klage, und seine Unfolgsamkeit damit entschuldige. Da überdieß Menschen so häufig mit so heterogenen Gesinnungen, und Absichten, mit so fremden eigennüzigen Erwartungen in geheime Verbindungen treten, daß diese schon allein die Ursache ihres endlichen Verfalls werden, so erfordert es selbst das Beste dieser Verbindungen, daß man hier nicht heuchle, sondern frey von der Brust spreche, daß jeder Eintretende von allem gehörig unterrichtet, auf keine Art übereilt, sondern vielmehr in den Stand gesezt werde, alles genau zu überlegen und mit seinen Wünschen, und Erwartungen zu vergleichen. — Zu diesem Ende wisse dann, und höre!

1.) Jede geheime Verbindung ist eine Vereinigung mehrerer Menschen zu einem, nur ihren

Einge-

Eingeweihten bekannten Zweck. Der Zweck ist das Erste und Wesentlichste jeder Menschenvereinigung. Ohne Zweck ist jede derselben unmöglich, ungedenkbar. Nach der Verschiedenheit dieser Zwecke richten sich ihre bessern oder schlechtern Einrichtungen, die Verschiedenheit der dahin führenden Mittel, ihre Gesezmäßigkeit, und bürgerliche Toleranz, ihr Werth und Unwerth, ihre Pflichten und Rechte, Dauer und Verfall, Hindernisse und Fortgang, Zufriedenheit, Mißvergnügen, Anhänglichkeit, und Eifer der Verbundenen, die Gefahren oder Vortheile, ihre Verhältnisse zu der übrigen Welt, der auf sie sich verbreitende Nuzen oder Schaden, die günstigen oder widrigen Urtheile der Profanen. Jeder Zweck fordert eine enge zweckmäsige Vorbereitung und Behandlung der Mitglieder. Jedes muß ihn wollen, jedes dafür glühen, oder diese Vereinigung wird ein elender schwacher, unzusamenhängender Körper seyn. — Diese Zwecke sind nun mancherlei: sie sind verschieden von Seiten der verschiedenen Gesellschaften; sie sind auch verschieden, von Seiten derer, welche eintreten.

2.) Von Seiten der Gesellschaften sind sie edler oder unedler, höher oder niedriger, allgemeiner oder eingeschränkter, eigennüziger oder ge-
mein-

meinnüziger, dauerhaft oder vorübergehend, gut oder böß. Die Zwecke aller dermal so häufig vorhandenen geheimen Verbindungen möchten ohngefähr folgende seyn; Erforschung der Geheimnisse der Natur, Erforschung der Zukunft, Umgang mit höheren Naturen, die Erfindung des Steines der Weisen, Unterstüzung, Handel, Aufnahm eines Landes, Herrschsucht, Universalmonarchie, versteckte Verbreitung engerer Absichten, politische Plane, Verbreitung eines gewissen Sektengeistes, Aberglaube und Dummheit, Verbreitung der Sittlichkeit und Aufklärung, Beförderungen menschlicher Glückseeligkeit, Erziehung und Bildung des Menschengeschlechts, Zeitvertreib, sinnlicher Genuß mit allen Arten und möglichen Abstuffungen. Dieser entsezlichen Verschiedenheit ungeachtet führen doch alle eine Sprache, alle versprechen Aufklärung, Beförderung menschlicher Glückseeligkeit, und oft decket sich der schändlichste Betrug mit dem ehrwürdigsten Namen, um sodann um so gewisser betrügen zu können. Alle ohne Ausnahme geben sich das Ansehen der vollkommensten Anstalt; alle ohne Ausnahme, die beste so wie die schlechteste dieser Verbindungen, verbergen ihr Spiel, und erst spätere Folgen entdecken ihren

Werth

Werth oder Unwerth. Und doch sind wie du siehst nicht alle gleich gut, sie verdienen nicht alle die Mitwürkung edlerer Menschen. — Welche sind nun bey dieser Ungewißheit, bei dieser Gefahr sich zu irren und hintergangen zu werden, für jeden, der den Drang oder Beruf fühlt, einzutretten, die sicherften Regeln, und Kennzeichen, um sich am wenigften zu irren?

1.) Wenn der Zweck bekannt und wahr ift, so dienet folgende Regel: je höher, allgemeiner, grösser, edler der Zweck ist, je mehr er aus den Handlungen der bekannten Mitglieder hervorleuchtet; je einsichtsvoller, und untadelhafter diese selbst sind, um so vollkommner, und im Gegentheil um so schlechter ist die Gesellschaft.

2.) Wenn der Zweck ganz unbekannt ist, oder wie es mehrentheils geschieht, wenn er nur vorgeblich ist, so dienen folgende Regeln. Wenn die Geldauslagen entweder gar keine, oder sehr mäßig sind; wenn dein Aufnehmer ein dir genau bekannter moralischer Mensch ist; wenn andere dir bekannte Mitglieder es nicht weniger sind, so magst du den ersten Schrit wagen, um näher zu schauen, was an der Sache ist.

3.) Spricht

3.) Spricht man dir sodann von Geheimnissen, welche die Kräfte der Natur und Vernunft übertreffen sollen, wird deinen Leidenschaften geschmeichelt, werden thörichte Erwartungen und betrügliche Hofnungen erweckt, blinder Glaube und Unterwürfigkeit gefordert, alle Prüfung untersagt, so schaue dich um offne Thüren um, denn du bist in die Hände sehr grosser Betrüger gefallen.

4.) Enthält das, was dir entweder mündlich oder schriftlich vorgetragen wird, noch über dies Unsinn, mystisches Wortgepräng, oder eitlen Ceremonientand, geschieht dies alles mit einer geheimnißvollen Mine, im Thon der Pietisterei, so beschleunige noch mehr deinen Austritt.

5.) Ist aber der Vortrag ernsthaft und wichtig, sind die Aufträge alle im gehörigen Verhältnisse mit dem Zwecke, werden deine ursprünglichen Pflichten dadurch befördert oder erleichtert, werden die Mitglieder vor und nach ihrem Beitritt ohne Unterschied der Stände genau geprüft, wird sonst noch mit Ernst, Offenheit, und Geradeheit verfahren: so hast du alle Ursache das weitere abzuwarten, so lange du nichts gewahr wirst, was mit höheren Pflichten streitet.

6.) Steigt

6.) Steigt noch vollends das Interesse mit jedem Grad; öffnen sich immer neue und gröſſere Ausſichten; erhältſt du neue oder lebhaftere Bewegungsgründe des Rechtverhaltens; erhöhen die vorgetragenen Lehren die Würde der Menſchheit; machen ſie dich mit deinem Stand und Schickſal zufriedener, ruhiger, ſeeliger; wird dieß alles ohne alle Dunkelheit und Sophiſterei vorgetragen; iſt noch anbei die Lehre in das Betragen und die Sitten deiner Lehrer übergegangen: dann biſt du in eine ſchäzbare Verbindung getreten die deine ganze Mitwirkung verdienet. Es wird dir ſogar Pflicht ihre Abſichten zu befördern und ihre Vorſchriften genau zu erfüllen. Dein moraliſches Wohl, deine natürliche Pflichten ſelbſt befehlen dir dieſen Beitritt und ernſthafte Mitwürkung.

7.) Eidſchwüre, Ceremonien, mäßiger Geldserlag, vorgebliches Alterthum allein genommen, beweiſen weder für, noch wider die Güte einer geheimen Verbindung.

8.) Mangel von Strenge, mit welcher auf die Befolgung der Geſeze gedrungen wird, Mangel von Ordnung, und Punktualität, Vorliebe gegen gewiſſe Stände, Unbehutſamkeit in der

Auf-

Aufnahme, übereilte Beförderungen. Eigenmächtigkeit der Mitglieder, langsamer Gang der Ordensgeschäfte, überhand nehmende Lauigkeit, vernachläßigte Bildung sind zwar Fehler, doch liegt der Fehler mehr in der Ausführung, in den Personen als in der Sache selbst; es ist noch Hofnung, daß sich alles mit Abänderung der Personen, vielleicht durch dein eigenes Mitwürken ändern werde. Alle diese Gebrechen sind Folgen eines in der ersten Anlage übel gegründeten, oder durch Unfähigkeit, und Nachläßigkeit der Obern sich seinem Verfall nähernden, sonst vielleicht an sich sehr guten Gebäudes.

9.) Mangelt aber Unterstüzung und Hülfe in dringenden erprobten Nothfällen, so herrscht in der Gesellschaft Lieblosigkeit, Gleichgültigkeit gegen das Schicksal Anderer. Der Gemeingeist, das Band der Vereinigung, und der Zusammenhang unter den Theilen sind äußerst schwach. Die Achtung der Bessern verliert sich, grosse Aufopferungen unterbleiben, und die Lauigkeit, und Gleichgültigkeit gegen das Ganze, Murren und Unzufriedenheit tretten ein, und der Körper geht seiner Auflösung entgegen.

10.) Von Seiten der Eintretenden können die Zwecke so verschieden seyn, als die Leidenschaften

Wünsche

Wünsche und Erwartungen einzelner Menschen. Dahin gehören zum Beispiel Zeitvertreib, Modesucht, Eitelkeit, Begierde nach Bekanntschaften mit Fremden, mit Gelehrten, mit Höheren, Beförderungssucht, das Vorurtheil des Alterthums und einer allgemeinen Verbreitung, Ehrgeiz, Herrschsucht, Unterstützung, Mysteriensucht, Handlungsvortheile, Erleichterung seines Geschäfts und Gewerbs, Vorwitz und Neugierde ꝛc. Alle Menschen, die aus diesen oder ähnlichen Ursachen eintreten, sind für eine Gesellschaft, die ins Grosse zu würken gedenkt, nicht nur gänzlich unbrauchbar, sondern so gar im höchsten Grad gefährlich. Alle diese Absichten trennen und theilen, und die Gesellschaft will vereinigen. Und doch ist von tausenden, die sich um die Aufnahme bewerben, kaum ein einziger davon befreyt. Alle zeigen sich auf der schönen Seite, alle rühmen die Uneigennützigkeit ihrer Absichten.

Diese würken oft bei dem besseren Theile der Menschen nur aus dem Hintergrund so sehr im Verborgenen unter der Masque des allgemeinen Wohls, daß auch genaue Forscher sich selbst darzu vielfältig verkennen. Traue daher nie ihren Worten. Wiederholte Thaten allein können entscheiden.

scheiden. Hier kann eine gute Vorbereitung vor dem Eintritt selbst, und eine langsame Beförderung die verborgenste Triebfeder entdecken. Jeder der obigen Aspiranten hat seine eigene Art, den Eintritt zu verlangen, sich nach dem Eintritt zu betragen. Nach und nach werden ihre geheime Forderungen sichtbarer; nach dem Wachsthum oder der Verminderung der Wahrscheinlichkeit für die Befriedigung ihrer Wünsche, steigt oder erkaltet ihr Eifer. Keiner von allen hält es gegen die Zeit aus. Mancher Betrüger und Gleisner hat sich erst einige Jahre nach seiner Einweihung entdeckt; kein Mensch ist versichert, bey dem nicht gute Grundsäze zum Bedürfniß geworden sind, der nicht bey vielen Vorfällen und manchen Gelegenheiten und Aufforderungen das Gegentheil zu thun, im Kampfe gegen und mit sich selbst gelegen, und seine Grundsäze durch entsprechende Handlungen mehrmalen geäussert hat. Einzelne Aufwallungen zum Guten, die so geschwind vergehen, als sie entstanden sind, entscheiden sehr wenig. Zu der Kunst, das Feuer in den Seelen der Menschen anzufachen, muß noch eine zweite hinzu kommen, die Kunst dieses Feuer beständig in einem gemässigten Grad zu unterhalten. Hier liegt alle Weißheit. Furcht macht Heuchler, und Hofnung erzeugt

erzeugt. Schmeichler: anhaltende Liebe zum Zweck allein macht dauerhafte, versicherte, freywillige und überzeugte Mitarbeiter und Anhänger.

Wenn nun an der Vorbereitung, an den Absichten, aus welchen jeder Neuling eintritt, so vieles gelegen ist, so müssen hier auch Regeln gegeben werden, nach welchen jede Gesellschaft die Absichten ihrer Mitglieder bey ihrer Beygesellung erforschen kann. Hier sind einige derselben. Lege doch jeder bey Anhörung oder Durchlesung derselben seine Hand auf die Brust, wende jede Regel auf sich selbst an, erforsche sich in seinem innersten, und wage es von sich selbst das schlechteste zu glauben, um die Warheit um so gewisser zu finden.

1.) Wer etwas anders will und sucht, als die Gesellschaft, zu welcher er sich gesellt, der wird nie ein guter Gesellschafter seyn.

2.) Wer den nemlichen Zweck mit der Gesellschaft hat, dem aber dieser Zweck nicht wahres dringendes Bedürfniß ist, wird es eben so wenig seyn.

B 2   3.) Wer

3.) Wer engeren Interessen eifrig nachjagt, wem noch etwas wichtiger ist, als die innerliche Vollkommenheit seiner Natur, der ist nie grosser Thaten und Aufopferungen fähig. In Colisionsfällen wird er allzeit die Ausnahme für seinen engeren Zweck machen.

4.) Wer Mitglied einer anderen Verbindung ist, und dieser noch anhängt, wird nie den Antheil an der neuen Verbindung nehmen, der an und vor sich nothwendig ist.

5.) Wer das Elend des menschlichen Lebens nie oder selten erfahren hat, wer von der Nothwendigkeit geheimer Gesellschaften nicht lebhaft überzeugt ist, dessen Anhänglichkeit wird schwach seyn.

6.) Wer an die Gesellschaft frühzeitig häufige Forderungen macht, dessen Forderungen zeigen die Absicht, die ihn herbeigeführet hat.

7.) Wer sich nach seiner Aufnahme an die Großen der Gesellschaft hinauf drängt, um diese beständig herum schleicht und nach ihrer Gunst haschet, den haben Eitelkeit, Beförderungssucht, Intrikengeist zu diesem Schritte gebracht.

8.) Wer

8.) Wer immer nach Beförderung schreiet, darüber ungeduldig und zudringlich wird, dessen Triebfedern sind Vorwiz, Ehrgeiz, Neugierde und Herrschsucht 2c.

9.) Um die Erwartungen deiner Kandidaten auf einmahl zu erforschen, so eröffne ihnen frey und ungeheuchelt, daß sie auffer den Anleitungen zur Vervollkommnung ihrer selbst von der Gesellschaft gar nichts zu erwarten haben; daß sie sich betrügen, wenn sie von uns große Mysterien, politische Plane, Beförderung ihrer engern Interessen erwarten; daß, wenn diese Vervollkommnung ihrer selbst, die Erhöhung ihrer Natur nicht ihr höchster, und lezter Zweck sey, sie lieber an der Schwelle umkehren, als sich weiter mit einer Gesellschaft einlassen, die für die Befriedigung ihrer Wünsche so geringe Aussichten zeigt. Dies versichere sie mit Kraft und Zuversicht, und dann erstaune, wie mit einem mal ihr Eifer erkalten wird, wie jeder nach der Thüre schaut und in seiner Nacktheit entflieht. — Melde noch diesen zudringlichen Menschen, daß sie Jahre lang zu warten, lange und häufige Proben abzulegen haben, daß sie alle einer sehr strengen Aufsicht und Ordnung unterworfen sind, gegen welche ihr Ungestümm und ihre Eigenmäch-

B 3   tigkeit

tigkeit nichts vermögen werden: sie werden dich sodann haufenweise verlassen. Von diesem Grundsatze weiche nicht, halte mit unerbittlicher Strenge darauf, denn es ist das sicherste Mittel unzuverlässige Leute zu prüfen, die uns doch einst verlassen würden, die uns nun mit unserm geringsten Nachtheil verlassen.

Laß es ja nicht merken, daß du sie suchst, und sie werden dich suchen, und statt zu gebieten, sich deinen Vorschriften unterwerfen.

10.) Um in allem bey jedem sicher zu gehen, erforsche genau sein voriges Leben; aus seinen Thaten, aus seinen dort am meisten geäusserten Wünschen, aus den Verhältnißen, in welchen er jetzt steht, aus der Zeit, und dem Ort, wo er sich um die Aufnahme meldet, aus den Mitteln, die er dazu einschlägt, aus dem Stand, und Gewerb das er treibt, aus diesem allen, mit, und untereinander verglichen, auf das Temperament des Suchenden angewandt, muß sich endlich die wahre auch noch so versteckte Absicht erklären.

11.) Wer sein Ohr dem Weheklagen des elenden, sein Herz dem sanften Mitleiden öffnet; wer

der

der Unglücklichen Freund und Bruder ist; wer mit Vorsaz auch nicht den Wurm zertritt, der sich unter seinen Füssen krümmet; wer ein Herz für Liebe und Freundschaft hat, standhaft in Widerwärtigkeiten, unermüdet ein angefangenes Werk durchzusezen, und unerschrocken in Ueberwindung der Gefahren und Schwierigkeiten ist; wer des Schwachen nicht spottet, dessen Seele, fühlbar gegen alles Grosse, sich aus ihren engeren Kreisen herausarbeiten, sich über alles niedrige Interesse erheben kann; wem die Vervollkommnung seiner Natur sein gröstes und lebhaftestes Bedürfniß ist; wem alles dazu als Mittel erscheint; wer den Müssiggang flieht, keine Art von Erkänntniß verachtet, aber Menschenkenntniß und Selbsterforschung zu seiner Hauptbeschäftigung macht; wer, wo es um Warheit und Tugend zu thun ist, die Klugheit an seiner Seite, sie nicht verläugnet, unerschrocken bekennt, sich über den Beyfall des grossen Haufens und der Grossen hinweg zu sezen und seinem Herz zu folgen den Muth hat: dieser und dieser ganz allein ist der Mann für uns, den wir suchen.

12.) Ein solcher Mann mit einer solchen Stimmung des Geistes, oder auch nur mit der Anlage dazu wird eintreten, um zu nuzen. Er wird

wird eine solche Verbindung als ein Mittel betrachten, das Menschengeschlecht zu seiner Reife, Vollkommenheit zur höheren Sittlichkeit zu bilden; zur eigenen Vervollkommnung, zur Kenntniß seiner wahren Bestimmung, zur Anleitung darnach zu handeln, es in der Kenntniß seiner selbst und anderer immer höher und weiter zu bringen, zur Erleichterung schon vorhandener Pflichten, zu seiner Zufriedenheit und Ruhe. — Ein solcher Mann wird gern seine Forderungen mässigen, wird einsehen, wie nothwendig Ordnung und Genauigkeit seyen; wie nothwendig die Beschränkung seiner Leidenschaften, wie zweckmässig ein bestimmtes Betragen und Folgsamkeit gegen die Geseze, wie wesentlich es sey, daß jeder nur an seinen Ort, unbekümmert um die Fehler anderer nur so viel würke, als die ihm angewiesene Stelle im Zusammenhang mit den übrigen erfordert; wie der, dem es bloß um des Nuzens willen zu thun ist, an der untersten Stelle mehr würkt, als ein anderer, dessen Absicht zu herrschen ist, der noch dazu seiner Stelle nicht gewachsen, alles verwirrt, sich in nichts fügt, und den Untergang der Verbindung beschleuniget. Er wird nachsichtig gegen Fehler seyn; er wird einsehen daß eine solche Verbindung doch noch immer eine Erfindung und Anstalt der Menschen sey und bleibe;

er

er wird Mängel entdecken, die nicht auf einmal zu heben sind, wird darum diese Anstalt durch seinen Tadel oder Wiederspruch nicht zernichten, die Fehler aufdecken, um folgsame Mitglieder unfolgsam zu machen, er wird die Zeit erwarten, wo Verbesserungen unmerklicher geschehen können; er wird bey den Fehlern anderer den Muth nicht verlieren, er wird vielmehr sorgen, daß andere ihn nicht verlieren, und wenn alle andere fehlen, unbekümmert, in seinem eigenen Kreise die nöthige Ordnung erhalten; und wenn auch nicht alles sich nach der vorgeschnittenen Form ordnet, wenn andere Gestalten und Formen erscheinen, so wird er erkennen, daß die Ordnung der Natur die Weisheit der Menschen unendlich übertreffe; daß diese Anomalien den Gang der Natur angemessen seyen, daß sie das Mittel seyen, uns dahin zu lenken, wo sie uns erwartet. Er wird glauben, der Zweck einer solchen Verbindung (die Form sey welche sie wolle, denn sie ist zufällig und richtet sich nach Umständen) sey im wesentlichen erreichet, wenn auch nur ein einziger Mensch, wenn nur er allein besser geworden als er war, wenn sich die Anzahl der Guten nur um einen einzigen vermehrt. Er will und würkt so viel er kann, und beruhiget sich dabey.

B 5   4.) Un-

4.) Unter diesen tausend Zwecken so vieler geheimen Verbindungen können unmöglich alle gleich gut seyn; vielleicht nur einer, unter den übrigen guten, kann der wahre und letzte seyn, zu welchen sich alle übrige bloß als Mittel verhalten. Die vollkommenste Verbindung unter der Sonne muß wohl diejenige seyn, die sich mit diesem beschäftigt. Dieser Zweck mus groß, allgemein, weltumfassend, die letzte Bestimmung und das Bedürfniß unserer Natur seyn. Er muß kein Traum, keine platonische Republik, und es muß keine Unmöglichkeit seyn, solchen zu erreichen. Langsame, nicht gewaltige Mittel müssen dazu führen, und diese Mittel müssen keine andere, als die uns, schon ohnehin, obliegende Pflichten seyn. Er muß der Zweck der Natur selbst seyn; Menschen sollen dabey nur Geburtshülfe leisten. Im Plan, in der Ordnung der Natur, in der Kette des Ganzen muß diese Gesellschaft selbst als Mittel eingeflochten seyn, dessen sich die Gottheit bedienet, um höhere Sittlichkeit unter Menschen zu verbreiten, um unser Geschlecht seiner Vollkommenheit näher zu bringen. — Davon mußt du dich überzeugen, wenn die Gesellschaft deine Achtung und Mitwürkung verdienen soll. Diese Ueberzeugung erhältst du durch folgende Vernunftgründe.

Die

Die Natur, welche Entwicklung eines grossen ungeheuren Plans ist, wo in allem dasselbige Urbild zum Grund liegt, und nur nach Verschiedenheit seiner Veränderungen, Formen, und Graduationen verschiedene Namen erhält, macht in allen ihren Veränderungen keinen Sprung; sie geht vom kleinsten, und unvollkommensten aus, durchlauft alle Mittelstuffen, um zur letzten und vollkommensten der Theile sowohl, als des Ganzen zu gelangen; sie macht Kinder, um aus ihnen Mänger, und Wilde, um aus ihnen sittliche Menschen zu machen. Der erste Zustand des Menschen war rohe, wilde Natur, wo Familie die einzige Gesellschaft, leicht zu befriedigen, der Hunger und Durst, Schutz gegen die Ungestümme des Wetters, ein Weib, und nach der Ermüdung die Ruhe ihre einzige Bedürfnisse waren. Der mangelnde Unterhalt hat aus diesen Jägern Hirten und Nomaden, und bey weiterer Vermehrung und zunehmendem Mangel Ackersleute gemacht, sie an feste Sitze, an Ordnung, und Gesetze gebunden, und das Eigenthum so wie mit den immer sich verfeinernden Sitten neue Bedürfnisse hervorgebracht. So viele Menschen von so geringer Kultur, so unfähig sich selbst vorzustehen, mußten aber doch durch frühzeitig entstandene Bedürfnisse die grossen Vortheile einer von ihnen aner-

anerkannten obersten Gewalt einsehen, einer Gewalt, die sie schützen, belehren, ihren zerstreuten Kräften die gehörige Richtung ertheilen sollte.

Diese oberste Gewalt im Anfang sehr eingeschränkt, dann erblich und absolut, eben dadurch gemißbraucht und zuweilen unerträglich gemacht, endlich neuerdings beschränkt, einem, mehreren, allen mitgetheilt, durchlief nach und nach alle mögliche Formen und Einschränkungen, hieß nun Monarchie, Despotismus, Demokratie und Ochlokratie, Aristokratie und Oligarchie, und gab endlich unsern heutigen Reichen ihre dermalige Form und Gestalt. Alle diese Veränderungen hatten Besserseyn zur Absicht, entstunden aus würklichen Bedürfnissen, aus vorhergesehenem Vortheil. Dieser war kaum erreicht, so ward durch ein neues, so eben aus der vorhergehenden Einrichtung entstandenes Bedürfniß, eine neue Aufsicht geöffnet. Auf diese Art haben es Menschen auf einen hohen Grad der Verfeinerung gebracht. Aber wie viel bleibt selbst bey den besten und vollkommensten unserer heutigen Einrichtungen noch zur Stunde unvollkommen und unvollendet? Welches weite ungeheure Feld öffnet sich selbst bey unserm dermaligen Zustand nicht blos den thörichten Wünschen, sondern den gerechten und
ver-

vernünftigen Erwartungen der Menschen? Wie entsezlich viel fehlt uns noch zu unserer Vollendung, das unmöglich durch unsere heutige Anstalten ohne noch grössere Verfeinerung nicht zu erreichen ist? Wie weit ist unsere Sittlichkeit noch von der wahren, kzten Verfeinerung entfernt? Sittlichkeit ist etwas mehr als verfeinerter Genuß der Gemächlichkeiten des Lebens, als die Kunst mit grosser Feinheit unter dem erborgten Anschein des Rechts dem anderen zu schaden, seinen Gegner zu vernichten. Sittlichkeit ist Enthaltsamkeit von den Rechten anderer, Mässigung eigener ausschweifender Forderungen, Trieb nach innerer Vervollkommnung, nach höheren dauerhaftern Gütern, hinlängliche Kenntniß seiner Lage, der damit verbundenen Verhältnisse; sie ist vernünftige Selbstliebe. Da diese unter einzelnen Menschen noch eine seltsame Erscheinung ist, was Wunder sodann, daß sittliche, mehr raffinirte Wildheit die Sitte der Völker ist! Denn Sitten und Meinungen ganzer Völker sind die Sitten und Meinungen des grösten Theils ihrer Glieder und Bürger. So wie sich also in jedem gegebenen Volk die Anzahl der sittlichen Menschen vermehrt, in dem Maaß vermehrt sich die Sittlichkeit eines Volks: und wer einzelne Menschen ins bessere verändert,

ändert, verbessert das Volk, und mit dieser Verbesserung mehrerer Völker wird das Schicksaal der Erde ins bessere verändert. — Um also diese zum Wohl der Erdebewohner so nöthige Sittlichkeit zu befördern, sollte die Sittlichkeit einzelner Menschen vermehret werden. Wenn nun aber eben da die größte Schwierigkeit steckt; alles zum Gegentheil auffordert; gute Beyspiele besonders in höheren Classen so selten sind; sich die niedern nach diesen höhern richten, von ihnen hoffen und fürchten, ihre Unsittlichkeit durch das Beyspiel dieser rechtfertigen, sich daher Impunität oder wohl gar Belohnung versprechen; die schon ohnehin überwiegende Reize zur Verführung dadurch erhöhet und anziehender werden: wer hat da von so vielen Menschen Seelenstärke genug, es dagegen auszuhalten, umsonst gut zu seyn, gut zu seyn, um der Gegenstand des Gelächters, des Hasses, der Verläumdung, der Verfolgung zu werden? Wer von allen wird sich dazu entschliessen, wenn das Laster, Ungerechtigkeit von oben herab begünstiget werden, weil sich vielleicht mancher Staatsvortheil darauf gründet; wenn jede Vereinigung der Menschen Argwohn erweckt; wenn theils um zu herrschen

das

das Grundgesetz der Regierung ist; wenn die Erziehung der Regenten, auch derer, so um sie die nächsten sind, der Aufsicht unwissender, eigennütziger, bey dem Gegentheil sehr interessirter Menschen anvertrauet wird, nur da allein gesparet, in anderen Fällen zu Millionen verschwendet wird; wenn der Jugend falsche Muster vorgestellet werden, die oberste Gewalt gegen Volkserziehung gleichgültig ist, alle Vorurtheile und Meinungen die zu ihren engeren Absichten nothwendig sind, sorgfältig unterhält, sie in die Erziehung legt, und den jungen werdenden Geschlecht eine schiefe obwohl auf eine Zeit vortragliche Richtung giebt: soll und kann man sich sodann unter solchen Umständen, bey solchen Hindernissen verwundern, daß Sittlichkeit schon unter einzelnen Menschen so selten ist, daß sie unter Völkern auf der ganzen weiten Oberfläche der Erde gar nicht gefunden wird? Soll man nicht zweiflen, ob nicht etwa Tugend ein blosser Name und Sittlichkeit der Völker, des ganzen Geschlechts ein Traum, eine Unmöglichkeit sey. — Diese Zweifel erhalten noch mehr Stärke, wenn auch der beste Fürst selbst als Muster mit den besten Einsichten, und Willen auftritt, sich muthig an das Uebel macht, und doch durch unvermeidliche Hindernisse unüberwindlich zurück gehalten wird, seine

Arbeit

Arbeit nicht vollenden kann, durch Zeit, und Umstände wider Willen zu Schritten genöthiget wird, gegen welche sich sein Gewissen und mitfühlendes Herz empören. All sein Bestreben wird vergeblich seyn, so lang er gegen andere mächtige Nachbarn auf seiner Hut zu seyn genöthiget wird. Alle seine Sorgen müssen sich mehr auf Sicherheit von aussen richten. Seine Sorgfalt wird von den inneren frieblichen Landesangelegenheiten abgewendet, oder nur in so fern darauf gerichtet, um in dem Innern Kräfte und Ressourcen zur Vertheidigung zu finden. Die Sorge für den innern moralischen Werth der Bürger wird der Religion und den Vorstehern derselben überlassen; und die Geschichte aller Zeiten beweist hinlänglich, wie sehr diese edelste Triebfeder aller menschlichen Handlungen gemißbraucht worden sey, wie die bürgerliche Regierung in verschiedenen Ländern, und zu verschiedenen Zeiten, statt der nöthigen Stütze, an den Clerus selbst einen neuen innerlichen Feind erhalten hat, wie dieser für sich gesorgt, die Religion zur Masque gemacht und den Staat unter seine Füsse getretten, wie die Menschen die Lehre Gottes mit verschiedenen Zusätzen und Sophisterein verdorben, durch die Spaltung ihrer Meinungen Streit, Menschenhaß verbreitet und die einzige noch übrige Quelle der Sittlichkeit

lichkeit vergiftet haben. —— Auf diese Art wird der freye sonst ungehinderte Gebrauch der sämtlichen Staatskräfte beschränkt; der Regent wird genöthiget, solchen eine Richtung zu geben, die seinen ersten Absichten entgegen ist, und da Sicherheit das erste Gesetz ist, so muß zwischen unruhigen Nachbarn auf diesen Grund das ganze Gebäude ihrer Gesetzgebung und ihrer Staatsverwaltung sich gründen. Die besten Gesetze werden sodann eine blosse relative Güte haben; die an sich besten Gesetze würden zum Untergang führen, der Staat selbst würde darüber seinem gierigen Nachbarn zur Beute werden. Nicht im Lermen und Toben des Krieges oder eines eben so unruhigen Friedens, nicht beym Mangel an Sicherheit, unter beständiger Furcht vor dem Ueberfall, mildern sich die Sitten; unter dem sanften erquickenden Schatten des Oelbaums allein, in dem Schooße des Friedens und Ueberflusses entwickelt sich das sanfte feinere gesellschaftliche Gefühl. So lange drohende Gefahr den Menschen zu seiner Vertheidigung reizt, schlafen alle übrige Kräfte; kriegerische Tapferkeit ist seine erste und abgezwungene Tugend; Wildheit wird zur Nothwendigkeit und zu feine Geselligkeit würkt Schwäche und Gebrechen, und befördert seinen Untergang. O ihr alle, die ihr so gerne die Gebre-

C chen

chen jeder Regierung und die Fehler der Monarchen rügt, schauet weniger auf das, was sie thun, schaut vielmehr auf das was sie thun müssen! Ungünstige Umstände, nahe drohende Gefahr machen oft zu ihrer und euerer aller Sicherheit harte, sehr hart drückende Verfügungen nothwendig. Thut also auf euere Sicherheit Verzicht, oder billiget sodann die Mittel welche dazu führen. Nicht euer Fürst, der, so ihn mit euch zu verschlingen droht, der ist es, der euere Söhne zum Tod in den Krieg führet, euch den Schweis euerer Hände entzieht, euch von dem Genuß der sanften gesellschaftlichen Freuden entfernt, den Staatsaufwand und die dazu nöthigen Auflagen vermehrt. Der unbeschränkte Eroberungsgeist eines Alexanders allein ist im Stande den Ton von Bedrückungen auf der ganzen Erde anzugeben, ein Volk gegen das andere, wie eine Welle gegen die andere zu stossen, um der Vertheidigung willen Bedrükungen rechtmässig zu machen, ganze Welttheile aus ihrer ruhigen Lage zu reissen, die Wachsamkeit der besten Fürsten von der inneren Sorge ihrer Länder abzulenken, der Tapferkeit und Stärke Altäre zu errichten, seine Wildheit anderen mitzutheilen und dadurch die höhere Sittlichkeit von der Erde zu verbannen, oder wenigstens ihre Vorschritte zu hindern.

Wenn

Wenn nun also die Lage der Umstände und besonders Mangel an Sicherheit die besten Fürsten hindert, auf Verbreitung höherer Sittlichkeit zu denken, wenn es aber doch anbey nicht minder nothwendig ist, daß solche um sich greife, dieses Mittel zur Ruhe und Seeligkeit aller Erdebewohner ist, so sind hier andere Mittel und Anstalten nöthig um diese Lücke auszufüllen, der anderswo zu sehr beschäftigten Regierung unter die Arme zu greifen, einen Theil ihrer Sorgen auf fremde Schultern zu laden, zu sorgen, daß jeder Staat unter der Sonne vernünftige, aufgeklärte, redliche, ehrliche, treue, arbeitsame, sittliche Unterthanen erhalte. Wenn nun geheime Verbindungen dazu die Hände bieten, sie allein durch den Reiz des Verborgenen, durch die Aufmunterung und das gemeinschaftliche Interesse das sie erwecken, durch die Muster so da gebildet werden, dieß zu leisten im Stande sind: so verdienen sie von jeder Regierung nicht Verfolgung sondern vielmehr Ermunterung, Dauer, Unterstüzung; denn keine Macht auf Erden ist so dauerhaft und unzerstörbar, als die so auf Wahrheit, Tugend und Sitten gebauet ist. In dem Sittenregiment allein sind Unmöglichkeiten, alle bisher verlachte politische Träume und platonische Ideale möglich. Wo es an Sitten,

Treu und Uneigennüzigkeit der Untergebenen, an Hoheit und Größe des Geistes, an Beherrschung der Leidenschaften mangelt, sind die möglichsten Dinge unmöglich; alle mißlungene Versuche der besten und herrlichsten Anstalten beziehen sich auf einen oder mehrere dieser Mängel; bey einem herrschenden Sittenverderbniß sind Cautelen, Versicherungen nothwendig. Die so oft gemißbrauchte Gewalt, der so allgemein herrschende Eigennuz der Menschen haben allgemeines Mißtrauen erweckt, haben die Herzen der Menschen so sehr gegeneinander verschlossen, daß nun jeder dem andern die Ehrlichkeit seiner Absichten beweisen muß, dabey selten im Stande ist, den Beweis so nachdrücklich zu führen, daß alle Zweifel und Bedenklichkeiten gänzlich verschwinden. Alle unsere Einrichtungen und Handlungen beynahe tragen das sichtbare Gepräge dieses allgemein verbreiteten Mißtrauens.

Die Sittenlehre ganz allein ist im Stande dieses Mißtrauen zu vertilgen: denn sie lehrt Mässigung und Mässigkeit, sie lehrt, sich mit Wenigem zu begnügen, die unedlern Bedürfnisse des Körpers zu vermindern, um jene des Geistes zu erhöhen; sie lehrt Menschen die Einsicht von ihrem wahren Vortheil, den Werth und die Noth-
wendig-

wendigkeit von Enthaltsamkeit, von Treu und Glauben, in der bürgerlichen so wie in jeder andern Gesellschaft. —— Es giebt also Mängel und wesentliche Mängel, gegen welche öffentliche Anstalten zu schwach und nur geheime Verbindungen eine angemessene Würksamkeit haben. Diese Mängel sind entweder zu allgemein und herrschend, oder gründen sich auf gewisse sehr alte tief eingewurzelte Vorurtheile und Nationalbegriffe, wie z. B. die so vergeblich durch alle Geseze bestrittene Neigung zum Zweykampfe. Sich an solche mit offenbarer Gewalt zu wagen, wäre zu gefährlich, würde die gegenseitige Würkung hervorbringen, die Schwäche der obersten Gewalt entdecken, das ganze Staatsgebäude erschüttern. Sitten werden durch Sitten geändert, und Meinungen durch das langsame unmerkliche Entstehen neuer Meinungen verdrängt. Dieser Gang ist langsam, die Früchte und Entwicklung davon zu sehr in der Ferne, als daß eine Würkung davon zu hoffen wäre, wenn nicht nach einem tiefen wohl überdachten Plan gearbeitet und die Ausführung davon nicht einem einzigen hinfälligen Menschen anvertraut, sondern bey einem ganzen moralischen Körper, so zu sagen, hinterlegt wird, der sodann dem Uebel überlebt, sich selbst erzeugt, verstärkt, seinen Abgang ergänzt, sich beständig wie ein Phönix verjüngt. Hier allein sind gute Grundsätze, ewig und unzerstörbar aufbewahrt, diese allein ersetzen den Mangel des menschlichen Alters und sind unsterbliche Gegner eines unsterblichen Feindes. — Laß aber nun dafür den ersten Monarchen erscheinen; laß uns grosse seltene Bedingungen voraussetzen; er soll Einsicht, Willen, Muth und Beharrlichkeit, er soll alles in sich vereinigen: und doch muß er entweder die Sache übereilen, oder die weitere Ausführung seinem Nachfolger überlassen. Im ersten Fall wird er Heuchler machen, wenn er Gewalt braucht; er wird einige zu sehr hervorragende Aeste behauen, aber der schädliche Hauptstamm wird noch aufrecht stehn, neue Zweige treiben und allen seinen Bemühungen trotz bieten. Er hat die Urheber des Uebels feiner und kluger, den Gang und das Fortschreiten des Uebels selbst nur unmerklicher und eben darum gefährlicher gemacht. Wenn nun vollends ein neuer Nachfolger erscheint, ist es zu hoffen, daß sich dieser entschliessen werde, da anzufangen, wo der Vorfahrer geendiget hat? Wird solcher nicht vielmehr um seinen Namen nicht minder zu verewigen, die Grundsätze der vorigen Regierung verändern, eine neue eigene Laufbahn eröfnen, gegen die edlen getreuen Räthe seines Vorfahrers

gleiches

gleiches Vertrauen äussern, gleiche Einsicht, Willen, Muth und Entschlossenheit zeigen? Wird er eben so wenig Arbeit, Verdruß und Hinderniß scheuen, mit gleicher Ueberlegung, Hize oder Kälte zu Werk gehen? Wird er nicht andere, mehrere oder wenigere Schwächen haben, durch welche der Feind eindringt und sich seiner bemeistert? Wird er eben diese Schwächen eben so sorgfältig, so künstlich zu verbergen wissen? Wenn die Fortsetzung eines einmal glücklich angefangenen Plans bey Wahlreichen, bey Minerennitäten, bey jedem Aussterben der regierenden Linie und Hauses noch ungleich mehr erschwert wird; wenn auch die besten durch ihre Vorgänger gänzlich nach ihrem Zweck gebildete Fürsten und Nachfolger nicht in ihrem ganzen Leben am Ende so, wie im Anfang sich durchaus gleich sind, sich stets auf andere verlassen und durch fremde Augen sehen müssen, nicht allzeit uneigennüzige, einsichtsvolle, zweckmässige Rathgeber wählen; diese der Gemächlichkeit, dem Nepotismus, der Venalität, der Herrschsucht zu sehr nachhängen, unter sich selbst uneinig sind und um ihre Macht und ihren Anhang zu verstärken bloß ihre Creaturen und Clienten befördern, sich aus Ehrgeiz nicht entschliessen können, nach fremden Grundsätzen zu arbeiten, nicht Seelengrösse genug haben, ihren Ruhm und ihre

Einsichten aufzuopfern; wenn auch diese abermal durch fremde Augen schauen, oft eben so unglücklich in der Auswahl ihrer Gehülfen sind, sich zu sehr durch unmittelbare glänzende Vortheile verführen lassen, der Mißgunst und der Verläumdung zu sehr ausgesetzt sind, daher furchtsamer zu Werk gehen oder ihrem unvermeidlichen Sturz entgegen sehen, sich daher immer nach der abwechselnden Laune der Fürsten richten; wenn man nun dieses alles vorhersieht, bedenkt: soll es sodann nicht erwiesene Sache seyn, daß die bürgerliche Regierung in welche so oft Leute ohne Sitten, Treu und Glauben, die obersten Stellen bekleiden, wo die Geburt allein schon zu den ersten Aemtern berechtigt, wo Strafen und Belohnungen ihre Bedeutung verlieren, wo das böse Beyspiel so allgemein und anziehend ist, jeder nur für sich sorgt, Gesetze nur zur Unterdrückung des Schwächeren sind, gegen Höhere gar nicht oder nicht mit dem gehörigen Nachdruck ausgeführet werden, wo die Erziehung vernachlässiget und Befreyungen ohne Ende, Unterschied und Namen ertheilet werden, wo die Wahrheit beleidiget und zum Untergang führet und Schmeichlern nur allein geglaubet wird, wo zur Noth alle Staatssorge auf Sicherheit von aussen gegründet ist: sollte es bey solchen Umständen, bey einer solchen

Ver-

Verfassung nicht eine offenbar erwiesene Thatsache seyn, daß die bürgerliche Regierung allein auch mit dem besten Willen, mit der stärksten Anstrengung ihrer Kräfte so alten allgemeinen eingewurzelten Uebeln auf keine Art gewachsen sey; daß es sich aber mit einer geheimen Verbindung anders verhalte, die eben darum allen Hindernissen und Angriffen kräftiger widerstehen wird, weil der Gang ihrer Arbeiten versteckt, ihre Mitarbeiter verborgen, ihre Vorsteher unbekannt, und eben dadurch gegen Tadel, Verläumbung, Neid, Sturz und Verfolgung gesichert sind, bey welchen kein Grundsatz stirbt oder verlohren geht, wo die spätern Zöglinge auf die Erfahrungen ihrer Vorgänger bauen, fortarbeiten, dort anfangen, wo es diese ließen, wo die Stelle des abgehenden durch ein eben so kluges und mit seinen Grundsätzen eben so harmonierendes zu diesem Ende sorgfältig und Jahre lang gebildetes Mitglied ersetzt wird, welche gegen allen Sturz und Corruption gesichert sind, denen es zum Bedürfniß geworden ist, so und nicht anders zu denken, so und nicht anders zu handeln.

Es giebt also in jeder Regierung der Welt gewisse allgemeine Gebrechen, die der Kluge, und rechtschaffene Manne jedes Landes und Zeitalters

ters gern vermindern möchte. Wenn wir sehen, daß in dieser Welt jeder Mensch glücklich seyn könnte, daß aber diese Glückseeligkeit durch Irrthum, Unwissenheit und Leidenschaften, durch die Bosheit der Verirrten so häufig gestört wird; wenn wir sehen, daß die Bösen so mächtig sind, ja mächtiger als die Guten; daß der Reiz zum Laster zu stark, durch öffentliche Anstalten zu wenig dagegen gethan worden; daß einzelnes Kämpfen dawider fruchtlos ist; daß der ehrliche Mann kaum ungestraft ehrlich seyn kann, den Verleumdungen, Unglück, Verfolgungen am stärksten ausgesetzet ist, weil er allein ist: so entstehet sehr natürlich der Wunsch, es möchten doch einmal die edleren, würdigeren Menschen in ein dauerhaftes Bündniß zusammen treten, um mit allen grossen Menschen, die dermalen sind und einen gleichen Drang fühlen, mit allen die dereinst seyn werden, nur ein Volk, eine Familie zu formiren, für alle Lande und Jahrhunderte zu leben, ihren wohlthätigsten Geist und Eifer auf die Nachwelt zu verpflanzen, und ein reiferes, sittlicheres Menschengeschlecht vorzubereiten; in ein Bündniß, das nie wieder getrennt oder entweihet werden sollte, um den Bösen fürchterlich zu werden, allen Guten ohne Unterschied aufzuhelfen, sich selbst Ruhe, Zufriedenheit und
Sicher-

Sicherheit zu verschaffen, durch die kräftigsten dabey einfachsten Mitteln das Laster zu vermindern, durch Mittel, die zugleich Tugend, und Wohlwollen befördern; und die bisher nur zu unkräftigen Reize zur Rechtschaffenheit sinnlicher, mächtiger, und anziehender machen; durch Mittel, die auf höhere Kenntniß der menschlichen Natur gegründet wären.

Auf diese Art hat Gott selbst den Trieb nach geheimen Verbindungen in die edlern, und schönern Seelen der Menschen gelegt, um den übrigen zurückgebliebenen Theil zur Vollkommenheit, zur Glückseeligkeit zu führen. Aber dieser Trieb hat sich erst später durch eine reifer gewordene Vernunft, durch das Mangelhafte unserer Regierungen, durch die in ihnen erweckten neuen Bedürfnisse immer deutlicher entwickelt; hat unvollkommene Versuche hervorgebracht, hat zum Theil selbst neues Uebel über die Erde verbreitet, bis Menschen durch häufige mißlungene Versuche die dazu nöthigen Einsichten und Erfahrungen gesammelt, selbst durch ihre Fehler klüger gemacht, den Grund zu einem Gebäude legen werden, das der Hinfälligkeit trozt und die Fülle ihrer Wünsche enthalten wird. Es lag schon in dem Wesen des natürlichen Zustandes, solche Bedürfnisse zu fühlen,

die

die nur in einer anderen besseren Lage zu befriedigen waren. Diese Bedürfnisse mußten Menschen dort einsehen, um sie aus dieser Lage zu reissen, sie in der bürgerlichen Gesellschaft zu vereinigen, und sie dadurch zu ihrer Vollkommenheit eine Stuffe näher zu bringen, den Gang des menschlichen Geistes ins bessere zu entwickeln. Aber auch hier in dieser verfeinerten Lage zeigten sich dem unersättlichen Neuerungs- und Verfeinerungsgeist der Menschen nach langer Erfahrung, nach genauerer Bekanntschaft neue Mängel, neue Bedürfnisse, neue Aussichten. Diese neue Aussichten sind neuer Ruff zum Weiterwürken für den Mann, der indessen reifer geworden, dem die Kinderschuhe nicht weiter passen. Sie sind Aufforderungen der Vorsicht zu neueren, engeren, zweckmässigeren Verbindung; zu einer grössern Verfeinerung der Regierungs- und Stadtskunst. Diese neue Verbindung soll die würklich vorhandene Formen, die noch für den grösten Theil der Menschen sehr angemessen sind, auf keine Art aufheben, oder entkräften.

Im ursprünglichen Zustande mußten Menschen empfinden, erfahren, wie schwach sie einzeln, wie stark sie in Vereinigung wären. Eine weitere Erfahrung mußte in Staaten vereinigte Menschen beleh-

belehren, wie viel ihnen noch mangle, um diese neue erst hier hervorgebrachte Bedürfnisse zu befriedigen. Diese bürgerliche Gesellschaften, so wie sie dermalen beschaffen sind, sind nur der Weg, der Versuch zum Besserseyn, nicht das Besserseyn selbst. Und so wie jeder unvollkommene Versuch zu neuen Verbesserungen, zu bessern, klügern Einrichtungen Anlaß giebt, so wie man in der bürgerlichen Gesellschaft alle Veränderungen zu diesem Ende versucht, alle nur mögliche Einschränkungen und Formen vergeblich durchgelaufen, und doch noch immer so viel Mangelhaftes gefunden hat: so mußte man am Ende die Nothwendigkeit sich neuerdings zu verbinden einsehen, um die Triebfedern der Regirungskunst, mehr zu veredeln und zu vervollkommnen, um in dem Fortrücken auf der grossen Leiter der menschlichen Vollkommenheit nicht still zu halten und auf der nemlichen Stelle zu verweilen. Man mußte sehen daß der Mensch den Bürger unendlich übertreffe. Daß diese seine erste und ursprüngliche Beschaffenheit sey; daß die Menschen sich in die bürgerliche Gesellschaft vereinigt, um mehr Mensch, um vollkommnere Menschen zu werden. Man mußte nicht minder einsehen und erfahren; daß diese Vereinigung in Staaten ein eigenes neues Trennungsmittel geworden, daß

durch

durch die Abtheilung der Nationen und durch die Verschiedenheit der Stände, neue Spaltungen und neue Quellen des Hasses und der Zwietracht gegründet worden; daß sich Menschen darüber fremder geworden, daß also ein neues Bindungsmittel nothwendig sey, eine neue Anstalt, durch welche sich die getrennten fremdgewordenen Theile neuerdings einander nähern, wodurch Menschen erinnert werden, daß sie alle eine und dieselbige Natur haben, daß sie alle eines Ursprungs sind, daß sie geschaffen sind, sich einander zu nähern und zu lieben, daß der Bürger den Menschen nicht aufhebt. Sie mußten finden, daß eine Anstalt nöthig sey, in welcher sie sich aus ihrer Zerstreuung sammeln, sich wieder als Menschen finden und als solche lieben.

Nach diesen Voraußsetzungen sind also edlere geheime Verbindungen (denn von geheimen Possenspielen und Betrug ist hier gar keine Rede) ein Werkzeug, das menschliche Geschlecht zu veredlen. Ihre Arbeit ist, durch so mancherley Interesse und Vorurtheile getrennte Menschen zu sammlen; sie in einem höheren, würdigern, allgemeinen Zweck zu vereinigen; die ungeheure Kluft auszufüllen, welche durch die Vereinigung der Menschen in gröffere Gesellschaften, so wie durch die

die Verschiedenheit der Stände entstanden ist; die aus dieser Trennung und Verschiedenheit entspringende Quellen der Spaltung und des wechselseitigen Hasses zu vermindern; grosse, uneigennützige, zu jedem Guten empfängliche Menschen zu bilden; Zwerge und Kleingeister zu vermindern; den Keim der Tugend zu bewahren; das erloschene Interesse, gut zu seyn, unter Menschen anzufachen; in ihrem Schoose Irrende zu recht zu weisen; den Schwachen zu erleuchten; jedem den seinen Kräften angemessenen Würkungskreis anzuweisen; der Welt und dem Menschengeschlecht unmerklich denjenigen Grad von Cultur zu geben, der das männliche Alter der Welt ausmachen soll; höhere Sittlichkeit zu verbreiten; auf die Gedenkungsart ihrer Zeitgenossen sowohl, als der entfernten Nachwelt zu würken und Grundsätze zu bestreiten, zu untergraben, zu vertilgen, die der Ruhe und Glückseeligkeit der Menschen nachtheilig geworden.

Aber wo ist diese vortreffliche Gesellschaft, wo ist der Orden, der dabei so wenig den häuslichen, und anderen Verhältnissen seiner Mitglieder zu nahe tritt, keine betrügliche Leidenschaften und Wünsche erweckt und nährt, der nur an Belehrung, und sittlicher Besserung

das

des Menschen arbeitet, und dazu sicher führende Anstalten aufzuweisen hat, in welchen der Lauf der Zeiten und politische Verhältnisse keine innere wesentliche Veränderungen hervorbringen; der Mensch blos nach innerer Güte beurtheilet wird, wo Verstellung unwürksam ist und der künstlichste Heuchler in seiner Blösse da steht; wo alle Kunstgriffe der Bösen fruchtlos gemacht werden; wo jede Tugend, jede kleinste moralische Handlung ihre sichere unausbleibliche Belohnung erhält; wo man bloß nach höheren Gesichtspunkten arbeitet, gegen alles niedrige Interesse fühllos gemacht, und nur in das Grosse und Allgemeine zu würken gelehrt wird; wo die Seele gegen jeden grossen Entwurf in edlem glühenden Enthusiasmus gesetzt wird? Wo ist die Gesellschaft, die das bisher noch nie aufgelöste Problem entwickelt, Menschen erst zum Guten zu leiten, ihre Geisteskraft zu erhöhen, ihr Wohlwollen zu vermehren, und dann alles Grosse und Edle auszuführen, was den meisten bisher Traum, nur den Aufgeklärtesten möglich schien, der Tugend die Herrschaft über das Laster zu verschaffen? Wo ist die Gesellschaft, welche die fähigsten Köpfe jeder Classe versammlet, sie aufmuntert, ihrem erstorbenen Muth neues Leben giebt, Interesse zeigt zu arbeiten, sich hervorzuthun,

thun, groß zu werden, die jeden Denker aus dem Staube hervorzieht und ihn auf den Leuchter stellet, welche die Wege der Erkenntniß und Sittlichkeit mit dem Zuwachs ihrer Mitglieder vervielfältiget, welche auf diese Art die größten Geister aller Zeiten und Nationen in ein einiges Band vereinigt; wo jeder dem andern in die Hand arbeitet; wo so gar der Schwächste Lehrer des größten, wo die Einsicht des einen die Einsicht aller wird; wo der Unwissende dort schon anfangen kann, wo der Vielwissende aufgehört hat; wo keine Kenntniß verlohren geht, sondern von Menschen zu Menschen unter den Auserwählten fortgepflanzt wird? Wo finden wir diese Quelle aller Erkenntniß, aller alten und neuern Weisheit, diesen Aufenthalt des Friedens, diese Zuflucht der Unglücklichen, diese Freystädte gegen Verfolgung? — Wie, wenn nun unsere Gesellschaft, diese Verbindung von dieser Art wäre? Verdiente sie wohl deinen Beytritt, deine möglichste Anstrengung thätiger Kraft? Hier wird dein Beytritt Pflicht, verweigertes Mitwürken und Uebertrettung ihrer Gesetze werden beynahe Verbrechen gegen Gott und Menschen, gegen die Ordnung der Natur. Der Gedanke allein kann dich noch entschuldigen, eine solche Gesellschaft mit einem solchen Zweck möchte nur ein schöner Ge-

danke,

danke, aber zugleich eine Unmöglichkeit seyn. —
Also soll es ein Traum seyn, daß ich an Vollkommenheit, an moralischer Güte wachsen und zunehmen könne, daß ein anderer dieß auch könne? Es soll unmöglich seyn, daß ich diesen Geist, diesen Trieb nach innerer Vollkommenheit in anderen eben so lebhaft erwecke, daß diese sich an einander schließen, ihre Anzahl langsam aber sicher vermehren, andere nach hohen grossen Grundsätzen und Gesichtspunkten bilden, und folglich das Uebel an der Wurzel angreifen? Dieß soll eine Unmöglichkeit seyn? Oder was wird sonst noch weiter erfordert; was ausser der Herrschaft über sich selbst, ausser der Liebe zu einem grösseren Gut, zu einem höheren Zweck? Was ist hier unmögliches? Wenn meine natürlichen mir aufgelegten Pflichten, die genaueste Befolgung derselben, die besten kräftigsten Mittel sind, um zu diesem Zweck zu gelangen, so muß also die Erfüllung dieser Pflichten unmöglich seyn? Halte dich nur genau an die Vorschriften der Gesellschaft, entferne dich davon so wenig als möglich und alle Bedenklichkeiten werden verschwinden. Freylich wenn jeder sich schon vollendet glaubt, der Hand an das Werk legt und den Erfolg übereilen will; wenn man in dem irrigen Wahn steht, als ob nur vollendete ganz vollkommene Menschen dazu erfordert

würden;

würden; wenn dieſer Saame ohne alle Ausnahme in Menſchen ſoll geſtreuet werden, die für ihn keine Empfänglichkeit haben, wo er nie gedeihen und Wurzel faſſen kann; wenn man nur flüchtig über die Oberfläche gleitet, nicht in das Innerſte der Seele dringt; wenn dem Führer alles lieber als ſein Zweck iſt, die Grundſätze des Ordens nicht in ſeine Seele übergehen, Leidenſchaften und Trägheit mit ins Spiel kommen; wenn die Häupter keine Beyſpiele und Muſter ſind, viel fordern und ſelbſt wenig leiſten, wenn ihr Vortrag und Unterricht von keiner Ueberzeugung Beweiſe giebt; wenn die Zöglinge vernachläſſiget werden: dann iſt freylich bey ſolchen Führern manches bloſſer Traum, was bey weiſern und ſorgfältigern Menſchen zur Würklichkeit kommt. Wer den Orden als Vehiculum betrachtet in Menſchen zu würken, auſſer ſich gute Grundſätze mit mehr Nachdruck zu verbreiten, der wird an der äuſſern Schaale nicht hangen, dem wird jede Form gleichgültig ſeyn, der wird jeden guten Gedanken, jeden Entſchluß, den er bey andern erweckt, als Folge dieſes Syſtems, als Vorſchrift des Ordens betrachten.— Aber wozu ſodann eine Verbindung, wenn dieß jeder Einzelne vermag? — Vereinigung verſtärkt die Kräfte und ihre Würkungen. Vereinigung giebt Sicherheit und Ermunterung; Vereinigung erleichtert die Würkung und die Mittel zur Erkenntniß; eine solche Vereinigung nähert Menschen einander, die sich ausserdem nie gekannt hätten und verhindert das Einseitige in Begriffen. Eine solche Vereinigung giebt Menschen einen Würkungskreis, eine Gelegenheit ihre Talente zu äussern, die sie sonst nie erhalten hätten; in einer solchen Vereinigung ist die Erkenntniß und Kraft aller die Kraft und Erkenntniß jedes einzelnen. Vereinigung macht Muth und Vertrauen, erzeugt unerschrockene Bekenner der Wahrheit und Tugenden, vermindert die Gefahr tugendhaft zu seyn, Beyspiel zu werden. Und gute Beyspiele und Muster sind nothwendig, um dem, was sonst nur abstracter Begriff ist, Körper, Leben, Handlung und Interesse zu geben.

5.) Diesen Zweck wollen in einer geheimen Verbindung mehrere; es ist also, als ob nur ein einziger Wille wäre. Die Kräfte aller strengen sich an, diesen Zweck zu erreichen; es ist also, als ob nur ein einzige Kraft wäre. Je mehr sich eine Gesellschaft dieser moralischen Einheit nähert, desto vollkommner ist die Gesellschaft, desto besser stellt sie eine einzige physische Person vor. Je weiter sie sich davon entfernt,

je

je sichtbarer die Mehrheit ist, um so weniger stellt sie ein Ganzes, eine moralische Person vor. In einer vollkommenen geheimen Verbindung müssen nebst der Vollkommenheit des Zweckes unter den vielen einerley Grundsätze, einerley Gesinnungen, einerley Aeusserungen, eine durchaus gleiche Stimmung sichtbar seyn, alles entfernt werden, was diese so ähnliche Geistesstimmung schwächen, und vermindern kann. Diese Stimmung ist der Grundstein des ganzen Gebäudes. Durch sie ist alles, ohne sie gar nichts möglich. Alle Anstalten, alle Gesetze, alle Wachsamkeit der Obern muß dahin gerichtet seyn, sie in den möglich stärksten Grad hervorzubringen. Die, welche diesen so mühsamen Geschäften gewachsen sind, sind auch die wahren eigenen Obern des Ordens; durch sie fährt der belebende Hauch in alle Glieder dieses moralischen Körpers, der Geist, der ihn beseelt.

6.) Menschen handeln so, wie sie denken; die Würkungen, die sie hervorbringen, sind das Resultat ihrer Grundsätze. Nicht alle Grundsätze führen sicher zu demselbigen Zweck; einige sind ihm günstiger, andere gänzlich zuwider. Wenn der Zweck der Gesellschaft ist, grosse edle Menschen zu bilden; so müssen in den Graden des Ordens

Ordens solche dahin führende Lehren aufgestellet, gelehrt und zum Bedürfniß gemacht werden. Sie sind Mittel zum Zweck, wer diesen will, für ihn glühet, der wird hier nicht über Geisterzwang schreyen. Er wird noch dazu finden, daß diese Ideen durch Anleitung des Ordens nach und nach wie von ihm selbst erfunden, in seiner Seele hervorkommen. Nie wird ihm etwas aufgedrungen. Niemal darf ein Grad, eine Lehre vorgetragen werden, bevor der Candidat nicht auf die Art vorbereitet ist, daß diese Grundsäze bey ihm so zu sagen nur schlummern, daß er sie selbst ahndet, nur nicht so deutlich entwickeln kann, daß er würkliches Bedürfniß darnach fühlet. Dann ist auch der Beyfall gewiß. Und wenn diese Grundsätze noch anbey die höchsten und vorträglichsten für unsere Ruhe sind, so wird niemand die unmerkliche Umstimmung seiner Gedenkungsart ins Bessere der Gesellschaft zu einen Verbrechen machen. Dieser Ordensunterricht, diese von ihm vorgetragene Lehren müssen sodann nicht blos angehört oder gelesen werden: sie müssen um ihre Würkung hervorzubringen in die Gedankenreihe übergehen, sich eigen gemacht werden; sie müssen oft einzeln und im Zusammenhang durchgedacht, bey Gelegenheit auf vorkommende Fälle angewandt, lebhaft, sinnlich gemacht, Bewegungsgründe

gründe unserer Handlungen werden. Flüchtige Lectüre, aus Modesucht, Eitelkeit, Vorwitz unternommen würkt nicht auf den Charakter, sonst würde bey diesem Ueberfluß guter Bücher, bey dieser herrschenden Sucht, so viel und mancherley zu lesen, die Sittlichkeit grössere Vorschritte machen. Aber anhaltendes Denken, subjectives Lesen, angewandt auf sich, auf andere, auf die Umstände, Begierde sich zu unterrichten, Entschlüsse, die darüber entstehen, diese sind es, welche uns vollkommner, zu besseren Menschen machen.

7.) Wo Einförmigkeit der Grundsätze herrscht, ist Einförmigkeit der Gesinnungen und Handlungen eine nothwendige Folge: In einer wohlgeordneten Gesellschaft kann nicht jeder handeln, wie er will. Denn nicht alle Handlungen befördern den Zweck der Gesellschaft. Alle, die sich dazu als Hindernisse verhalten, stehen ihm nicht mehr frey, sind ihm verboten. Alle Handlungen, die sich als Beförderungsmittel verhalten, sind ihm geboten. Nur allein diejenigen, welche mit dem Zweck der Gesellschaft, weder in einem widrigen, noch günstigen Verhältnisse stehen, diese allein sind ihm frey. Diese Einschränkung seiner Handlungen legt jeder sich selbst auf; jeder ist sein eigener Gesetzgeber, so

D 4 lang

lang er diesen Zweck will; und er verbindet sich zu einem bestimmten Betragen selbst um so nachdrücklicher, je lebhafter er den Zweck der Gesellschaft will. Alle Vorschriften, welche das Verhältniß einer Handlung mit dem Zweck bestimmen, sind die Gesetze einer Gesellschaft. Diese Gesetze müssen so beschaffen seyn, daß jeder einzelne sie selbst würde angeordnet haben, wenn reine Vernunft allzeit die Führerin seiner Handlungen wäre, wenn er den Zweck allzeit vor Augen hätte; alle diese Gesetze sind Mittel zum Zweck; wer diesen liebt, muß auch die Gesetze lieben. Diese befolgt er sodann nicht aus Zwang, sondern aus Liebe zu seinen Zweck. Wer die Mitglieder folgsam gegen die Gesetze machen will, hat in einer geheimen Gesellschaft kein besseres, würksameres und sicheres Mittel, als die Liebe zum Zweck lebhaft zu unterhalten. Wie sich diese vermindert, vermindert sich die Achtung gegen Gesetze und Obere. Unfolgsamkeit, Ungehorsam sind die Folgen der Lauigkeit, Gleichgültigkeit gegen den Zweck, diese finden sich ein, wenn der Zweck zu schwach, als unmöglich, oder gar als niedriger in Vergleichung mit einem andern gedacht wird. Wer also Liebe zum Zweck und folglich Liebe zu den Gesetzen und Verfassungen des Ordens unterhalten will, muß selbst Achtung für

solchen

solchen äussern, muß die Kunst verstehen, alle übrigen Zwecke als niedriger vorzustellen, ihn mit der herrschenden Idee eines jeden Menschen in Verbindung zu bringen, die Größe der Folgen sichtbar zu machen, oder beweisen, daß jeder für sich am besten sorge, sich am meisten und vernünftigsten liebte, wenn er diesen Zweck liebt. —— Wer wider den Zweck des Ordens, wider seine Gesetze handelt, begeht nicht allein ein Verbrechen gegen die Verbindung, sondern wenn dieser Zweck ein wahrer, der höchste Zweck ist, so sündigt er auch gegen sich selbst. Er hindert das Gute, das auf diese Art bewürkt werden könnte, an andern und an sich. Wer für den Zweck des Ordens nichts oder wenig empfindet, hört eben dadurch auf, ein Mitglied desselben zu seyn, denn er will nicht, was der Orden will, und dieser will nicht, was er verlangt. Wer kein eifriger Anhänger einer solchen Verbindung mit solchen Zwecken ist, der hängt mehr an niedrigen Gütern als er sollte, er legt ihnen mehr Werth bey als sie verdienen, er ist minder vollkommen, denn sein Gesichtspunkt ist niedrig und begränzt. Diese Anhänglichkeit aber kann sich auch aus andern gerechten Ursachen vermindern, wenn Disharmonie zwischen der Lehre und den Thaten bemerkt wird, wenn Uneinigkeiten einreissen,

reissen, keine Ordnung, Punktualität herrscht, jeder gebieten, keiner gehorchen will, keine festen Maaßregeln und Entschlüsse gefaßt werden, wohl gar Mißbrauch und Eigennuz hervorleuchtet, die Gesetze ungeahndet übertreten werden, in allem Zerrüttung und Verwirrung sich zeigt, die Willkühr der Obern eintrit: dann —— gute Nacht Anhänglichkeit der Mitglieder für eine Sache, die blos geschrieben ist, und nur durch die Ausführung ihren wahren Werth erhält! Der edle Mann wird sich zurückziehen und bedauern, daß beynahe alle Anstalten zum Guten nichts weiter als Entwürfe bleiben.

8.) Da Menschen, um an gewißen interessanten Gegenständen Geschmack zu finden, für sie empfänglich zu werden, erst einer Vorbereitung bedürfen, da diese ein Werk der Zeit ist, das Bedürfniß darnach nicht auf einmahl entsteht: so müssen nothwendig in jeder Gesellschaft solche Führer und Lehrer seyn, welche die nöthige stufenweise Anleitung ertheilen; diese übersehen das ganze System, sind also auch im Stande die Verhältniße jedes Vorfalls, jeder Handlung zum Zweck genau zu bestimmen. Diese Uebersicht, diese richtigere Erkenntniß, diese Ueberlegenheit des

des Geistes giebt ihnen auch eine höhere Gewalt, das Recht die Handlungen ihrer Untergebenen dahin zu leiten, wo der Zweck der Gesellschaft, solches verlangt und erfordert. Diese Abhängigkeit der übrigen untern Classen von den höhern ist in der Natur des Geschäfts selbst gegründet. Die Unterwerfung ist freywillig, ist zum Vortheil der Untergebenen, ist anbey bedingt; sie ist freywillig, weil niemand zum Eintritt gezwungen wird, weil jeder die Gesellschaft verlassen kann; sie ist zum Vortheil der Untergebenen, weil sie zu einem Zweck führt, der ihnen so theuer geworden, dessen Einrichtung sie sich als einen Bestandtheil ihrer Glückseeligkeit vorstellen; sie ist bedingt; und nur in so ferne, als der Zusammenhang mit der Gesellschaft dauert; in so fern die Vortheile, die jeder hofft, würklich geleistet werden, in so fern die Gesellschaft erfüllt, was sie verspricht.—— Ihre Uebersicht des Ganzen sezt sie in Stand zu bestimmen, welche Handlungen den Zweck befördern oder hindern. Sie sind also zugleich die rechtmässigen Gesetzgeber, und man gehorcht nicht ihnen, sondern sich selbst, seinem wahren Vortheil, den sie uns verkündigen, weil uns die nöthige Uebersicht des Ganzen mangelt oder Kurzsichtigkeit und Leidenschaften uns an dieser gehörigen Uebersicht verhindern. Von diesen Obern

hängt

hängt alles ab. Das Vertrauen auf ihre Einsichten und Uneigennützigkeit erweckt in uns die Bereitwilligkeit ihnen zu gehorchen. Diese Obern müssen also suchen, dieses Vertrauen in beyden Stücken vollkommen zu erfüllen. Sie müssen, um auf Untergebene gehörig zu würken, die weisesten und uneigennützigsten Ordensmänner seyn, die personificirte Lehre und Ideal des Ordens; sie müssen für ihren Zweck glühen, müssen die Kunst verstehen dieses belebende Feuer andern mitzutheilen, müssen sich vollkommen in die Begriffe ihrer Zöglinge hineindenken, ihren Vortrag an diese schließen; sie müssen denken, daß die kleinste ihrer Handlungen von ihren Untergebenen beobachtet und in Vergleichung mit ihrer Lehre gesetzt wird, daß jede hierinn bemerkte Disharmonie die Gemüther bestimme und Eifer und Anhänglichkeit vermindere. Sie sind statt souverainen Gebietern die abhängigsten Menschen. Von ihnen allein hängt die Aufnahm und der Verfall aller geheimen Gesellschaften ab. Bedächten doch dieß alle wohl und ernstlich, die so gern an der Spitze einer geheimen Gesellschaft glänzen wollen; bedächten sie, welche Bürde sie auf ihre Schultern nehmen, wenn sie die Pflichten ihres Amtes erfüllen wollen; bedächten sie, welchen Schaden sie der Gesellschaft, sich selbst zufügen, wenn sie

sie solche nicht erfüllen, sondern blos der Eitelkeit nachjagen; bedächten sie, welche grosse Eigenschaften dazu erfordert werden, über denkende Köpfe, über freywillige Untergebene ohne allen äusserlichen Zwang so zu herrschen, daß sie diese Herrschaft lieben: wie sehr würde dieses den Ausbruch des Ehrgeizes und der Eitelkeit, und die Anzahl der Mitwerber, die daraus entstehenden so fatalen Uneinigkeiten verhindern! An dieser Klippe sind die meisten, wo nicht alle geheimen Gesellschaften gescheitert. Und in keiner von allen ist es so schwer einen Obern vorzustellen, als in der gegenwärtigen; denn er soll ein von den Grundsätzen des Ordens durchdrungener Geist seyn; ein Mann von hinreissender Beredsamkeit, ganz Meister seines Betragens, untadelhaft in Sitten, engelrein in seinen Absichten; ein Mann, der den Zweck des Ordens stets vor Augen hat, in ihm lebt und schwebt. Wer von der bürgerlichen Gesellschaft, von den Maaßregeln, die dort ergriffen werden, von der Behandlung der Menschen, die dort gewöhnlich ist, auf diese Verfassungen schließen, seine Behandlung darnach einrichten wollte, der würde gewiß seinen Zweck gänzlich verfehlen. Hier sind Vertrauen auf seinen Führer und Liebe zum Zweck die einzigen Triebräder, wodurch das Ganze in eine ihm vor-

theil-

theilhafte Bewegung versetzt wird; wie sich diese beyde vermindern (und wie leicht ist dieses geschehen,) so vermindert sich sein Einfluß, so endigt sich seine Macht; und Mißbrauch der Menschen ist in diesem System, bey so gestimmten Geistern mit diesen Erwartungen eine unmögliche Sache. Bey der ersten Spur von engeren Absichten verschwindet das Vertrauen und mit diesem die Macht. O, möchten doch alle, die dieses hier vorgetragen lesen oder hören, in sich gehen, sich erforschen, es mit der Wärme desjenigen empfinden, aus dessen Federn es kommt: sie würden finden, daß nur ein kleines hinlänglich ist, die sonst so guten gegen alles Gute wahrhaft empfänglichen, durch Vertrauen so leicht zu führenden Menschen zu verstimmen, ihren Eifer zu vermindern, schüchtern, kleinglaubig, menschenscheu zu machen und am Ende dahin zu bringen, daß sie an aller Besserung und Vervollkommnung des Menschengeschlechts verzweiflen, jede Anstalt dazu als eine platonische Idee, als einen wohlmeinenden Einfall eines der Welt unkundigen Zimmergelehrten verlachen. Nur ein einziger Ausweg öfnet sich hier; dieser liegt abermal in der Vorbereitung der eintretenden Glieder. Diese müssen beym ersten Eintritt gewöhnt werden zu denken, daß auch die beste menschliche Einrichtung

doch

doch noch immer menschliche Anstalt sey und bleibe; daß alles nur Vorübung sey, um Erfahrungen zu sammlen, um immer weniger und weniger zu irren; daß hohe Ideale aufgestellet werden, um sich ihnen zu nähern; daß man mehr fordere, um doch etwas zu erhalten; daß auch der kleinste Vorschritt würklicher Gewinn sey; daß man zeigen wolle, wessen Menschen fähig wären, wenn sie Herrschaft über sich selbst erringen; daß in unserer Einrichtung noch sehr vieles unvollkommen, sehr vieles unausgeführt, sehr vieles dermalen, aber nur dermalen unmöglich sey; daß wir Obern selbst erst lernen, uns in diesem Geschäft üben; daß wir uns eifrig bestreben, es so weit zu bringen, als unsere schwachen Kräfte erlauben; daß wir erst in spätern Jahren, bey einer schon gebildeten Denkungsart diesem System beygetretten; daß unsere Mängel noch Folgen der vorigen Denkungsart seyen; daß sie um des mehreren Guten willen Nachsicht gegen Mängel bezeigen, die zum Theil unfreywillig sind; daß man die Verminderung der noch so häufigen Mängel dereinst ihnen überlasse; daß oft Umstände manches nothwendig und zweckmässig machen, das sonst verwerflich wäre. —— Ein solches offenes Geständniß macht manche Mängel verzeihlich und stimmt das Ueberspannte der Begriffe herunter, welches so

viel

viel schadet, weil der Erfolg allzeit unter der Erwartung ist und dadurch die Achtung gegen das Ganze, und mit ihr die Folgsamkeit vermindert. O! gewiß mit und aus Menschen ist alles zu machen. Vom ersten Monarchen der Erde bis zum letzten Bettler ist keiner, der widersteht, wenn er gehörig angegriffen behandelt wird. An dem persönlichen Charakter, an den Gaben dessen, der auf ihn würken soll, an der Art, wie er behandelt wird, ist alles gelegen. Zeige jedem Menschen, daß ihm etwas mangle; (und wem mangelt nicht etwas?) zeige ihm auf seine Art lebhaft und anschaulich, mit allem Strome der Beredsamkeit, daß dieses Fehlende ein Theil, ein wesentlicher Theil seiner Glückseeligkeit sey; zeige ihm, daß er dieses Fehlende, seiner Glückseeligkeit so wesentliche Gut durch dich suchen und unausbleiblich erhalten könne, verrathe durch deinen Charakter nichts, das Mißtrauen gegen dich erweckt, äussere natürlich und ungezwungen Sorge und lebhaften Antheil für sein Wohl, richte deinen Vortrag nach der individuellen subjectiven Denkungsart dieses Menschen ein, und wenn du dieses alles vermagst, so nenne mir so dann den Menschen, der dir widersteht. Es ist eine ewige, durch alle Erfahrungen bestättigte Warheit: wenn dein Mann nicht wird, was er werden soll

und

und kann, so ist es deine Schuld. Es hat dir an Ansehen und Vertrauen gefehlt; du hast ihn nicht auf seine Art, nicht zur rechten gehörigen Zeit behandelt, den zu machenden Vortrag nicht gehörig vorbereitet, nicht sinnlich und lebhaft gemacht, nicht an seine Begriffe angeschlossen und damit in Verbindung gebracht. Ich wiederhole es noch einmal, dieser Mann ist nicht unbezwingbar, aber du bist der Held nicht, der diese Eroberung bewürkt. Dieser Lorber grünt nicht für jeden Scheitel. Erforsche dich nun, wag es einmal, die Fehler zu sehen (denn es ist Seelengröße, sie zu sehen) und ich rechne auf deinen Beyfall. — Wenn ich die erstaunliche Verschiedenheit öffentlicher und geheimer, religiöser und politischer Verfassungen bedenke, den Eifer, mit welchen Menschen oft bis zur Aufopferung ihres Lebens demselben zugethan sind; wenn ich bedenke, daß dieser so eifrige Israelit ein eben so eifriger Christ oder Muselmann würde geworden seyn, wenn sich die nemlichen Umstände vereiniget hätten, ihn zu einem aus diesen beyden zu machen: so muß ja wahrhaft an der Behandlung der der Menschen alles gelegen, alles aus ihnen zu machen seyn; so muß es ja auch keine Unmöglichkeit seyn, aus ihnen edle, grosse, sittliche aufgeklärte, uneigennützige, tugendhafte Menschen

schen zu machen, wenn man sich anders der nemlichen Mittel und Wege bedienet, wodurch sie alles übrige ohne alle Ausnahme werden. Ich sehe Anstalten zu allem: aber immer für engere Absichten, und die Menschen werden was man will, sie werden solche Menschen, wie es engere Absichten fordern. Aber ernsthafte Anstalten, zum wahrhaft guten, — diese werde ich selten gewahr.

9.) Wenn Einheit die Seele eines jeden moralischen Körpers ist, so muß in jeder geheimen Verbindung, in keiner mehr als in dieser, alles vermieden, alles entfernt werden, was Menschen theilt, trennt, den Geist der Uneinigkeit unter sie verbreitet. Die Quellen dieser Uneinigkeit sind Leidenschaften, engeres Interesse. Wo der Zweck der Gesellschaft selbst zur stärksten Leidenschaft gemacht wird, da schweigen alle übrigen, ihre Würkung ist schwach, sie richten sich nach dieser, und ordnen sich unter. Wer ein höheres Interesse kennt, als den Erwerb der Reichthümer und Macht, der kann diese verachten, kann arm und klein seyn, und kann sich freuen, das eine oder das andere, oder beydes zu seyn. Ihr Ehrgeizigen, ihr unerschöpflichen Quellen der Zwietracht! setzt doch eure Ehre, worein sie zu setzen ist.

Ihr

Ihr wollt glänzen; ihr ergreift jedes noch so elende Mittel wenn es nur dazu führt, aber das, was am Besten und sichersten dazu führt, dies allein ergreift ihr nicht! Wenn ihr gros seyn, die Bewunderung eurer Nebenmenschen erhalten wollt, so handelt groß, handelt nach den größten Gesichtspunkten; thut was euch so leicht keiner nachmachen wird. Grosse Aemter und Stellen, Reichthum, sinnlichen Genuß will jeder, will auch der schwächste Geist. Er will sie um so mehr, je schwächer er ist; aber verachten kann er sie nicht. Hier liegt die Grösse zu wollen, was andere verabscheuen, zu verabscheuen, was andere wollen, den labenden Becher auch bey den grösten Aufforderungen des Durstes auszuschlagen, hinwegzuwerfen, um Herr über sich zu seyn und zu bleiben, zu dienen, zu folgen wo man gebieten wollte, —— und das um eines höheren Zweckes willen, weil es Mittel ist ihn zu befördern; sein niederes Vergnügen zu schlachten, um jenes seines Geistes zu erhöhen. —— Hier allein ist Grösse. Dieß können nur Helden, Helden der menschlichen Natur, Menschen, denen sich eine Aussicht zu höheren Gütern geöfnet hat. Kämpfe also mit dir selbst und besiege dich, wenn du kannst. Schwer ist dieser Kampf, noch schwerer ist der Sieg: aber unmöglich ist er nicht. Um den aus engeren Gesichtspunkten und Leidenschaften entspringenden Ursachen der Zwitracht vorzubeugen, um sie in einem gemeinschaftlichen Interesse zu vereinigen, um diese Eintracht zu erhalten, müssen grosse starke Seelen gebildet werden, alle Ordensanstalten müssen dahin abzwecken. Nun handeln aber Menschen groß, aus edlen, grossen, Seelenerhebenden Grundsätzen. Dies macht, daß Systeme aufgestellt werden müssen, worin solche Grundsätze bewiesen, anschaulich gemacht werden. Es müssen grosse Aussichten geöfnet werden, diese müssen mir das Ziel meiner Leidenschaften, meiner bisherigen Begierden als klein, unbedeutend vorstellen. Sie müssen darthun, daß alles, was ich bisher gesucht habe, durch diesen neuen Weg kürzer, sichrer und dauerhafter erreicht werden könne; dann fällt mit einemmal der Nebel von den Augen, dann verschwinden Kleingeisterey und mit ihr Zwitracht, wie die Sterne vor der kommenden Sonne. Dann kommt es nur darauf an, diese Ideen fester zu gründen, lebhafter zu machen, zum Bedürfniß zu machen, und das Wunder ist geschehen: Kinder sind Männer, feige werden Helden, und moralische Zwerge sind zu Riesen herangewachsen, so viel vermögen grosse und ähnliche Grundsätze, eine gleiche Stimmung nach höheren Zwecken! Das Bestreiten einzelner

zelner Leidenschaften ist fruchtlos und zu mühsam; der allen gemeinschaftliche Grund selbst muß untergraben werden; so wie der Baum selbst fällt, fallen und verdorren seine Zweige. Aber Zeit und Gedult sind dabey nöthig; denn es ist um nichts weniger als um die Aenderung des Ganzen zu thun, die kein Werk eines Tages ist, wenn sie Dauer versprechen soll.

10.) Keine Einheit eines Körpers, eines Ganzen läst sich denken ohne Zusammenordnung seiner Theile. Jeder Theil muß an seinem Ort stehen, nicht mehr und nicht weniger thun als ihm angewiesen ist; jedes Rad muß in der gehörigen Proportion in das andere greifen, kein Theil den andern hindern; mit einem einzigen Zug oder Druck muß sich die Bewegung allen in dem nöthigen Maaß mittheilen, sich von Mittelpunkt bis an die äusserste Peripherie des Zweckes verbreiten. Je enger diese Zusammenordnung, je einfacher solche ist, um so vollkommner ist das Ganze. Alle einzelnen Kräfte müssen wie in einem einzigen Brennpunkt zusammen treffen; und es muß daher eine Kraft seyn die sie sammlet, durch welche sie die nöthige Richtung erhalten. Man muß wissen und genau wissen, wer Theil von diesem Körper, wer davon abgeschnitten ist. Wer an dem einen Ort davon getrennt worden, bleibt an allen getrennt; niemand muß sich in einem andern Ort zur Hinterthüre hineinschleichen können, wenn er zur vordern hinausgegangen ist und die Fahne von selbst oder gezwungen verlassen hat. Jeder neue Zuwachs muß angezeigt, in Vorschlag gebracht, Bewilligung darüber eingeholt werden, um Homogenität der Theile zu erhalten und Uneinigkeit zu verhüten. Eigenmächtigkeit muß verbannt seyn, das Aug, die Aufmerksamkeit eines jeden darf nur ganz allein auf diejenigen gerichtet seyn, zwischen welchen er steht, auf den, der unmittelbar die Richtung giebt, auf den, der diese Richtung durch mich erhalten. Die Arbeit würde ungeheuer, bey einem so zerstreuten Körper ganz unmöglich seyn, wenn ein einziger Mensch unmittelbar in alle Theile eines so ungeheuren Ganzen würken sollte. Zeit und Kräfte würden nicht hinreichen. Der ganze Würkungskreis muß also in kleinere Bezirke abgetheilet werden und diese aus der obigen Ursache einander untergeordnet, so untergeordnet, daß die Sphäre von Würksamkeit im Hinaufsteigen immer enger und kleiner werde. Diese Einrichtung giebt Einigkeit, Ordnung, Behendigkeit und Nachdruck im Ausführen. Wenn die Gesellschaft erst angehend ist, so wird diese Einrichtung um so nothwendiwendiges, um gleiche Stimmung in alle, um die Maschine in Gang und Ordnung zu bringen.

11.) Dann erst, wenn alle Mitglieder gebildet sind, wenn durchgehends gleiche Stimmung herrschet, wenn der Zusammenhang eng ist, und alle Theile in einander passen, wenn das Innere und Wesentliche geordnet ist: dann erst mag die Gesellschaft Nebenzweige z. B. litterarische, besorgen; weil diese gleich im Anfang die Kraft zerstreuen, vom Wesentlichen abwenden würden, und die Absichten der Mitglieder noch nicht rein genug sind, um nicht von den dabey unterlaufenden so gewöhnlichen Mißbräuchen und Ausartungen fortgerissen und zu engeren Absichten verleitet zu werden; dann erst gelingt alles, dann erst wird engerer Vortheil nicht so sehr gemißbraucht, dann fügt sich dieser nach den Vorschriften der Vernunft.

12.) Um diesen Zusammenhang noch enger zu machen, um dieses Bündniß, zum Sitz aller gesellschaftlichen Freuden bis zur engsten Harmonie der Geister zu veredlen, so sollte unter allen Mitgliedern eine neue Art von Kampf und Wetteifer entstehen. Jeder sollte sich bestreben, den andern an zu vorkommenden Gefälligkeiten zu übertreffen, sich so viel möglich in die Lage des andern

dern verſetzen, ſeine vernünftigen Erwartungen erforſchen, ſich vorſtellen, was ihm gefalle oder mißfalle, werde andern nicht weniger gefallen oder mißfallen; es eben darum thun, oder unterlaſſen. Und wenn das jeder thäte, dann würde keiner verlieren, alle würden gewinnen, jeder gäbe eins, um tauſend dagegen zu erhalten. Jeder würde einſehen, daß ſtolze, eigennützige, ſelbſtiſche Forderungen die Herzen anderer verſchließen; daß Liebe anderer die beſte Liebe ſeiner ſelbſt iſt; daß Dienſtfertigkeit und Achtung für die Rechte und Forderungen anderer meine eigenen Rechte verſichert, die Herzen aller öffnet; daß ein ſolcher Menſch an dem Tag der Noth nie ohne Hülfe iſt; daß ſich alles vereint, einen Menſchen zu retten, von dem alle in ähnlichen Fällen nicht ohne Grund ein gleiches erwarten. Dann iſt auch ſo gar nur ein Eigenthum, ſo wie nur eine Seele und Herz.

13.) Eidſchwüre ſind bey uns überflüſſig. Auch keine Verſicherung bey Ehre wird abgefordert. Die Sache ſelbſt muß binden. Wen dieſe nicht feſſelt, der wird vergeblich durch Eidſchwüre gebunden: gehe immerhin fort, wenn du willſt und werde ein Verräther an der Menſchheit, wenn du ernſthaft glauben kannſt, dein wahrer Vortheil beruhe darauf.

Und

Und nun mein Freund! wende ich meine Rede zu dir. Ich habe dich über die Einrichtung einer geheimen Gesellschaft, wie ich glaube, so vollständig unterrichtet, daß das Land in welchen du dich niederlassen willst, dir nie ganz fremd und unbekannt seyn kann. Wenn dein Entschluß noch fest ist, dich mit uns zu verbinden, so betrachte ich dich als einen den das Bedürfniß und die Kauflust zu uns treibt. Die Waare, welche du bey uns suchst, wird nicht verschenkt, sie wird gegen eine Gegenverbindlichkeit erhalten; wir sind die Verkäufer, du der Käufer, die Waare, so wir hier feilbieten, ist das Gut, so durch diese Verbindung erhalten wird; und die Gegenverbindlichkeit die wir von dir fodern, ist die genaue Beobachtung unserer Gesetze. Wir nöthigen niemand einzutreten: es steht so gar jedem frey, wenn und wie er will, ungescheut auszutreten. Will er das nicht, will er einer von uns seyn, unsre Vortheile genießen, was ist billiger, wie kann er sich weigern, sich in unsere Ordnung zu fügen? Wie kann er gebieten, wie uns nöthigen seiner Meinung, seines Willens zu seyn? — Zurücktreten, von seinem Kauff abstehen, das mag er wohl. Erst alsdann, wenn er seinen Preis erlegt, wenn er das erfüllt, was wir verlangen, erhält er einiges Recht auf uns. Hier gilt kein

Trotzen, kein Aufpochen, kein Drohen. Keiner hat das Recht unsere Einrichtungen zu tadeln, zu begehren, daß solche abgeändert werden, sie für überflüssig zu erklären; da er das Ganze nicht übersieht, wie kann er wissen, was am rechten Ort, was Auswuchs von diesem Körper sey? Er kann nicht wissen, ob nicht vorhergegangene oder begleitende Umstände eine gewisse Einrichtung nothwendig gemacht haben, die wir vielleicht eben so sehr von uns entfernt wünschten, als irgend ein anderer. Er hat also blos allein das Recht auszutretten, wenn ihm eine gewisse Einrichtung misfällt. Es kommt darauf an, ob dir oder uns mehr daran gelegen sey, im Besitz der Waare zu seyn. Keine Noth treibt uns sie los zu geben, wir tretten sie an niemand ab, ehe nicht unsere Bedingnisse erfüllet sind. Und es kommt auf uns an, uns stehet es zu, zu beurtheilen, ob jemand diese Bedingnisse hinlänglich erfüllet habe; gleich wie es dir in der Folge zustehet, über uns zu urtheilen, ob wir Wort halten. Da wir ausser Nothfällen kein Geld fordern, keinen häuslichen Umständen zu nahe tretten, nichts verlangen was nicht jeder schon ausserdem zu leisten verbunden wäre, so ist die Vermuthung für uns, daß unsere Forderungen gerecht sind und daß wir auch seiner Zeit unser Wort jedem, der ausbauret, sehr

genau

genau erfüllen. Welche sind nun diese Forderungen, die wir machen?

1.) Treu, und Glauben, und Heiligkeit, des einmahl gegebenen Worts; weil ohne solchen die menschliche Gesellschaft, um so mehr eine geheime Verbindung, auf keine Art bestehen kann; weil eine Menge der möglichsten Dinge ohne solchen gar nicht möglich sind; weil eine ungeheure Menge der größten Uebel sich in diesem Mangel allein gründet; weil dir selbst daran liegt, im Unglück bey andern Gelegenheiten das Vertrauen deiner Mitmenschen zu erhalten, um bey ihnen Hülfe zu finden. Bürgen, Zeugen, und Eidschwüre beweisen, daß wir Lügner sind; den ein bloßer Handschlag nicht fesselt, der ist alle Stunde bereit an Gott, wie an Menschen zum Verräther zu werden. Ja und nein sey dein Eidschwur, und Amen deine heiligste Versicherung.

2.) Wir fordern gute Hauswirthschaft; muthwillige Schulden sollen dir ein Greuel seyn; Ein Mensch, der über seine Einnahme verzehrt, lebt vom Schweiß und Eigenthum anderer; ist oft nicht viel besser, oft noch gefährlicher als ein Dieb; sein Körper, und seine Gemächlichkeiten sind sein Abgott; zu jeder schlechten Handlung steht er feil, seine Ehrlichkeit steckt in dem Seckel

dessen,

dessen, der sich solcher bemeistern will. Schande und Verachtung warten seiner, Kummer und Unruhe verbannen aus seiner Seele Heiterkeit, und Freude. Nach jeder Seifenblase wird er haschen, nach jedem noch so schwachen Rohre wird er greifen, um sein Daseyn zu erhalten. Alles, was zeitliche Linderung giebt, wird er mit offenen Armen umfassen, Geheimniße wird er verrathen, Freunde und Gerechtigkeit wird er verkaufen, Unwürdige wird er empfehlen, befördern, alle Pflichten verletzen, und seinen Herrn hinterlisten; zur Lüge wird sich sein Mund öffnen, und zur Falschheit sein Herz. Leichtsinn, Sinnlichkeit, Eitelkeit, Wein, Liebe, oder Spiel, Unmäßigkeit, oder Kizel des Gaumens haben ihn so weit gebracht, sind nothwendige Bestandtheile seines Charakters. Traue einem solchen Menschen nicht, denn er hat das Vertrauen andern gemißbraucht, hat ihre Wohlthaten mit Undank mit ihrem Verderben belohnt; hat Haß und Mißtrauen unter Menschen vermehret, und warhaft nothleidenden den Weg und die Mittel zur Hülfe erschweret.

3.) Wir fordern Unterwürfigkeit und Gehorsam; aber nicht um Menschen zu mißbrauchen, willkührlich zu behandeln und ihre Freyheit ohne Noth zu beschränken. Wir fordern viel-

vielmehr beides, weil wir Führer sind durch unbekannte Länder und Gegenden; weil man uns Einsicht und Erkenntniß zutrauet, und solche von uns erwartet; weil wir folglich weiter sehen, als der, den wir führen; weil du noch nicht alle Mittel, und aus Mangel der Uebersicht noch nicht alle Verhältnisse der Handlungen zum Zweck kennest; weil du im Grunde nicht Menschen, nicht uns, nicht der Willkühr, sondern dem Gesetz der Vernunft, dir selbst gehorchst; weil, wenn du ganz aufgeklärt, ganz frey von Leidenschaften seyn würdest, du eben dieses und nichts anderes thun könntest und würdest, um zu deinen so theuer gewordenen Zweck zu gelangen; weil ohne Unterwerfung keine gesellschaftliche Ordnung bestehen kann, weil bey allen Systemen, Orden und Verfassungen, wo solche am strengsten war, die grösten Würkungen vor allen übrigen hervorgebracht worden; weil das Gebieten auch dereinst an dich kommt; weil dazu lange Erfahrung nöthig ist, um gut und zweckmässig zu gebieten; weil Befehlen bey uns nichts anders sagen will, als einen andern, der noch nicht hell genug sieht, seinen wahren Vortheil verkündigen und begreiflich machen; weil in einer wohlgeordneten Gesellschaft nur ein Geist und eine Seele herrschen kann und soll, wenn alle vernüftig denken wollen; denn

unter

unter vielen Meinungen über denselbigen Gegenstand kann doch nur eine Meinung die wahre, nur ein Mittel das richtigste seyn, und dieser sollten billig alle Vernünftige beytreten; und weil endlich die Kunst zu gehorchen, in jeder Lage zu nutzen von einer ungleich grösseren Seele zeigt, als die allen Menschen so natürliche Begierde zu herrschen; — die Hoheit des Standes macht hier keine Ausnahme: wer seine weltliche Vorzüge bey uns geltend machen will, der entferne sich von uns. Wir kennen in unserem Mittel keinen Unterschied der Stände, den wir aber doch sonst verehren, ohne zu schmeicheln oder zu kriechen. Wir schauen allein auf den Unterschied der Geister, auf ihren moralischen Werth. Wir wissen vielmehr, daß eine Person von hohem Stande um so mehr zum Beyspiele der Ordnung verbunden sey, weil durch die Grösse und Seltenheit des Opfers, so sie der guten Sache bringt, diese mehreren Nachdruck und Ansehen erhält.

4.) **Wir fordern Punktualität und Ordnung auch bey kleinen Vorfällen.** Gar zu oft hängt der glückliche Erfolg einer Sache von einem einzigen Moment ab; und ich weiß nicht, ob nicht dieser Moment vielleicht der entscheidende ist. Schönheit und Harmonie des Ganzen hängen

gen nicht minder davon ab; und kein Feldherr kann ohne Schaden des Ganzen auf dem bestimmten Schlachtfelde mit den Seinigen später erscheinen, als sein Auftrag enthält. Unmöglich können grosse Dinge gewürkt werden, wo Mittel und Werkzeuge unzuverläßig sind. Nicht mehr und nicht weniger, nicht später und nicht früher, an diesem und keinem anderen Ort sind gewiß keine gleichgültigen Dinge. Der punktuelle Mann ist gewiß auch zugleich der anhänglichste, fleissigste und zuverläßigste Mann. Punktualität ist also nothwendig, weil Zeit und Gelegenheit unwiederbringlich sind; weil in planmässigen Handlungen sich der eine nach dem anderen richtet; weil alles übrige nicht erfolgen kann, wenn das eine unterbleibt; weil im Mangel derselben oft Jahre lang verschoben wird, was das Werk einer Stunde wäre; weil man später zum Zweck kommt und diesen Zweck doch so sehnlich verlangt.

5.) Wir fordern, daß alle Beförderungen von uns allein abhängen. Wir allein können wissen, wer so ist, wie wir ihn brauchen, ob er zur weitern Stuffe, deren Inhalt dem murrenden Unzufriedenen noch unbekannt ist, gehörig vorbereitet sey; ob die dazu nöthigen Ideen bey ihm in Gang gebracht, ihm schon geläufig sind, ob

sie

sie ihm zum Bedürfniß geworden. Jeder, der über verzögerte Beförderung murrt, dessen Absichten sind unrein. Eitelkeit, Begierde zu glänzen, zu herrschen, alles zu wissen, sind die geheimen Triebfedern seines Beytritts zum Orden. Jeder muß sich selbst befördern. Wer den andern um seine Beförderung beneidet, mißgönnt ihm seine bessere frühzeitigere Bildung, und dem Orden einen Vortheil, der groß ist.

6.) Wir fordern Arbeitsamkeit, Fleis, weil Thätigkeit die Seele von allem ist; weil das Leben der Theile Leben des Ganzen ist; weil Beschäftigung, Würken, Arbeiten die sicherste Mittel gegen Verführung, und Langeweile sind; weil die Unthätigkeit, und Lauigkeit des einen sich auf viele andere verbreitet; weil die meisten unserer Arbeiten Erfüllungen der schon obliegenden Pflichten sind.

7.) Wir fordern auch Verschwiegenheit, unruhiger, und gesicherter zu arbeiten; um durch das Verborgene größern Reiz für das Gute zu erwecken. Gelehrsamkeit ist uns äußerst willkommen: aber ohne den obigen Eigenschaften, ohne Güte des Herzens äußerst verhaßt. Wie viele edle Menschen wären für uns gänzlich verloren,
wenn

wenn wir Gelehrsamkeit zur Grunderforderniß unserer Mitglieder bestimmt hätten. Wir suchen Menschen von gutem natürlichem, praktischem Verstand, Freunde und Bekenner der Wahrheit.

8.) Neben der brennenden Begierde dich täglich zu vervollkommnen, fordern wir von dir, daß du diesen unsern Vortrag, jeden dir mitzutheilenden Unterricht nicht wie eine Zeitung liesest, und dann bey Seite legest; mit blossem Wissen ist uns wenig gedient. Handeln und Würken ist unsere grosse Beschäftigung. Du sollst wissen, hören, lesen, um sodann zu thun. Dieß ist das unterscheidende Unsrer Schule. Unsre Lehren sind nicht neu und unbekannt: aber die Anstalten zur Ausführung, die brennende, heiße Begierde, dieß alles zu werden, ist neu, ist uns vor allen anderen eigen. Daher denke über alles; wende es auf dich an, auf andere, auf die Umstände. Denke dir alle abstrakte Grundsätze in Beyspielen, in Folgen, in Beziehung auf dich, deinen moralischen Zustand, deine Glückseligkeit. Unterrede dich öfter, und gern mit deines gleichen, mit uns über Gegenstände dieser Art. Nimm nichts an, weil wir es sagen. Eröffne uns deine Zweifel, und verwirf alles, worüber wir dir keine befriedigende Antwort ertheilen. Aber hast

haſt du es einmal gefaßt, dich von der Wahrheit, Wichtigkeit der Sache überzeugt, dann öffne ihr deine ganze Seele zur günſtigen Aufnahm; mach dir dieſe Erkenntniß geläufig und lebhaft, und handle wie du denkſt.

Dieſe ſind nun unſre Forderungen. Sind ſie ſchwer, ungerecht, eigennützig, unmöglich? ich denke nicht; wenige ſind auserwählt, obgleich viele, alle berufen ſind. —— Alſo noch einmahl, hier ſind unſre Forderungen. Um dieſen Preis ſteht es dir frey, einer aus unſerm Mittel zu werden. Scheinen dir dieſe Forderungen zu ungerecht und hoch: ſo ſcheiden wir im Frieden von einander. Und dann ſteht es erſt von der Zeit zu erwarten, welcher von uns beyden beym Fortgehen die ſicherſte Straſſe gewandert, um an das Ziel ſeiner Wünſche, zur Glückſeeligkeit zu gelangen.

———

Instruktion für die Obern zur Bildung und Beurtheilung der Mitglieder, nach der Aufnahme in den ersten Grad.

Der Orden und seine Mitglieder sollen wirken; der Vortrag soll auf ihren Willen wirken, soll nicht bloße Ueberzeugung hervorbringen, sondern die Neigung lebhaft erwecken mitzuwirken. Die vorgetragenen Ideen sind von der Art, daß sie die Aspiranten mit allen Einrichtungen, Zwecken und Mitteln geheimer Gesellschaften bekannt machen; daß sie solche in einem großen Licht zeigen, wesentlich vorstellen, die Mitwirkung zur Pflicht machen, alles anzeigen, was vermieden werden soll, um zum Zweck zu gelangen, die Triebfedern der geheimen Regierungskunst, ihren Unterschied von der bürgerlichen bekannt machen, die Mängel dieser aufdecken, und dadurch das Bedürfniß nach engern und geheimen Associationen lebhaft machen. Aus dieser Ursache wird dieser Unterricht voraus geschickt. Nun aber woher weiß ich, daß ich diesen Zweck erreicht habe?

1. Aus der Aufmerksamkeit während des Ablesens.

2. Aus den Gebärden des Zuhörers.

3. Aus seinem Urtheil über den Vortrag selbst.

4. Aus seinem spätern Betragen.

1.) **Aus der Aufmerksamkeit und den Gebärden des Aspiranten.**

a. Wird der Leser oft von dem Zuhörer durch fremden Vortrag unterbrochen, sieht man dem Zuhörer Zerstreuung an, zählt er die Blätter, ob der Vortrag bald zu Ende ist, thut er dies schon gleich Anfangs, oder fängt gar an zu schlafen, sich auf andere Art zu zerstreuen: dann war der Eindruck so schlecht, als er seyn konnte.

b. Einwürfe, die gemacht werden, schaden nicht, sie geben Gelegenheit die Sache beßer zu erläutern; sind aber für den Beobachter nicht gleichgültig sondern charakteristisch und sollen erst am Ende des Vortrags vorgebracht werden.

c. Sind aber die Augen starr auf den Leser geheftet, steigt die Aufmerksamkeit, wo sie steigen soll, (wo dieses geschieht oder unterbleibt, ist wohl zu bemerken, denn es ist charakteristisch) bricht der Zuhörer in lauten Beyfall aus, continuiret er mit seiner Aufmerksamkeit bis an das Ende des Vortrags, dann ist Hoffnung, daß solcher seine Wirkung machen werde.

2.) **Aus dem Urtheil über den gemachten Vortrag.**

L Findet der Zuhörer den Vortrag schön, aber nicht neu: so ist das ein Beweis von seiner

Ueberzeugung. Daß er ihn nicht neu finde, beweist, daß er faßlich gewesen, daß er ihm seine schlummernden Ideen erweckt, in Gang und zur Deutlichkeit gebracht; oder auch dies Urtheil kann daher kommen, daß der Zuhörer etwas ganz anderes erwartet, die Sache richtig aber nicht wichtig genug findet, welches ein böses Zeichen ist. Es kann auch seyn, daß dieser Mensch, wie bey vielen der Fall ist, sinnlichere Eindrücke oder undeutlichere Ideen nöthig hat, um sie wichtig zu finden.

2. Findet er diesen Vortrag nicht wichtig genug; glaubt er, er sey blos für weniger Unterrichtete: so beweist dieses wie bey dem ersten, daß sein Vorwitz und Neugierde nicht gehörig befriediget worden, daß es ihm mehr darum zu thun sey, diese zu befriedigen, als sich zu unterrichten und Hand an das Werk zu legen, oder auch daß er sehr hohe Begriffe von seiner Einsicht habe, vielleicht auch daß er nicht tief genug in die Sache dringt, oder, um nicht eindringen zu dürfen, das Nachdenken über diese Gegenstände, unter seiner Würde hält. Alle diese sind üble Zeichen, wo sich wenig hoffen läßt. Beyde Urtheil beweisen, daß die Sache für den, der so urtheilt, noch lange kein Bedürfniß ist, daß also in der Vorbereitung gefehlet worden.

Beyde, der so wohl, der die Sache nicht für neu, als derjenige der sie für minder wichtig ansieht, können dadurch zurechtgeführt werden, wenn man ihnen zeigt, daß sie mit dem allen, auch nach erhaltenem Unterricht, noch nicht im Stande seyen, folgende Fragen zu beantworten. Beantworten sie aber solche sogleich zweckmäßig: so ist es ein Beweis, daß sie für einen weitern Grad dürfen vorbereitet werden; sie fehlen aber doch darinn, daß sie nicht einsehen, daß ihre Begriffe noch lange nicht auch zugleich die Begriffe der übrigen sind. Die Fragen sind z. B. folgende:

1. Wie kann ich Jemand zu meinen Absichten bewegen?

2. Was stimmet den Eifer der Mitglieder herab?

3. Warum sind geheime Gesellschaften nothwendig?

4. Welche sind die Eigenschaften der vollkommensten geheimen Gesellschaften?

5. Durch welche Triebfedern muß in geheimen Gesellschaften gewirkt werden?

6. Wie wird Liebe zum Zweck beygebracht und erhalten?

7. Aus welchen Ursachen tritt man in geheime Gesellschaften?

8.) Aus

8. Aus welchen Zeichen kann ich erkennen, ob einer aus dieser oder jener Absicht z. B. Eitelkeit eingetreten sey?

9. Was zerstört geheime Gesellschaften? Welche sind ihre größten Hindernisse? Wie sind solche zu heben?

10. Warum ist bey den Mitgliedern einer geheimen Gesellschaft einerley Stimmung nothwendig?

11. Wie kann diese durchaus gleiche Stimmung hervorgebracht werden? Was hindert, was befördert solche?

12. Welchen Eindruck soll dieser Vortrag machen? Warum soll er ihn machen? Woran erkenne ich, daß er ihn gemacht habe?

13. Was können Obere verderben? Durch welche Eigenschaften erhalten sie Ansehen, Folgsamkeit?

Der, so diese Fragen nicht im Stand ist gründlich zu beantworten, der hat sehr Unrecht, wenn er diesen Grad für nicht wichtig oder nicht neu hält. Diese Fragen müßen daher, um die Grundsätze des Grades geläufig zu machen, den Mitgliedern dieser Classe zur Beantwortung aufgeworfen werden.

3.) Aus dem Betragen nach geschehenem Vortrag.

1. Wer sodann gleich von andern Dingen spricht, kalt bleibt, die Rede an sich kommen läßt, oder wohl gar Bedenklichkeiten macht, warum er nicht mitwürken kann, den Aufnehmer selten besucht, zu Unterredungen über den Orden erst aufgefordert werden muß; von einem solchen wäre zu wünschen, der Vortrag dieses Grads sey ihm nie geschehen; denn dieser Mann hat keinen Sinn und Interesse dafür, und es hält schwer solches erst zu erwarten, nachdem solche Versuche fruchtlos vorausgegangen sind.

2. Wer aber sogleich und mit Wärme darüber spricht, unruhig darüber wird, dem seine Ideen in Gährung gerathen, der Folgen sieht und entwickelt, die im Grad gar nicht enthalten sind, der auf Entwürfe sinnt, dies alles zu Stande zu bringen, sich nach Gelegenheiten sehnt, seinen Aufnehmer bald wieder besucht, ihm erzählt, was ihm des Abends oder Nachts darüber noch beygefallen sey, den Vortrag noch einmal und öfter hören will, Kopie davon verlangt, um ihn durchdenken zu können, und andere Kennzeichen des Eifers und Interesse: bey diesem geht der Saame gewiß auf, denn er ist in ein kostbares Erdreich geworfen.

Ueberhaupt merke sich jeder diese Regel: Geister, die für diese Ideen gemacht sind, brauchen nur einen Wink, um in Flammen zu gerathen, und diese sind die eigentlichen Männer für uns. Die, bey denen dieses nicht hinlänglich ist, haben kein Gefühl für die Sache, werden es auch schwerlich jemal erhalten, wenn es sich nicht in dem Momente äußert. Es ist ein Funke, der nur dort Feuer macht, wo er brennbare Sachen findet; aber Steine wird er nie anzünden, sie können dadurch erwärmt werden; aber diese Wärme vergeht schneller, als sie entsteht. Man muß Sinne für eine Sache haben, um sie zu fühlen, dieses Gefühl giebt kein Unterricht, wenn es nicht die Natur selbst giebt, und wo dieses fehlt, da winkt dir eben diese Natur vorüber zu gehen, und deine Mühe und Kraft an andern mit beßerm Erfolg zu versuchen; denn du wirst höchstens einen Heuchler bilden, der so lange heuchelt, bis er hat was er braucht, oder sicher erfährt, daß er hier nie finden wird, was er braucht oder wünscht.

Um die Wahrheit eines Vortrags zu fühlen ist nöthig, daß sogleich bey jedem Satze das dunkle Gefühl von einer Menge hierüber gemachten oder leicht zu machenden Erfahrungen eine dunkle Anwendung auf bekannte dahin einschlagende Fälle vornehme. Wer einen Vortrag nicht auf diese Art fühlt, nicht darinn die Regel von einer Menge von Fällen findet, die er sich dunkel denkt, und zu größerer Klarheit erhoben sieht, der hat den Vortrag nur halb oder gar nicht verstanden. Keinem, der sich in Menschenkenntniß üben will, können diese hier gemachten Bemerkungen klein und unbedeutend scheinen; denn das ganze künftige Betragen hängt davon ab.

Instruktion für die Arbeiten der Mitglieder der ersten Classe.

1.) In dieser Classe sind keine Ceremonien der Aufnahme; sie sind überflüßig, wo die Sache selbst spricht, sie zerstreuen die Aufmerksamkeit von der Hauptsache, sie verursachen unnöthige Kosten und Aufwand, und endlich ein Denker ist keiner Komödie benöthiget, um Kenntniß seiner Pflichten zu erhalten.

2.) Versammlungen, so wie sie sonst bey andern Gesellschaften gewöhnlich sind, haben hier eben so wenig statt; denn sie können selten gehalten werden, ohne Aufsehen zu machen, die Glieder zu entdecken, und sie der Beobachtung auszusetzen; aber statt dessen wird man es gerne sehen, wenn die Mitglieder sich unter sich selbst die liebste Gesellschaft sind, sich fleißig bey demjenigen einfinden, der für ihre Bildung zu sorgen hat, mit einander über Ordensangelegenheiten sprechen, gute Bücher lesen, gute zweckmäßige ermunternde Aufsätze verfassen, und sich einander sodann mittheilen, wenn sie in ihren Zusammenkünften alles beobachten, was in der Gesellschaft eine besondere Feinheit, eigene Freude, einen höhern sittlichen Ton verbreiten kann.

3.) Eben

3.) Eben so wenig giebt es bey uns Zeichen, durch die man sich den andern kenntlich macht. Die Conduite, die Aehnlichkeit der Grundsätze, und bey Fremden die Creditive (die Anfängern äußerst schwer sollen ertheilet werden) sind die entscheidenden, und zuverläßigsten Zeichen. Wenn aber doch etwas Zeichen seyn soll: so wünschten die Obern, um des damit verbundenen moralischen Nutzens willen, um unsere Leute mehr an der Ueberlegung zu gewöhnen und von Uebereilung abzuhalten; daß sie sich

1. eine etwas gesetzte, deutliche, nicht zu hastige Sprache und Vortrag angewöhnen,

2. eben so nichts versprechen, oder zu etwas sich verbinden, ohne einen Zusatz beyzusetzen, der von Ueberlegung zeigt; z. B. ich will morgen kommen, wenn kein Hinderniß dazwischen kommt.

Um Leute, die den entgegen gesetzten Fehlern ergeben sind, davon abzugewöhnen, dienen folgende Mittel,

1. öfters Erinnern derer, so um uns sind, wenn wir in diese Fehler fallen.

2. Sich eigene Merkmale machen, deren Anblick uns an diese Vorschrift erinnert; diese Merkmale müßen aber so beschaffen seyn, daß sie

oft

oft und leicht in die Sinne fallen, und dadurch ihren Zweck erreichen.

4.) Kein neuer Grad wird ertheilet, bevor nicht der vorhergehende Unterricht in die Denkungsart übergegangen ist. Daher sollen von dem Obern über dem Inhalt des Grades Fragen zur mündlichen oder schriftlichen Beantwortung aufgegeben und Unterricht darüber ertheilt werden.

5.) Aufnehmen darf keiner von dieser Classe, auch Niemanden Hoffnung machen, daß er aufgenommen werde. In Vorschlag kann er bringen, wen und so viel er will; übergiebt aber von jedem, den er in Vorschlag bringt, den ganzen Charakter.

6.) Jedes Vierteljahr übergiebt jedes Mitglied ohne Ausnahme im ganzen Orden, an den Obern an den er zur Führung angewiesen ist, einen verschloßenen Zettel mit der Aufschrift Q. L. in welchem er frey und ohne Scheu nahmhaft macht, wie er mit dem Betragen seiner Obern zufrieden sey; ob etwas binnen dieser Zeit ihm widrige Begriffe von dem Orden beygebracht, seinen Eifer und Anhänglichkeit herabgestimmt habe; ob und warum er sich in seinen Erwartungen betrogen finde ꝛc. Den Nutzen von dieser Einrichtung wird jeder einsehen.

7.) Geld-

7.) Gelderlag ist gar keiner; aber der Orden will seinen Mitgliedern einen Vorschlag machen, und überläßt es ihrer Willkühr, ob sie solchen ausführen wollen.

Der Orden will große, über alles Unglück im Geist erhabene Menschen bilden, will unerschrockene Bekenner von Wahrheit und Tugend haben, will der Tugend selbst nebst ihrer innern Schönheit auch einen äußerlichen Reitz geben. Viele Menschen werden durch die traurigen Schicksaale abgeschreckt, welche die Bekenner der Wahrheit samt ihren Familien treffen, sind in Sorgen, und fürchten für ihr Glück und ihren Unterhalt; müßen daher oft wider ihren Willen kriechen und heucheln, sie werden um dieses Unterhalts willen zu Schritten genöthiget, die sie selbst mißbilligen, welche nur die Gefahr entschuldigen kann. Befreyen Sie doch diese Männer von ihrer Furcht, von der Nothwendigkeit zu heucheln; denn Sie können es sehr leicht, wenn sie sich einander auf NB. unerschuldete Unglücksfälle assecuriren. Nach der Meinung der Obern könnte solches auf folgen Art geschehen:

1.) Jedem, der eintritt, wird der Vorschlag und der Nutzen davon vorgestellt, seine Beystimmung gefordert. Er kann es ausschlagen, wenn er will;

will; aber es ist allezeit Beweis eines sehr schwachen gesellschaftlichen Gefühls, und wozu taugt uns ein solcher Gesellschafter, dem die erste aller gesellschaftlichen Tugenden mangelt.

2.) Der Beytrag geschieht erst, wenn der Fall würklich ist.

3.) Wenn der Ersatz nach dem Grad der Verlusts geschehen soll: so muß auch der Beytrag nach der Summe geschehen, deren Ersatz man verlangt.

4.) Dieses kann auch auf Kinder und Wittwen erstreckt werden; in solchem Falle muß der Beytrag jährlich gemacht werden.

5.) Der so die Assekuranzhülfe verlangt, muß Zeugniße der Obern und auch benöthigtenfalls andere Zeugniße beybringen, daß der Fall der Hülfe nicht durch seine Schuld eintrete:

   1. durch Unklugheit,
   2. durch Verschwendung,
   3. üble Hauswirthschaft.

6.) Daher muß jeder vor dem Beytritt zur Assekuranz und schon vor dem Eintritt in den Orden genau geprüft werden, wie es um seine Haushaltung stehe. Mäßigung und Mäßigkeit müßen eine seiner vorzüglichsten Tugenden seyn.

7.) Das

7.) Dadurch gewinnt der Orden selbst folgendes:

1. Sein Zweck in Bildung der Menschen zum Guten wird eher erreicht.

2. Seine Mitglieder werden unabhängiger vom Unglück, von der Gewalt der Bösen.

3. Das Band der Vereinigung wird stärker und enger;

4. Die Folgsamkeit wegen der sichtbaren Vortheile größer. Zu dieser Assekuranz können auch versicherte Profanen zugelaßen werden. Dadurch gewinnt der Orden folgendes:

a. Auch Fremde die sonst nicht zum Orden taugen, werden mit in das Interesse des Ordens geflochten.

b. Die Assekuranz kommt in einer Provinz eher zu Stande.

c. Jede Provinz kann für die ihrigen sorgen und kann der Hülfe anderer Provinzen entbehren.

Und nun stelle sich Jemand die Ruhe des Menschen vor, der sich gegen so manche und sehr mögliche Unglücksfälle gesichert sieht, die Aenderungen, die in seinem Charakter und Handlungen sichtbar werden, und die Eigenheit, die er dadurch erhält. Welcher reiche und mächtige, der sich über

mensch-

menschliches Elend erhaben dünkt, wenn anders noch Menschlichkeit in seiner Seele, und Achtung für seine Pflicht ist, wird sich weigern, von den Brosamen, die von seinem Tische fallen, zur Ruhe so vieler Menschen, zur Beförderung der Tugend und zur Versicherung ihrer Bekenner, auf eine ihm so unschädliche Art das Seinige beyzutragen? Oder ist es möglich, daß ein solcher Mensch, dem sein Geld alles ist, Mitglied einer solchen Gesellschaft seyn könne, ohne sie zu entehren? Wer giebt hier, ohne im Nothfall nicht wieder zu erhalten; und außer solchem, wozu bedarf er, was er giebt?

So viel im allgemeinen; die specielle Ausführung und nähern Kautelen hängen von den Umständen und Bedürfnißen jeder Provinz ab.

8.) Diese Anstalten vom gemeinschaftlichen Beytrag können auch für arme fähige Köpfe und Genies mit einigen Veränderungen angewandt werden, um solche aus dem Staube hervorzuziehen, sie in zweckmäßigen Kenntnißen unterrichten zu laßen. Solche Menschen, die ihr ganzes Wißen und Seyn einer solchen Verbindung zu verdanken haben, werden vor allen andern fähig seyn, durch ihren ausgezeichneten Eifer die Absichten der Gesellschaft zu befördern; denn Niemand

mand hat die Vortheile einer solchen Verbindung
so sehr erfahren.

9.) Alle Anstalten, wodurch sich unsere Mit:
glieder in mündlicher oder schriftlicher Bered:
samkeit üben, sind sehr zweckmäßig; denn wir
brauchen Redner, um Menschen umzustimmen.

10.) Jeder Aspirant erhält bey der Aufnahme
in diesen Grad einen eigenen Namen, der, wenn
und wo es thunlich ist, aus der Landesgeschichte
soll genommen werden. Obere allein erhalten
römische oder griechische Namen, oder Namen
aus der Geschichte alter und entfernter Völker.
Man wird es gern sehen, wenn er die Lebensge:
schichte davon bearbeiten und seinem Obern vor:
legen will.

11.) Um das Titulargepränge aus dem Orden
zu verbannen, schreiben sich die Mitglieder nach
römischer Art, z. B. M. T. Cicero Attico S. und
setzen vor jedem ihrer Briefe einen guten morali:
schen Spruch aus einem ältern oder neuen Schrift:
steller, der um so beßer ist, je paßender er auf
den Inhalt des Briefs ist. Jeder kann leicht
einsehen, daß diese Sprüche von großem Nutzen
sind.

12.) Zu dieser Classe darf keiner an einem
Orte aufgenommen werden, wo er nur durch:
reist

reist oder eine Zeitlang sich aufhält. Alle Aufnahmen und Beförderungen außer dem Wohnungsort oder Bewilligung des dortigen Obern. und seiner Specialrequisition, sind wegen den daraus entstehenden Unordnungen und Mangel von hinlänglicher Kenntniß der Umstände durchaus verboten, sondern

13.) Alle Aufnahmen und Zubereitungen geschehen blos allein durch eigene Manuduktoren jeder Provinz, nachdem zuvor der Aspirant in der ganzen Provinz ausgeschrieben, allen Obern der Provinz angenehm, und von dem Vorsteher seiner Mitprovinzen angezeigt worden, und von dort aus die Bewilligung erhalten. Daher sollen künftighin nur zwey Tage im Jahre seyn, an welchem Mitglieder und Aspiranten können aufgenommen werden: der erste Januar und der erste Julius. In der Zwischenzeit geschehen die Anfragen; das Ausschreiben und die Bewilligung muß einige Tage vorher eintreffen.

14.) Diese Instruktion erhalten nur Obere; außer ihnen Niemand.

15.) Bevor Jemand in diese Claße wirklich aufgenommen wird, soll er befragt werden, ob er dereinst an der Regierung des Ordens Antheil haben und selbst Führer von andern werden wolle;

wolle; in welchem Falle ihm erklärt werden muß, daß er sich eine strenge Behandlung gefallen lassen müße.

16.) Bey der Aufnahme soll nie auf Reiche, Große oder Gelehrte Rücksicht genommen werden. Macht, Reichthum und Gelehrsamkeit kommen dereinst von selbst; wenn sie nicht einheimische Pflanzen sind: so gedeihen sie sehr selten, schaden mehr als sie nützen. Wenn die Gesellschaft in der Aufnahme vorzüglich auf diese Eigenschaften sieht: so liegen engere Absichten zum Grunde; Begierde zu glänzen, auf einmal groß zu werden, politischen Einfluß zu erhalten, laufen mit unter; das Wesentliche wird vernachläßiget, die so wesentlich ähnliche Stimmung der Mitglieder wird unmöglich, und die Gesellschaft nähert sich ihrem Verfall. Doch giebt es auch Fälle, obgleich seltene Fälle, die als Abweichungen von der Regel zu betrachten sind.

17.) Noch gefährlicher ist es, wenn der, so den andern zum Orden zu führen sucht, diese Absicht zu deutlich merken läßt, oder wohl gar durch sein Betragen an Tag legt, wie viel dem Orden an seinem Beytritt gelegen sey. In diesem Falle hat er sich selbst aller Superiorität begeben; alle

Folgsamkeit hört auf, und er muß nun Bedingungen annehmen, die er hätte vorschreiben sollen.

18.) Ein — oder zwey Tage vor der wirklichen Aufnahme soll dem Aspiranten eine Stelle aus Abts Werke vom Verdienst p. 192. nach der Ausgabe von Berlin vom Jahre 1772 zu seiner reiferen Ueberlegung vorgelegt — und seine Erklärung abgewartet werden.

Zweyte Classe.
Philosophie des Glücks und der Weltleute.

Wir lesen und hören unaufhörlich, unsere Aufklärung habe den höchsten Grad erreicht; nach der Beschreibung die unsere Zeitgenoßen davon machen, werde ich versucht zu glauben, das Ende der Erde sey nahe, die Natur habe ihr Ziel erreicht, und alle weise Menschen der Vorwelt dürften ihrer Weisheit unbeschadet zu uns in die Schule gehen. Denn noch zu keiner Zeit sind so häufige und gute Schriften über alle Gegenstände des menschlichen Wissens erschienen, noch niemalen hat sich der menschliche Geist so tief in die abstractesten Lehren hineingewagt, noch nie waren gute Schriften häufiger in den Händen der Menschen, nie sind so viele und so mancherley nutzbare Erfindungen gemacht, so viele und so schädliche Vorurtheile mit solchem Nachdruck bestritten und angegriffen worden; zu keiner Zeit waren die Sitten milder und abgeschliffener, der gesellschaftliche Ton ausgesuchter, und der Geschmack in Künsten und Vergnügungen aller Art köstlicher und feiner. Aber mit diesem allen, wenn wahre Aufklärung, nicht in der theoretischen toden Erkenntniß abstracter, obgleich grosser Wahrheiten,

helten, nicht in Spöttereyen und Ausgelassenheit, freien und gewagten Urtheilen über Staat und Religion, nicht in witzelnden Einfällen und in der Gabe sich rein, gut und verständlich auszudrücken, und eben so wenig in einem verfeinerten gesellschaftlichen Ton oder Gefühl bestehet, sondern in der richtigen Erkenntniß seines wahren dauerhaften Vortheils, in der Kenntniß von der Unterordnung der Zwecke, und in der klugen Auswahl der am richtigsten dahin führenden, zum höchsten, nicht zu jedem Zweck führenden Mittel, im Handlen nicht im blossen Wissen, in der lebhaften brennenden Begierde, richtigen grossen Grundsätzen allezeit, unter allen Umständen gemäs zu handeln, sie in Thaten mehr als in Worten auszudrücken, in praktischer Ueberzeugung, im Drang, im lebhaften innigen Gefühl, in dem Antheil, den Herz und Wille daran nehmen, in dem unaufhörlichen Bestreben, nach den reinsten und edelsten Bewegungsgründen zu handlen, in der Grösse der Aufopferungen, die man um eines höhern Zwecks und höherer Pflicht und Vollkommenheit willen machen kann; wenn dem wahrhaft Aufgeklärten reine Wahrheit ohne allen Schmuck selbst dort, wo sie gegen seinen Vortheil ist, willkommen ist, auch dort, wo es nicht um Schein, Ehre, Beyfall zu thun ist, wo Schaden, Verachtung, Verfolgung, Gelächter die Folge und der Lohn davon sind, wenn es nicht geschehen darf, daß Alter, Stand, Person auf seine Urtheile Einfluß haben, den Eindruck vermindern, wenn diese die Bedingnisse eines aufgeklärten Geistes sind und seyn müssen: o! dann halte doch jeder diese Schilderung, gegen das was er ist, und vergleiche sich damit. Und wenn nicht vollends überdieß die schädlichsten Vorurtheile doch noch bleiben; vielleicht gar nicht bemerkt werden, statt der vertilgten, um des engern Zwecks willen, neue an die Stelle gesetzt werden; wenn die Hindernisse von Wahrheit und Tugend sich nur verändern, im übrigen noch immer so mächtig würcken, als sie vordem gethan; wenn noch immer die äusserlichen Reitzungen, gut zu seyn, so selten und schwach sind: dann, o Freund! mögen die Lobredner unsers Jahrhunderts schreyen wie sie wollen; dann sind wir unsrer theoretischen Fortschritte ungeachtet noch immer grosse Thoren; dann mögen wir uns gar wohl an den grossen so wenig nachgeahmten Thaten der Vorwelt erbauen; dann ist unsre dermalige Arbeit Bruchstück, und die Vollendung einem spätern reifern Menschenalter vorbehalten. Dann bleibt es auch noch heut zu Tag wahr, daß der ganze Grund alles sittlichen Verderbens, in einer verkehrten

Denkungs-

Denkungsart, in den irrigen falschen Grundsätzen
liege, die alle Menschen zum Handeln bestimmen,
die unter ihnen die herrschenden sind; daß Menschen an allen Orten, und zu allen Zeiten, so gehandelt, wie sie gedacht, verkehrt gehandelt, weil
sie verkehrt gedacht haben; daß folglich wie sich
der Grund, die Denkungsart ändert, in demselbigen Maaß auch die Folgen, die Handlungen sich
abändern müssen; daß die so häufige Erfahrung
bey so vielen Völkern, Religionen und Secten,
von der Möglichkeit, die Grundsätze der Menschen abzuändern, auf ihren Kopf, und durch diesen auf das Herz zu würken, hinlänglich überzeugen müsse; daß sich aber mit dem allen Niemand
ernsthafte Mühe gebe, diese irrigen Grundsätze
seiner Nation, seines Zeitalters, die diese verkehrten Handlungen hervorbringen, zu erforschen,
zu untergraben, zu schwächen, und bessere an ihre Stelle zu bringen; daß dieses allein das sicherste und unschädlichste Mittel sey, unmerklich einen
höhern Grad von Sittlichkeit zu befördern.

Sollte es also nicht der Mühe werth seyn,
diesen Grundsätzen, die unsere heutige Denkungsart bestimmen, nachzuforschen und die Quelle unsers Uebels näher kennen zu lernen? Man schreyt
von Aufklärung und klagt zu gleicher Zeit vom

unheilbaren Verderben der Welt. Wie kann das zusammen bestehen? Wenn die Welt verdorben ist, so kann die Aufklärung unmöglich die größte seyn, so sind wir höchstens so weit, daß wir nach guten Grundsätzen denken, uns solche deutlich vorstellen, aber nach schlechten handeln; diese schlechtern sind sodann noch immer diejenigen, die uns die geläufigsten sind, die sich mit den meisten Ideen verbunden haben, die bey uns die ausgezeichnetesten, lebhaftesten, sinnlichsten und eben daher die stärksten sind, weil sie in uns würken, ohne daß wir sie gewahr werden, ohne daß wir wissen, daß wir nach ihnen handeln. Welche sind nun diese Grundsätze? Ich glaube mich nicht zu irren, wenn ich geradezu behaupte, daß die Denkungsart unsrer Zeitgenossen, mit der Denkungsart und der Moral, der so berufenen Sophisten völlig einerley sey, daß beynahe alle Höfe, Weltleute so wie jeder der in guten Glücksumständen sich befindet, mehr oder weniger davon angesteckt sey, daß es also nicht zu verwundern sey, wenn auch die bessern Menschen in entscheidenden Vorfällen des Lebens so handeln, wie diese Afterweisen, bey ähnlichen Vorfällen würden gehandelt haben, und daß jeder Mensch der sophistisch handelt, er mag sagen was er will, dagegen streiten wie er will, wenigstens für

diesen

diesen Fall, und so oft er so handelt, sophistisch gedacht habe.

Ich glaube meinen Satz am besten zu beweisen, wenn ich das System der Sophisten mit allen seinen Folgerungen so darstelle, wie es am stärksten kann gedacht werden. Möchte doch jeder bey Anhörung oder Durchlesung desselben, sich nicht zu gut dünken, in sich gehen, sich genau erforschen, und ich wette darauf, wenn er aufrichtig seyn will, so wird und muß er finden, daß mancher dieser Säze in seiner Seele geschlummert und ihn eben darum unwiderstehlich zu zweckwidrigen Handlungen bestimmt habe. Er wird Mühe haben, diese Grundsätze zu widerlegen, so viel anscheinendes haben sie für sich. Er wird finden, daß alles davon angesteckt, und alle Verkehrtheit Folge von diesem System sey. Nur das System der Sophisten in seiner Stärke vorzutragen, es so darzustellen, wie ihre Gründe am meisten einleuchten, ihre Säze sich am besten aneinander reihen, denke ich mir solches in folgender Ordnung.

Die Sophisten scheinen mir von einem Satz auszugehen, den sie mit allen übrigen Systemen gemein haben, der auch im Grund sehr wahr ist: der Mensch werde zu jeder Handlung, durch ein

ein vorhergehendes Wollen, dieses Wollen oder Nichtwollen durch ein vorhergesehenes Gut oder Uebel, also durch einen Schmerz oder Vergnügen bestimmt; die Einrichtung der menschlichen Natur gehe wesentlich und ursprünglich dahin, daß der Mensch angenehme Gemüthszustände oder das Vergnügen eben so sehr suche, als er unangenehme oder den Schmerz fliehet und verabscheuet. Sie entfernen sich aber sogleich von dem gemeinschaftlichen Hauptstamm und von andern Systemen durch die Grundbehauptung ihrer Schule, welche der Schlüssel ihres ganzen Lehrgebäudes ist: daß alle Vergnügen, alle Misvergnügen im Grund physisch seyen, und sie suchen alle Arten und Gattungen derselben, auf eine sehr scheinbare Art darauf hinauszuführen. Hier ist es auch wo der erste und Hauptangriff gegen ihr System geschehen muß, oder man ist genöthiget, in der Folge ganz ihres Sinnes zu werden; denn es ist beinahe unmöglich sich von der Reihe der Erfahrungen, die sie zur Bestättigung ihres sehr einfachen Sazes anführen, von den Sophismen und Fallstricken in welche sie ihre Lehre einkleiden, und ihre Zuhörer verwickeln, so herauszuarbeiten, und loszumachen, daß alle scheinbare Einwürfe und Bedenklichkeiten, auf eine befriedigende Art gehoben

ben werden. Um diese beiden Hauptfragen: ist alles Vergnügen, so wie aller Schmerz im grunde Physisch; ist Vergnügen in dieser Welt Zweck oder Mittel? drehen sich alle Systeme, deren Gegenstand Glückseeligkeitslehre ist. Daß aller Schmerz und Vergnügen im Grund physisch sey und auf Empfindung könne zurückgeführt werden, daß physische Reizbarkeit, körperliche Lust, die letzten Triebfedern von allen menschlichen Handlungen seyen, beweisen die Sophisten auf folgende Art.

Abscheu vor physischem Schmerz, vor Hunger, Kälte, Durst, und vorhergesehenes sinnliches Vergnügen, hat die Trägheit der ersten Erdebewohner gebändiget, sie thätig, erfindsam gemacht, sie in grosse Gesellschaften vereiniget. Er ist die Quelle unsrer heutigen und noch bevorstehenden Verfeinerung. Wenn der seltene Fall eintrift, daß ein Mensch würklichen physischen Schmerz übernehmen sollte, so geschieht es in der Absicht einen größern, oder einem Schmerzen zu entgehen, den er sich ärger und lebhafter vorstellt. Wenn er ein physisches Vergnügen ausschlägt, wie z. B. bey der Mäßigkeit, so geschieht es in der Absicht ein größeres zu erhalten, zwar nicht auf einmal und so lebhaft, aber er will wenigstens

stens um so öfter und länger geniessen. Aus dieser Ursache übernimmt der Mensch die Beschwerlichkeiten der Arbeit, ist enthaltsam und treibt die Sparsamkeit bis zum Geitz, trotzt sogar den größten Gefahren, alles in der Absicht ein vorhergesehenes, ihm weit empfindlicheres körperliches Uebel zu entfernen. Abscheu vor physischem Schmerz hat die ersten Höhlen und Wohnorte der Menschen in bequemere Wohnungen verändert, uns bis zur heutigen Pracht verfeinert; derselbe physische Schmerz, Abscheu dagegen hat die nackte Haut mit Kleidern, mit Thierhäuten, mit Wolle, mit Leinwand, mit Seiden bedeckt, und dadurch einer Menge von Dingen einen Werth ertheilt, weil sie geschickt sind körperliche Bedürfnisse zu befriedigen. Er hat dadurch die Geschäftigkeit der Menschen samt dem verschiedenen Nahrungszweigen ins unendliche vermehrt. Der mangelnde Unterhalt, also körperlicher Schmerz hat wilde Jäger und Räuber zu geselligern Hirten, und bald darauf diese zu friedsamen Ackersleuten umgeschaffen, und Menschen an feste Wohnsitze gewöhnt, das Eigenthum eingeführt, die bürgerliche Ordnung und die Einschränkung seiner natürlichen Freyheit nothwendig gemacht, schwächere Menschen aus Furcht unter das Joch der Geseze gebracht, um der Gewalt des Stärkern

kern zu entgehen. Durch ihn haben Menschen den stillschweigenden Vertrag unter sich errichtet, sich von dem Eigenthum und Rechten anderer wechselweis zu enthalten, auch gegen andere zu unterlassen, was sie nicht wollten, daß ihnen von diesen widerfahre; alles in der Absicht um ihr Eigenthum, und in diesem die Mittel des Unterhalts, Mittel gegen Hunger, gegen körperlichen Schmerz zu erhalten. Diese Menge von neuen feinern Bedürfnissen, die sich sämtlich alle auf die ersten Bedürfnisse der Natur zurück bringen lassen, haben Menschen ferner gereitzt, nicht für den heutigen Tag, für das Nöthige allein zu sorgen, sie haben sie gelehrt, sogar Vorrath zu sammeln und Ueberfluß hervor zu bringen, diesen gegen den Ueberfluß anderer zur Befriedigung ihrer neuern spätern Bedürfnisse umzusetzen; so brachte körperlicher Schmerz den Handel hervor, und um diesen zu erleichtern, durch eine weitere Verfeinerung gewisse vorzügliche Tauschmittel, die geschickt waren, alle übrige tauschbare Sachen vorzustellen; er hat also auch das Geld eingeführt, das ausser der Fähigkeit alles vorzustellen, alles dafür einzutauschen, und dadurch die Befriedigung seiner körperlichen Bedürfnisse zu erleichtern, gar keinen Werth hat; Liebe zu Reichthümern und Geld ist also, wenn sie auf ihre Entstehung, auf ih-

ren

ren wahren Werth und Grund zurück geführt wird, würkliche Liebe zum sinnlichen Genuß, würklicher Abscheu vor körperlichem Schmerz. Jeder Erdensohn, selbst der Geizhals, liebt im Geld die Mittel, die Fähigkeit, diesen Schmerz zu entfernen, die Möglichkeit sinnliche Lust zu genießen. Eben so ist Liebe zu Ehren, zur Macht Liebe und Hang zu einem Grad von Gewalt, wodurch man sich die Mittel zum Genuß sicher und mit Leichtigkeit verschaffen, den Schmerz ohne Anstand entfernen kann. Die Liebe zur Macht ist die Begierde sich anderer als Werkzeuge und Diener seines Vergnügens bedienen zu können; denn nur der Mächtige kann das, und kann es um so mehr je mächtiger er ist. Aeusserliche Ehre und folglich auch innerliche, weil jene die Folge von dieser ist, ist nicht weniger als Münze ein Mittel sich sinnlichen Genuß leichter zu verschaffen, die, so uns ehren, durch das Uebergewicht, so wir über sie haben, durch den Einfluß, den wir auf sie erhalten, zu unsern Absichten geneigter und gefälliger zu machen; und diese Absichten sind, näher oder entfernter, mittelbarer oder unmittelbarer sinnlicher Genuß. Ein Volk, das nutzbare Handlungen nicht mit Unterscheidung, Vorzug und Ehre belohnen wollte, müßte, um die Aufforderungen zu grossen Thaten zu unterhalten, mit Geld oder Lebensmitteln,

teln, oder Grundstücken, oder Sklaven, oder Mädchen belohnen. Die Ehre stellt wie die Münze dieß alles vor, und ist so wenig als diese zu etwas gut, wenn sie ihrem Besitzer nicht zu allem diesen verhelfen kann. Sie ist ein Mittel Vergnügen zu erhalten, und Schmerz zu entfernen. Ohne Geld, ohne Ehre verliert sich aller Reiz zur Thätigkeit, und wozu beyde, wenn sie nicht Mittel sind, die ersten körperlichen Bedürfnissen zu befriedigen? Die Triebfedern aller menschlichen Handlungen sind entweder unmittelbarer sinnlicher Genuß, oder Ruhe und Bequemlichkeit, oder Liebe zum Geld, zur Ehre, zur Macht. In diesem sind alle übrige enthalten, und alle diese führen entfernter auf sinnliches Vergnügen hinaus. Sinnliches Vergnügen ist also der höchste und letzte Zweck des Menschen. Wenn dieser Zweck verborgner, entfernter ist, so erhält das Vergnügen den Nahmen eines geistigen; von dieser Art sind sodann moralische intellectuelle Vergnügungen des Menschen. Daher werden selbst Wissenschaften nur in so fern geliebt und getrieben, als sie Ruhe oder Unterhalt verschaffen. Der Hunger und die Eitelkeit haben sie erfunden, und unsre Bücher geschrieben, und ihr Sitz ist mehr im Magen als im Kopf. Laß sie fernerhin kein Mittel seyn, Aemter, Ehren, Geld und

H Ruhm

Ruhm zu erhalten, und schaue sodann wer sich auf sie legen wird. Du kannst das in jedem Land finden: sie blühen dort in dem Maaß, als sie das eine oder das andere gewähren. In den Zeiten unsrer Voreltern, wo sie nicht dazu führten, wo körperliche Stärke und kriegerische Tapferkeit, oder andere Geschäftigungen auschließend, den Weg zu grossem Glück eröffnet, wurden sie allein in der Kirche gefunden, aber nur so weit als die Kirche ihrer benöthiget war. Im Orient und unter despotischen Verfassungen ist dies noch heut zu Tag der Fall. Nur physische Vortheile herbeygeschaft, und die Menschen sind alles was man will; Weise oder Thoren, Mörder oder Helden, gut oder böse, gelehrt oder unwissend, zaghaft oder kühn, alles, wie es ihr sinnlicher Vortheil erheischt. Es kommt alles auf den Stärkern und Mächtigern an, welche Sphäre er ihrer Würksamkeit, welches Interesse ihren Trieben, welche Richtung ihrer Kraft giebt, für welche Art von Geschäftigkeit er Vergnügen oder Misvergnügen verkauft; aus diesem Grund richten sich Sitten, Tugend, Moralität nach dem herrschenden Geschmack, nach dem Willen des Stärkern, nach den Aussichten, die sie gewähren. Laß Niederträchtigkeit Verläumdung willkommen seyn, und den Weg zu grossem Glück ebnen, und

alle

alle Welt ist niederträchtig, alle Welt verläumdet. Laß Frugalität und jede Tugend verlacht werden, und deine Sittenlehrer lachen selbst mit. Sie verfolgen so gar was sie lehren, wenn verfolgen sie gefällig und ihr Glück macht. Sie schämen sich derer, die ihre Lehren in Erfüllung bringen, sie verläugnen ihre Bekanntschaft, um unangefochten zu bleiben, sie opfern sie ihrer Ruhe und Politik. Sey immerhin mässig im Aufwand, aber laß äusserliche Pracht das Mittel seyn, sich in die Höhe zu schwingen, und die Verachtung, in welcher du lebst, wird dich früh oder spät nöthigen, dich deinen Verächtern zu nähern, ihnen ähnlich zu werden. Die damit allgemein verbundene Schande und Gelächter zwingen alle Welt, sich äusserlich zu unterscheiden. Alles formt sich nach dem grossen Haufen, nach den höhern Classen, nach dem Willen des Regenten, und diese thun was ihnen gefällt, weil sie es ungestraft thun, weil ihre Lage und Macht sie gegen körperliche Unfälle versichern. Alle Tugend richtet sich nach dem Vortheil, den sie gewährt; nimm ihr diesen Vortheil, leg ihn dem Gegentheil bey, und Laster wird zur Tugend und Sitte der Menschen.—
Tugend ist die Feinheit, die Geschicklichkeit sich am meisten sinnliches Vergnügen zu verschaffen und am wenigsten Schmerz zu erdulden. Alle

H 2 Tugen-

Tugenden ohne Ausnahm verliren sich in diesem Gesichtspunct. Gerechtigkeit ist Abscheu vor allen mit der Ungerechtigkeit verbundenen physischen Schmerzen: aber dieser Abscheu und folglich die Gerechtigkeit können nur so lang dauern, als die Uebel, die damit verbunden sind. Nimm diese davon, wie bey Grossen der Fall ist, laß Vortheile damit verbunden seyn, wer ist sodann noch gerecht? Mitleiden ist Abscheu, Schmerz über das unverdiente Leiden andrer, und Wohlthätigkeit das Bestreben sich den Anblick eines Leidenden aus den Augen zu schaffen; Mässigkeit ist Abscheu vor Krankheit und Tod. Klugheit ist Vorhersehen der Schmerzen, die ein unkluges Betragen begleiten. Tapferkeit ist Entschlossenheit eine bevorstehende Gefahr von sich abzuwenden, genährt und gestärkt durch Aussicht auf Ehre und Beyfall. Dankbarkeit ist Aufforderung zu neuen Wohlthaten und Vergnügen. Auch alle sogenannte Gewissensbisse und innerliche Unruhe entstehen aus dem Vorhersagen der physischen Uebel, die unsere Fehltritte begleiten, und selbst christliche Tugend ist Furcht vor der Hölle, und Aussicht auf den Himmel, worin jeder seine Lust setzt.

Hier laß uns nun stille stehen, bevor wir weiter zu den Schlüssen und praktischen Folgen die-

ser

ser Theorie und Erfahrungen schreiten. Gestehe aufrichtig, ist dies nicht vollkommen noch heut zu Tag das Raisonnement unsrer Hof und Weltleute, aller Kinder des Glücks? —— Ich gestehe es, diese Säze haben grossen Schein, für Menschen, die es bey den ersten Urtheilen bewenden lassen. Wer diese eingestehet, dem ist auch die Folge unvermeidlich wahr, daß alles nur in so fern gut sey, als es mir keinen physischen Schmerz verursacht, daß also nichts absolut gut sey, daß sich vielmehr alles Recht und Tugend nach Convenienz und Impunität richte, daß das Recht des Stärkern, das einzige Recht sey, so lang er der Stärkere ist. Und dann gute Nacht Sittlichkeit! Dann ist es um höhere Moralität geschehen. —— Darum laß uns hier verweilen. Sey freymüthig, denn es ist um deine Heilung zu thun, sey wenigstens freymüthig gegen dich, und heuchle nicht gegen dich selbst. Wage das Geständniß. Kennst du vielleicht diese Grundsäze aus eigener Erfahrung? Waren sie nicht zum Theil deine selbst eigene Philosophie? Haben sie niemalen, gar niemalen deinen Willen, deine Handlungen bestimmt? Waren niemalen Geld, Ehre, Macht, sinnlicher Genuß, Ruhe die Triebfedern, und die letzten Gründe deine Handlungen? und du warst in diesem

Fall Sophist, ohne es zu wissen, du warst es um so mehr, je öfter sie es waren. Ich werde es nicht glauben, wenn du mich auch des Gegentheils versicherst, so gewiß bin ich meiner Sache, daß alle Menschen mehr oder weniger Sophisten sind, daß ihr Verderben daher rühre, und daß ihre Besserung davon abhänge, daß sie diese Gründe verlernen, und sich nach höhern bestimmen; oder wenn du darauf beharren willst, daß diese Gedenkungsart nie die deinige gewesen, so antworte auf diese Grundsätze, laß sehen in wie fern du sie widerlegen kannst. Vermagst du dieses nicht, oder sehr seicht, so wette ich darauf, sie waren die deinigen, sind es noch, haben noch Macht über dich, werden es noch lang bleiben; du bist in dem Guten nicht fest, und laufst alle Augenblicke Gefahr, durch die Beredsamkeit eines Sophisten überworfen zu werden, allen Folgen des Systems deinen Beyfall zu geben, darnach zu leben und zu sterben.

Hier wird eingehalten, und die Rede unterbrochen, der Candidat dem Nachdenken überlassen, und zu mündlicher oder schriftlicher Widerlegung der Gründe aufgefodert.

Fortsetzung.

Um das System der Sophisten und unserer Weltleute gehörig zu widerlegen, muß es auf der Seite angegriffen werden, wo es am stärksten ist, bey dem Grund auf welchen es gebaut ist, von welchem es ausgehet. Dieser ist der Satz: Alles Vergnügen ist sinnlich; das heißt, ist Mittel körperliche Bedürfniße zu stillen und kann darauf zurückgeführt werden. Diesen muß ein anderer Satz entgegen gestellt, und bewiesen werden. Dieser ist: Alles Vergnügen ist Mittel ein Bedürfniß der Seele zu befriedigen und ist in so fern geistig, nicht sinnlich; selbst körperliche Vergnügungen nicht ausgenommen.

Denn was ist Vergnügen? — in hohem Grade beförderte Thätigkeit der Seele. Was ist Misvergnügen, Schmerz? — gehinderte Thätigkeit der Seele. Alle Erfahrungen bestättigen diesen Begriff. Jeder der über seine Vergnügen und Misvergnügen mit Unbefangenheit nachdenken will, wird finden, daß alle ohne Ausnahm dahinaus führen, oder was schmerzt in mißlungenen Entwürfen des Ehrgeizes, als das Stocken der Ideen, die alle diesen Weg gehen wollten, und nun auf einmal gehindert sind!

Was macht jeden Widerspruch so unangenehm, als die Idee, die sich mit unsern vorhandnen nicht vereinigen läßt? Woher entstehet der Verdruß über Wahrheiten, die wir nicht einsehen, oder beweisen können? Woher entstehet die stumme Traurigkeit über den Tod einer sehr geliebten Person, als durch die Leere, die in der Seele auf einmal entstehet, weil die Idee dieser Person, die wir in Gefolg von so vielen andern zu finden bisher gewohnt waren, nicht mehr mit und bey diesen Gegenständen gefunden wird, weil die Seele die Gegenstände nicht mehr so in dieser Ordnung und mit dieser Leichtigkeit denken und behandlen kann, als sie bisher gethan? Woher entstehet die Freude über den Tod und den Sturz eines Feindes, als durch den ungehinderten Lauf, den nun meine Lieblingsideen erhalten, denen dieser Feind so lange entgegengestanden? Was reizt in dem Spiel so sehr, als die Abwechslung sich selbst ohne Mühe darbietender Ideen, als die Leichtigkeit, mit welcher wir sie nach einer schon gefundenen Regel ordnen und behandlen? Was vergnügt in dem Geld, als die Menge von Aussichten und Anstalten, die es uns darbietet und fähig macht, sie zu behandeln und auszuführen? Was vergnügt in der Entdeckung einer neuen Regel, eines allgemeinen Sazes, als die Menge
von

von Fällen, die wir nun auf einmal ohne Mühe übersehen und ordnen, der Zwang, die Zweifel, die wir dadurch entfernen? Was vergnügt in den grossen Gesichtspuncten, als die Menge von kleinern, die wir zugleich übersehen? in grossen Thaten, als die Menge von Folgen die sie hervorbringen? Was ist aller Schmerz als gehindertes Interesse, folglich gehinderter Ideengang? Was ist aller Verdruß über die Einrichtung der Welt, als gefundener, wahrgenommener Widerspruch mit unsern Wünschen, Begierden, Ideen? Was erweckt den Wunsch nach Macht, als die Begierde seine Ideen und Plane auszuführen? Was ist unangenehm im Zweifel, in der Unentschloßenheit, als die Gründe, welche sich auf der einen Seite andern Gründen widersetzen, gleiche Kraft entgegen stellen, um ihren Lauf zu hindern? Was haßt man in dem Feind, als den Gegner seiner Wünsche? Was liebt man in dem Freund, als die Aehnlichkeit, die vorhergesehene Befriedigung und Theilnehmung an seinen Wünschen? Und selbst sinnliche körperliche Lust, was ist sie mehr, als wahrgenommenes Wohlbefinden unsers Körpers, und weil von der guten Stimmung desselben unsere Seelenverrichtungen erleichtert werden, vorhergesehene Mitwürkung desselben, mit

H 5   den

den Verrichtungen der Seele? *) Noch tausend weitere Erfahrungen können die Wahrheit der gegebenen Begriffe bestättigen und uns belehren, daß also der Grundtrieb des Menschen höherer Art sey, daß er auf Licht und Erweiterung unsrer Vorstellungsart gehe, daß uns alles angenehm sey, was diesen ursprünglichen Trieb befördert, unangenehm, was solchen hindert; daß also falsch sey, daß alle Vergnügen und Misvergnügen im Grund sinnlich, daß sie vielmehr das Gegentheil seyen; daß also der Mensch zu etwas mehr als bloßem sinnlichen Genuß geschaffen sey; daß Vollkommenheit seines Geistes der Zweck sey, daß diese darin bestehe, so viele und in so hohem Grade richtige und helle Ideen zu haben als möglich ist, so viel Gegenstände mit Leichtigkeit und ohne Widerstand zu erkennen als seyn kann, und folglich eben dadurch am meisten Vergnügen des Geistes und am wenigsten Misvergnügen zu haben, und auf diese Art immer vollkommner und durch Vollkommenheit immer seli-

ger

---

*) Hierüber müssen zu näherer Belehrung nachgelesen werden: 1) Mendelsohns phil. Schriften 2) Sulzers Untersuchung über den Ursprung der angenehmen und unangenehmen Empfindungen. 3. Cochius, über die Neigungen. 4. Eberhards Theorie des Empfindens und Denkens.

ger zu werden. Das System der Sophisten ist also ein grundloses System. Es ist aber auch

2.) ein trostloses System. Es ist nicht für alle Menschen, nur für die Kinder des Glücks, nicht für die, denen alles mangelt. Es ist kein Schild gegen die Pfeile des Unglücks, und Unglück ist zu häufig und bedarf der Trostgründe zu sehr, als daß man sie entbehren könnte; vielmehr ist es ein Vorzug, eine wesentliche Eigenschaft der Weltweisheit, ihre Bekenner aufzurichten; und ein System, das diese Aussicht verspricht, die Würde des Menschen erhöhet, seine Kraft stärkt, hat, wenn alles übrige gleich ist, schon aus eben dieser Ursach nähern Anspruch auf Wahrheit.

Wenn auch ich einer von den vielen bin, auf den Unglück hereinstürmt, wenn mich alles verläßt, alle Bande reißen, die mich an die Welt binden; wenn ich dabey weiß, daß Vergnügen, Zweck, und lezter Zweck des Menschen sey, Grundtrieb meiner Natur, und doch keine Anstalt, keine Sorge für mich gewahr werde, um dazu zu gelangen, so viele schlechtere Menschen im Ueberfluß, mich in Mangel vergessen, verworfen sehe: was soll ich da von Gott denken, dessen Wohlthaten ich nicht kenne? Was von einer Welt, deren Zusammenhang und Ordnung meine Quaal will? Was von

von der Kraft, die mich belebt? — Ich leide ohne Absicht und Zweck, ich leide um zu leiden, wo nehme ich Muth her in Gefahren? Wo Geduld in meinem Leiden? Wo Standhaftigkeit in meinem Unglück? Ich bin ein Schatten, bin da um das Licht eines andern zu erhöhen, bin die Leiter auf welcher er zum Glück steigt. Macht und Gewalt sind nicht für mich, sind nur für die Lieblinge des Glücks, Vergnügen ist nur für den Starken und ich bin schwach; Vergnügen ist nur das Erbtheil derer, die ich verstärken muß, um mich zu mishandeln; auf Gerechtigkeit darf ich nicht hoffen, denn wie will ein Schwacher dem Starken widerstehen? Und doch bin ich einer von diesen, bin einerley Ursprungs mit ihnen, fühle einerley Triebe, und fühle sie zur Quaal! Wäre ein Leben nach dem Tod, dann wäre vielleicht dieses für mich. Aber auch das geht nach meinen Grundsätzen nicht an. Wenn alles Vergnügen sinnlich, Vergnügen des Körpers ist, so ist das, was in mir denkt, Materie, so habe ich keine weitere Bestimmung, so höre ich auf zu leiden und zu seyn, so weiß ich nicht wozu Gott ist? — oder mein Grundsatz ist falsch es giebt Vergnügen höherer Art.

Diese Gedanken, die auch eben so gut bey jedem Sophisten, in den Stürmen des Lebens

entste-

entstehen müßen, wenn das Glück ihm den Rücken kehrt, beweisen also hinlänglich, daß ein consequenter Sophist die Unkörperlich- und Unsterblichkeit seiner Seele läugnen müße, und auch meistentheils läugne; daß es also nöthig sey, um dieses System vom Grund aus zu widerlegen, beide zu beweisen; daß hiemit nicht alle Systeme blos theoretisch, und folglich überflüßig seyen, sondern sehr oft einen sehr grossen, obgleich entfernten Einfluß auf Handeln und Leben haben und äußern; daher wenn der Orden Menschen beßern, und die Hinderniße ihrer sittlichen Vollkommenheit entfernen will, und dazu Mittel ist, die Macht der Sophisterey zu entkräften, und vom Grund aus zu vernichten: so muß er ganz gewiß Systeme haben, die für die bestrittene Lehren einen befriedigendern Aufschluß geben, und jeden Zweifler an Offenbahrung zurecht führen. Bey allen übrigen tritt die Religion in das Mittel; sie stellt allen die Sätze der Vernuft vor, erspart ihnen die Beweise derselben durch Autorität und verkündiget solche als Aussprüche der Gottheit, um sich dabey zu berugigen, und sie den Feinden seiner Ruhe als solche entgegen zu stellen; und in so fern, ist positive Religion eine wahre Wohlthat, ein wahres Bedürfniß des Menschen. Wer ihm durch Zweifel das Ansehen

der-

derselben wankend macht, raubt ihm die einzigen Gründe seiner Beruhigung, und entzieht ihm die einzigen Waffen und Beweisgründe gegen die Störer seiner Ruhe, ohne dafür andere zu geben, die ihm so geläufig und angemessen wären; er entzieht ihm alle Gründe des Rechtverhaltens, stellt ihn den Pfeilen der Sophisten blos, unter denen er lebt, und nöthigt ihn aus Mangel des Gegengewichts, sich von dem Pfad der Tugend Abweichungen zu erlauben. Aber auch diese höchste Wohlthat ist durch das Betragen und den Eigennutz mancher Lehrer, durch willkürliche Auslegungen, ungegründete Zusätze, und durch Erleichterung der Versöhnungsmittel, nunmehr selbst zur wahren Schule einer neuen Sophisterey geworden.

3.) Wozu ist Schmerz? Der Sophist wird antworten: um das Vergnügen durch die Abstuffung anziehender zu machen; um den Menschen zu reitzen, daß er dazu Anstalten treffe, sich bestrebe, aus dem Schmerzen heraus und hinüber in das Gebiet des Vergnügens zu tretten. — Aber dies Vergnügen wird nicht allzeit, bey den meisten sehr selten erreicht. Wenn alles seinen Zweck hat, welchen Zweck hat der Trieb des Menschen nach Vergnügen und Glückseligkeit? Das

Das System des Sophisten löst diese Frage nicht auf. Dasjenige System also, das noch einen weitern höhern Zweck angeben kan, ist zusammenhängender, allgemeiner und eben daher beßer. Vergnügen, wenn der Satz recht verstanden und genau bestimmt wird, kann immerhin Zweck, und auch letzter Zweck des Menschen seyn; aber er ist darum nicht der letzte Zweck der Natur. In dem Plan derselben ist es Mittel, Mittel zu einem höhern Zweck, dieser ist Vollkommenheit der Wesen. Dieser Vollkommenheit würden sich denkende Wesen nie nähern oder solche suchen, wenn nicht die Vorsicht mit dieser allein das reinste und dauerhafteste Vergnügen verbunden hätte. Also Vergnügen ist Ziel des Menschen, ihm von der Natur vorgestellt, ausgesteckt, weil es Mittel ist ihn zu vervollkommnen, seine Natur zu veredlen. — Aber kann nicht auch diese Vervollkommnung, diese Veredlung auch noch ihren weitern Zweck haben? Ja! und sie hat ihn gewis. Gott und die Natur sind ihrer benöthigt als Mittel zu einem noch höhern Zweck, den wir noch nicht kennen, wovon wir dermalen nur so viel wißen, als wir nöthig haben, das vorgesteckte Ziel zu erreichen. Diese neue Einsicht fängt dort an, wenn wir am Ende des vorgesteckten Ziels würklich stehen. Nur ein in seiner Gattung

vollen=

vollendetes Wesen, hat Anspruch auf diese neue Einsicht.

4.) Was beweisen am Ende alle von den Sophisten oben so häufig angeführten und noch weitern Erfahrungen, als daß die menschliche Natur weislich von ihrem Urheber so eingerichtet worden, daß ihr Schmerz ein unangenehmer Zustand, ein Zustand von Unvollkommenheit sey, daß vom Schmerz sich befreyen, Abscheu vor Schmerz eben so viel sey, als sich von Unvollkommenheit befreyen; daß also der Abscheu vor Schmerz eine würkliche Aeußerung des Triebs nach Vollkommenheit sey; daß die Natur sich des Schmerzens als eines Mittels bediene, um Menschen aus ihrer Unvollkommenheit zu reißen, in ihnen eine Negation zu vermindern, statt derselben eine Realität, Vollkommenheit mehr entstehen zu laßen; daß sie mit jeder Vollkommenheit einen ihr correspondirenden Grad von Vergnügen verbunden, um sein Begehrungsvermögen zu reitzen, ihn thätig zu machen, seinen Erfindungsgeist in Bewegung zu setzen, seine schlafende Kräfte zu entwickeln, auf die Zukunft zu sehen, in dem Futter etwas mehr als Befriedigung seiner sinnlichen Bedürfniße, auch Befriedigung seiner geistigen, Stoff zu Ideen, Entwürfe zu setzen und zu suchen;

daß

daß also der Schmerz der Weg sey, auf welchen der Mensch zu seiner geistigen Vollkommenheit fortschreiten soll, und das Vergnügen das Ziel, das, was ihn reitzen soll, seinen Weg zu beschleunigen. Selbst die Erfahrungen bestättigen das Gegentheil; sie zeigen und beweisen das, was hier bewiesen werden soll. Schmerz macht erfindsam, und Erfindsamkeit ist eine Vollkommenheit des Geists, und Vollkommenheit des Geists ist zugleich die Vollkommenheit unsrer hohen Natur.

5.) Die Gewaltthätigkeiten und Ungerechtigkeiten der Stärkern sind in dem Plan der Welt, um durch das Unangenehme, so sie bey Schwächern verursachen, diese zu reizen, daß sie auf Gegenmittel denken, auf Anstalten sich ebenfalls zu verstärken, der Stärkern zu übertreffen. Diese Gegenmittel sind bisher noch allzeit gefunden worden, und in so fern ist es falsch, daß die Macht des Stärkern Recht sey, und das meiste Vergnügen verschaffe, weil dieses Vergnügen von keiner Dauer ist, Anstalten zu seiner Zerstörung hervorbringen muß. Diese Anstalten mögen nun gelingen oder mislingen, sie erreichen allzeit ihren Zweck, sie verfeinern den Geist, in dem sie entstehen, mehr oder weniger. Es ist falsch, daß das ein Recht sey, was man ungestraft thun kan, was Vergnügen bringt und Misvergnügen entfernt: denn das Vergnügen, wenn es Menschen gedeihlich seyn soll, muß von der Art seyn, daß es nicht weit grössere Misvergnügen nach sich ziehe, und wenn es auch einem Menschen gelingen sollte, sich über alles Uebel, das ihn betreffen könnte, in jeder seiner auch noch unrechtmässigen Handlung hinweg zu setzen, so ist dieser Mensch darum noch bey weitem nicht der glückseeligste Mensch; das Irrige in seinem Verstande der die wahre Verhältniße der Dinge so wenig kennt, das Mangelhafte seines so eigennützigen Willens, setzt ihn in dem Reich der Geister zurück; der Elende hat Gelegenheit, es ihm hierinn zuvor zu thun, und in jener Zeit wo der innerliche Werth allein entscheidet, sinkt er in dem Maaß herab, wie der Niedrige, von ihm Verfolgte steigt, er kann niemalen die Stelle erhalten, nie das lautere, dauerhafte, lebhafte Vergnügen erhalten, das Geister empfinden, deren Verstand oder Wille so geläutert ist, daß sie überall Gutes und nirgends Uebel entdecken. Dies geht nicht blos auf die Zukunft, auch dieses Leben ist nicht ohne grosse Besorgniße, für den, der alles verlieren kan, weil er alles besitzt. Den, der keine physische Uebel empfindet, martern die Foltern der Einbildungskraft: die Langeweile; der Trieb nach immer höhern, lebhaftern, nie zu erreichenden Vergnügungen; fehlgeschlagene Entwürfe; Furcht vor dem Verlust dessen, was er würklich besitzt; die Vorstellung sich dereinst von dem allen getrennt zu sehen; der sich immer mit aufdringende Gedanke, daß er nur ein einziger ist, der aufhören kann, alles zu seyn, was er ist, wenn andere sich vereinigen und ihn fühlen lassen, daß sie mehrere sind, die ihre Kraft kennen, die wissen, wie wenig ein einziger gegen alle vermag, wie nöthig es also diesem einen sey, sich seiner Stärke so zu bedienen, daß sie vielmehr zum Nutzen, als zum Schaden anderer gereiche. Diese Bedenklichkeiten und Folgen begleiten das grosse Glück, und sind nicht weniger marternd als physische Uebel; und man kan gar wohl alle äusserliche Merkmale des Glücks in sich vereinigen, und sich doch vom innern Kummer verzehren.

So viel indessen, als hier nöthig war, um den Gesichtspunct anzugeben, aus welchem diese Lehre zu betrachten ist, um Stoff zu eignem und weiterm Nachdenken zu geben. Es wird nun auch jedem leichter seyn, nachstehende Folgen des sophistischen Hauptsatzes von selbst zu beantworten. Wenn alles Vergnügen sinnlich und dieses sinnliche Vergnügen Zweck des Menschen ist, so fordert

dert seine Pflicht, so ist es seine Bestimmung sich dessen so viel, und auf so mancherley Art zu verschaffen, als möglich; so ist alles nur in so fern gut, begehrungswerth, recht, als es dieses gewährt; so ist alles übrige Thorheit, was davon entfernt, so ist alles nur so lang gut, oder bös in so fern es dieses bewürkt; so ist nichts absolut gut, nichts absolut bös. Tugend und Laster richten sich nach Umständen, nach Zeit und Ort, nach den Verhältnißen, in denen wir leben; wenn der Nutzen und Vortheil sich ändern, der Schaden an die Stelle des Nutzens, Vergnügen an die Stelle des Misvergnügens tritt: so wird Tugend zum Laster, und Laster zur Tugend; so ist kein Zustand des Menschen, der mehr seine Triebe reitzt, als der so über Unglück und Misvergnügen erhöht, der die Mittel und Gewalt giebt, sich Vergnügen ohne Hinderniß zu verschaffen, oder diese Hinderniße ohne Mühe zu entfernen. Dieser Zustand ist Stärke, Macht, Impunität: Großer Reichthum und politische Macht geben diese Stärke: sie müßen also der letzte Zweck jeder Handlung seyn. Was dazu führt ist gut, was davon entfernt ist bös, die Tugend und wahre Vollkommenheit eines Menschen, ist die Geschicklichkeit andere zu beherrschen und zu Dienern seiner Lüste zu machen. Und Glückseeligkeit ist

die

die Kunst sich so viele und so heftige Begierden, als nur möglich zu erwecken, um sie ungehindert mit Vergnügen zu stillen. Uneigennützige Tugend ist Thorheit, weil sie nichts von dem allen gewährt, was wir durch Stärke und andere Wege erhalten. Stärke ist das große Gesetz, dem die Natur alle schwachen Wesen unterworfen; Stärke allein erhebt über allen Zwang, über alle Gesetze, die nur der Schwache erfunden, um sich mit andern, gegen die Gewalt des Stärkern zu schützen. Diese Gesetze sind ein Mittelweg zwischen dem Vermögen ungestraft Unrecht zu thun, und dem Unvermögen erlittenes Unrecht abzuwehren. Sie sind eine stillschweigende Verabredung unter Menschen; ein abgedrungener Verzicht, auf das Recht Unrecht zu thun, um sodann entgegen weniger zu erfahren; sie sind Kinder der Schwäche und Ohnmacht, erstrecken sich auch nur auf diesen Fall, daher sind Fürsten und Völker an keine Gesetze gebunden, daher wird kein vernünftiges Wesen, das sich fühlt, Bedenken tragen, wo es ungestraft geschehen kann, diese schwachen Bande, mit welchem schlechtere Menschen bessere Menschen gefesselt, zu zerreißen und alle natürliche Rechte geltend zu machen, die so weit reichen, als unsre Kräfte hinreichend sind, den zu befürchtenden Widerstand zu entfernen. Daher ist alles positive

tive Recht bloße Erfindung der Menschen, eine widerrechtliche Beschränkung des einzigen Gesetzes, das die Natur kennt, des Gesetzes, das jeden Stärkern den Schwächern unterwirft. Dieses positive Recht kann jeden Menschen nur so lang verbinden, als ihm die Kräfte mangeln, solches ungestraft zu übertretten. Nimm doch deinem tugendhaften und uneigennützigen Weisen diesen Zwang ab; erheb ihn einmal über alle Furcht widriger Vorfälle; belausche ihn hinter den Gardinen; beobachte ihn in Gedanken, in Umständen, wo er auf Verborgenheit und Impunität sicher rechnen kann: und schaue sodann, wie er handelt, wie er seine vorigen Grundsätze, seine uneigennützige Tugend befolgt. — Armer Mensch! du bist schwach, darum predigest du Tugend; du bist arm, darum eiferst du gegen Reichthümer; die Welt ehrt dich nicht, wie du wolltest, darum schreist du von Verachtung. Deine strenge Sittenlehre ist stille Rache gegen das Glück, das dich zu sparsam bedacht; dein verborgner, so sehr gedemüthigter Stolz kann den Anblick dieser Großen, dieser Reichen, dieser Glückskinder nicht ertragen; dieser Anblick beleidigt dich, denn er erinnert dich an deine Schwäche. Um nun diesen dir so gehäßigen Gegenstand, so gut du es vermagst, zu entfernen, bist du einfältig

und

und treuherzig genug zu glauben, oder hoffst wohl gar, deine Träume und Sophismen sollen die Günstlinge des Glücks überreden, daß sie sich zu dir herablassen, sich dir gleich, und an die Seite stellen, und dir gutwillig die Stelle überlassen, worüber du sie beneidest. — Geh in dich! und sage mir ohne Scheu, geht nicht dahin dein Eifer, dein sittenrichterliches Amt? Deine Grundsätze sind die Folge deiner Lage, Fantasien, die du dir im Mangel wirklicher Güter schufst, um zu träumen, wo andere genießen, um deinen nicht minder sichtbaren Hang und Hunger nach Vergnügen mit Ideen zu stillen. — Aber! sey selbst reich, sey mächtig, und dann entschlage dich, wenn du kannst, dessen, was dich nun an andern beleidigt; Geh hinaus in die Welt, einsamer Schwärmer! Berichtige dort deine Gedanken, beobachte den Gang der Natur, und belehre dich eines besseren: oder deine klügeren Zeitgenoßen lachen über dich, und erbarmen sich deiner. Schau herum unter den Menschen, so wie unter den Thieren. Der Adler zerreißt die Taube, und der Wolf das sanfte gutmüthige Schaf. Seit Welt und Menschen sind, hat der Schwächere sich dem Stärkeren ohne Widerrede überlassen. Dieser Wille des Stärkeren, war das einzige Recht, dem sich jeder unterworfen. Es wäre Raserey, zu ge-

horchen,

horchen, wo man selbst befehlen kann, sich von denen binden zu lassen, die in unserer Gewalt sind. Gerechtigkeit wäre in solchen Umständen mit Nachtheil verbunden; nur der Schwächere, dem sie nützt, kann sie Tugend nennen, und ihre Vortheile erheben; sie ist ihm gut, so lang er schwach ist; denn sie schützet ihn vor Beleidigungen, die er nicht zurücktreiben kann, aber sie würde ihm schaden, sobald er sich fühlt. Nur dann kann Ungerechtigkeit ein Laster heißen oder seyn, wenn Menschen ihre Kräfte, nicht gehörig berechnen, wenn sie sich stärker glauben, als sie sind, wenn sie früher zur Behauptung und Ausübung ihrer Rechte schreiten, als ihre Kräfte erlauben. Uebereilung, Unklugheit, Unvorsichtigkeit, mißlungene Versuche nach Freyheit, nach Herrschaft über andere, diese alle sind wirkliche Laster und Verbrechen, weil sie üble Folgen nach sich ziehen, weil sie statt des gehoften Vergnügen Mißvergnügen, statt der versprochenen Herrschaft neue, noch ärgere Knechtschaft bereiten. Ein Lasterhafter ist also ein Mensch, der seine Kräfte, und den möglichen Widerstand übel berechnet; aber glückliche Ungerechtigkeit ist Tugend, und erfährt von aller Welt die Achtung derselben. Deine Philosophen selbst huldigen dem mächtigen Laster, und erbetteln sich Unterhalt von ihm. Glückliche Rebellen, verehrt

ehrt die Welt als rechtmäßige Regenten. ——
Schau auf den Pipinus, schau hingegen auf
den Childerich. Nur allein unglückliche Empörer
verlieren Freyheit und Leben. In den heuti=
gen Verfaßungen fügen sich selten die Umstände
so gut, daß der Versuch nach einer Krone gelingt.
Dieß weiß man, und dieß allein hält Menschen
zurück in den Banden der bürgerlichen Gesell=
schaft; aber diese Neigung ist in keinem erloschen,
sie schlummert nur, und lauert nur auf Gelegen=
heiten, die günstiger sind. Dafür macht nun
indessen jeder Entwürfe der Zweyte zu seyn, weil
es zu gefährlich ist, sich der Gewalt des ersten
durchaus zu bemeistern. Dahin geht unsere Ge=
schäftigkeit in allen Ländern und Staaten; dieß
ist das Spiel, so wir treiben; jeder sucht sich zu
schwingen, von einer Stufe des Glücks zu einer
weiteren zu steigen, und wenns die Umstände lei=
den, der erste nach dem ersten zu seyn. Sein ist
sodann der Name, und unser die Gewalt. Da=
rum drängen wir uns an die Grossen; darum ist
ihr Wink unser Gesätz; darum wärmen wir uns
in ihrer Sonne, reden, und handeln nach ihren
Gefühlen, schmeicheln ihren Leidenschaften und
Wünschen, verläugnen unsere Einsicht, verken=
nen unsere vorigen Freunde, verleumden unsere
Mitwerber, und haßen, den sie haßen, und lie=

J 5   ben,

ben, den sie lieben, und kriechen, um zu steigen. Darum leide und schweige, so lang du schwächer bist, schone und schmeichle jedem, der dir schaden kann; erscheine unter allen Gestalten, die der Mächtigere liebt; scheue dich, diesen Mächigeren in irgend einer Sache zu widersprechen oder entgegen zu handlen. Wozu Gerechtigkeit und Pflicht? Laß diese andern über, die weniger Gefahr dabey laufen; schütze keinen, der gefallen ist, und überlasse ihn seinem Schicksal: willst du unklug genug seyn, ihm Gutes zu thun, und Recht zu vertretten, willst du dich der Gefahr des Verraths aussetzen, so thu es wenigstens im Geheim. Er sey immerhin dein Freund, wer ist dir näher als du selbst? kanns ihm nützen, wenn du mit ihm zu Grund gehst? schick dich in die Umstände, und spare deine Hülfe und Mitleiden auf günstigere Zeiten. Warum siehst du darauf, was dem Mann werth ist, an den du dich schließen willst? schau lieber darauf, was kann er dir nützen? Verschmähe doch keine Mittel, die zum Zweck führen; denn der Zweck heiligt die Mittel. Halte es niemalen mit der untergehenden Sonne, flattere in den Strahlen des Mittags herum; verdrüßliche Geschäfte, wodurch du andere beleidigen würdest, suche von dir hinweg auf andere zu laden, die weniger werth sind; aber laß keine

Gele-

Gelegenheit vorbey, wo du glänzen, wo du dir andere verbinden kannst. Beleidigungen der Höheren ertrage geduldig; hüte dich, ihre Schwäche zu übertreffen; in ihrer Gegenwart suche nicht zu glänzen; sey klein, wenn du vor einem Alexander erscheinst; überlaß dich doch niemal deinem Eifer, und Zorn; deine größten Feinde entwafne durch Gefälligkeit und Freundschaft, diesen beyden kann niemand widerstehn; am Glück, Schmeicheley und Zuvorkommen der Höflichkeit sind noch alle deine Tugendfreunde gescheitert, die den größten Gefahren getrotzt. — So steigt man zum Glück! Dieser Weg führt zur Gunst der Grossen, zum Reichthum und zur Macht. — Und hab ich diese Gunst der Grossen und durch sie Macht und Reichthum erhalten, wozu brauch ich deine Einsicht und Tugend? — Elender Mensch! was diese dornichten Umwege geben sollen und niemalen gewähren, all das genieße ich wirklich, indem du erst suchst. Was willst du mehr, ich speise an leckerhaften Tafeln; alles ist unter mir; ich erhalte alle Zeichen der Achtung; meine Vorsäle wimmeln von Klienten; ich genieße alle Merkmale des inneren Verdiensts; ich kann mich äußerlich unterscheiden; ich liebe, und bin geliebt; ich habe freyen Zutritt in die Gemächer der Großen, und taumle von einem Vergnügen in das andere hinüber:

hinüber: — und du gutherziger Thor läßt dein Leben ungenossen vorbey, laufst nach Chimären, lebst darüber im Elend, alle Welt verkennt dich, bist vielleicht der erste unter deinen Geistern, und — der letzte und verachteste unter den Menschen.

Sey kein Thor und genieße. Alle Güter der Erde liegen vor dir; sie bieten sich dir dar, wenn du nur Fähigkeit hast, sich ihrer zu bemeistern. Dahin übe deine Kräften; hier allein ist Weisheit; ziehe aus dem gegenwärtigen den Vortheil, der dir gegeben ist, und rechne nicht auf Zukunft, auf den Nachruhm; so viele ungleich bessere haben vor dir gelebt, eine ewige Nacht hat sie nun aus dem Andenken der Menschen vertilgt: und du bist thöricht genug, auf das Lob und den Dank der Nachwelt zu rechnen, den du nicht fühlst, der dich nicht wieder ins Leben zurück bringen kann, der ein leerer Schall, eine bloße Idee ist, die der Stärkere erfunden hat, um den Schwächren damit zu betäuben, zu seinen Absichten folgsamer zu machen, und seine ihm gemachten Aufopferungen im Mangel gangbarer Münze mit Luft zu bezahlen. Und nun auch nach tausend Jahren soll einer von dir sprechen, soll ein anderer deine Geschichte lesen, und dort abermal ein

anderer

anderer dich einem eben so schwachen, und eitlen Menschen als Muster vorstellen; er soll sagen, da, in diesem Land, in diesem Jahr hat ein Thor allem Lebensgenuß entsagt, damit wir heut nach tausend Jahren etwas zu seinem Ruhm sagen sollen, das er nicht hört; dieser Mensch wollte, daß wir eben so thöricht seyn sollten, um eben so wenig Vortheil davon zu haben; —— dieß alles soll geschehen, was kann es dir nutzen? Bist du nun froher und zufriedner, weil man nach Jahrtausenden noch deiner spotten und um so ärger lachen wird, je älter die Welt wird? —— Dein Schicksal ist vergessen zu werden. So wie du abtritst und deine Rolle geendigt hast, treten neue Schauspieler auf, und diese reißen die Aufmerksamkeit ihres Zeitalters nach sich, weil sie die Kunst, Menschen zu unterhalten, besser als ihre Vorgänger verstehen. —— Laß deinen Verlust für weniger zurückgebliebene (und was sind diese gegen die viele übrige,) willst du darum ungefällig genug seyn, von ihnen zu fordern, daß sie ihr ganzes übriges Leben dich unaufhörlich beweinen und auf alle übrigen Freuden Verzicht thun? Nein mein Freund! es liegt in der Natur des Menschen, unangenehme Gefühle, die Idee von dem Verlust eines Freundes zu entfernen, zu schwächen. Zu diesem Ende sucht man Zerstreuung;

neue

neue Bilder stellen sich dar, und nur ein kleines, und — der unvergeßliche Freund ist vergessen. Sieh dort diesen Jüngling, wie er in dem Armen dieser Schönen liegt! Kannst du es aus seinen Blicken lesen, daß sie um eine verstorbene Freundin seines Herzens trauren, deren Tod er nicht überleben wollte? Wenn nun die Liebe diese engste und wärmste aller Vereinigungen der Seele so wenig Lust hat, auf den Grabhügeln ihrer abgeschiednen Hälfte herum zu irren, wie kannst du von andern kältern Freunden erwarten, daß sie sich um deinetwillen kränken, um dich nicht vergnügen? Wenn in deinem Garten ein Baum verdorrt, so setzest du einen andern an seine Stelle, denn der erste ist dir unnütz. Dieß ist das Schicksal aller Menschen. Wenn dich der Tod ausgeräutet hat, so werfen sie dich in einen Winkel ihrer Seele, und es werden gewaltige Aufforderungen erfordert, um dein Gedächtniß zu erneuern. Kurz, was kann es dir nutzen, daß ein hungeriger Schriftsteller, ein milzsüchtiger Sittenlehrer dich aus den Haufen der Vergeßnen hervorsucht, weil seine schwarze Galle dich braucht, um sein Zeitalter zu schimpfen?

Aber die Thorheit aller Thorheiten wäre, sich mit Verbesserung der Welt und der Menschen abzu

abzugeben, diese zu seinem Geschäfte zu machen. ——
Laß die Welt und alle übrige Menschen seyn,
was sie sind, und sorg statt dessen für dich; andere thun das auch. Allgemeines Wohl was ist das,
wer empfindet das? —— das Wohl einer Idee
eines abstracten Begriffs, eines Wesens, das
nur im Gehirn derer wirklich ist, die von dem
allem nichts empfinden? Oder sey thöricht genug,
und opfere dich auf für das Wohl, und die Rechte anderer, und laß den Erfolg mißlingen. ——
Du hast auf Ehre, und Dank gerechnet. Sieh
nun den Lohn, den sie dir geben. Sieh, für
welche du dich hingiebst. Einen Schwärmer nennen sie dich, oder sie legen dir Unklugheit zur Last;
sie tadeln dein Betragen, und finden tausend Mängel an dir. —— Du glaubtest Nachahmer zu finden, und was findest du? Der mißlungene Versuch hat sie scheu und furchtsam gemacht, sie
ziehen sich zurück, verstärken deine Feinde, schliessen sich an diese, und das Uebel ist ärger als vorher. Verlaß dich nicht auf Menschen, sie kommen mit dem Glück und weichen mit ihm. Die
Gefahr trennt die engsten Freunde, nur der Vortheil vereinigt, und wie vorübergehend ist dieser? Allezeit haben es die Menschen mit ihrem
gegenwärtigen Vortheil, mit dem Glück, mit
dem siegenden Theil, nie mit der unterliegenden

Parthey

Parthey gehalten. —— Der Weltbürger unter den
Egoisten, welch ein sonderbarer Auftritt? Alles
um dich herum lauert auf deine Schwäche, um
sich deiner zu bemeistern, jeder sucht dich zu seinen
Absichten zu benutzen, die ihm auf seinem Weg
begegnen, und deine Rechte zu kränken, und du
allein vergißt dich, lebst für andere, bist toll genug, dich für sie zu verwenden, vergeblich zu arbeiten, und, zur Vergeltung deiner ungebetnen
Dienste, Undank zu ändern? Andere eben so gut-
muthige Schwärmer haben schon vor dir ein gleiches versucht, sieh den Erfolg, laß fremden
Schaden dich belehren. Ich durchgehe sorgfältig alle Anstalten, die man zur Besserung der
Menschen getroffen; ich untersuche genau, was
Erziehung, Staat, und Religion zu diesem Endzweck gethan haben: und —— um was sind sie
besser? —— Immer die alten Menschen, die alten
Leidenschaften, das alte Interesse, nur andere
Schauspieler in andern Kleidern zu demselbigen
Schauspiel. —— Und du einziger ohne allen äußerlichen Zwang, ohne Furcht und Hofnung, die
du erwecken kannst, ohne Unterstützung und Hülfe, die du leisten kannst, nimmst es mit der Welt,
mit der menschlichen Natur auf. Sieh doch auf
das, was wirklich ist; berechne deine Kräfte,
und verliere dich nicht im Reich der unmöglichen

Möglich-

Möglichkeiten, und platonischer Ideen, die schön gedacht und gesagt, aber immer nur Ideen sind. —— Geh hin, versuche es indessen nur, drey Menschen ganz deines Sinnes zu machen, dann erst vereinige dich mit mehrern zu Zwecken, die keinen Zweck haben, als dich elend zu machen. So lang Hören oder Durchlesen deines Plans die einzige Pflicht ist, so lang der Gegenstand nahe und Mittel ist, die rege gewordene Neugierde zu befriedigen, so lang keine Leidenschaften mit ins Spiel kommen, kein lebhafteres Interesse sich darstellt, kein Gegner auftritt, den man anhaltend und mit Gefahr bekämpfen soll; so lang jeder handlen kann, wie er will: dann möchte dein Vorhaben noch gelingen. —— Aber bedenk einmal, welche unmöglichen Voraussetzungen? Du hast es mit Menschen zu thun, wie leicht ändert sich alles? Wo ist sodann dein Zweck, wo deine Gehülfen? Ja, wenn Menschen thöricht genug wären, ihrem gegenwärtigen Vortheil zu entsagen, wenn sie aufhören könnten, Menschen zu seyn: dann wären deine fromme Wünsche sehr erreichbare Sachen. Aber durchlauf alle Geschichten, führe daraus ein einziges Beyspiel an, das deine Vorschläge begünstigt, und ich habe unrecht. Deine gutmüthige Leidenschaft macht dich alle Hindernisse vorbeygehen; Mangel von Welterfahrun-

K   gen

gen unterhält dich in diesem Wahn; das Feuer deiner Jugend entflammt sich, und du siehst über alle Schwierigkeiten hinweg. — Oder entsage in dem Glutgefühl deiner Jugend dem, was du hast, was du dereinst noch erhalten kannst, erkaufe dir um diesen Preis Unruhe, Feindschaft, Verdacht, Verdruß, Verleumdung und Verfolgung; kämpfe fruchtlos gegen Leichtsinn, Verrath, Unklugheit, Hitze, Uebereilung, Trägheit, und jede Leidenschaft anderer Menschen; mache fremde Händel und Unglück zu deinen eigenen: du, der du nicht im Stand bist, die Ruhe und Einigkeit deiner Familie auf eine fortdauernde Art zu bevestigen, du glaubst dich stark genug, so viele Menschen, in ein unauflösliches Band zu verbinden, als so grosse Zwecke erfordern? Du glaubst, daß Menschen, deren jeder der erste, keiner der letzte, jeder Zweck der ganzen Natur, keiner ein Werkzeug oder Mittel seyn will, die durch alle nur möglichen Bande, Vortheile und Aussichten an öffentliche Verbindungen so sehr gebunden sind, ihre noch übrigen wenigen Kräfte und Zeit einer Verbindung wirksam aufopfern werden, die für ihre gegenwärtigen Vortheile und Wünsche gar keine Befriedigung, und für das Opfer, das sie machen sollen, gar keine Entschädigung verspricht? Auf diesem dornichten Weg

glaubst

glaubst du zur Macht, zur Herrschaft zu gelangen? Denn diese ist es doch, worauf deine dem Anschein nach so weltbürgerlichen, menschenfreundlichen Plane hinausgehen. Gesteh es dir selbsten, wenn du es uns nicht gestehen willst, du eilst mit uns zu einem Ziel, zur Herrschaft und Macht. Nur deine Mittel sind gefährlich und falsch. Laß den Menschen ihre Thorheiten, sie sind die Stufen, auf welchen der Klügere zur Macht steigt. Der Unterhalt ganzer Stände gründet sich darauf. Frage dich selbst, denn du bist dir der nächste: was wärst du, wovon wolltest du Unterhalt finden, wenns keine Thoren gebe, keine Menschen, die ihren Vortheil verkennen? Auf der Blindheit des grossen Haufen gründet sich unsere Stärke. Nimm diese hinweg, und was sind wir? Mach auf einmal alle Menschen gerecht, wozu sind sodann unsere Richter mit ihrem ganzen Gefolg? Setze alle Menschen in dem Stand, sich in allen Vorfällen des Lebens ordentlich und vernünftig zu betragen, allzeit der Vernunft, nie ihrer Leidenschaft zu folgen, wozu sind sodann unsere Regenten? Von den Krankheiten des Körpers lebt der Arzt, und von den Gebrechen der Seele der Kluge und der Staatsmann. Gebrechen und Blindheit der Menschen müssen seyn, denn der Glanz und das Glück der Grössten gründet sich darauf.

darauf. Selbst der große Hauffen zieht wieder Vortheil davon. Die Schwelgerey und Verschwendung der Großen und der Reichen giebt diesem zurück, was sie jenem genommen; sie ermuntert zur Arbeit durch die Aussicht vom Erwerb, und mancher würde darben, der nun im Ueberfluß lebt, wenn Verschwendung und Luxus nicht wären. — Dieß eben macht die Sittenlehre so verhaßt; sie hat Feinde von allen Seiten und Ständen, denn sie untergräbt ihren Vortheil; so lang sie bloße Theorie bleibt, so lang sie sich über diese Gränzen nicht hinauswagt: so mag sie Nachsicht und Duldung verdienen; aber Menschen zu diesem Endzweck vereinigen, zu ihrer Verbreitung und Ausführung wirkliche Anstalten treffen: — das wäre Empörung gegen das Glück aller Menschen, das wären feindliche Anschläge auf ihren Unterhalt und Macht, das wäre Verbrechen gegen den Staat und gegen jede dermalige Vereinigung der Menschen, das müßte alle Stände empören und gegen sie wafnen; — und diese Wirkung ist noch allzeit erfolgt, jeder neue wiederholte Versuch darf nicht weniger erwarten. — Laß also die Welt seyn, wie sie ist, sie wird ewig so seyn; die Auftritte sind dieselbigen, und nur Zeiten und Personen sind geändert. Alles geht in einem ewigen Zirkel herum; wir können

in

in ihrem Lauf nichts ändern; Zufall oder Schicksal entscheiden alles; Menschen sind da, um zu genießen — ein Thor, der seine Zeit und Bestimmung verfehlt.

Dieses sind nun die abscheulichen Grundsätze einer Schule, die an Schändlichkeit ihres gleichen nicht hat. Diese Grundsätze sind die Grundsätze unserer Zeitgenossen und Weltleute, der Gesichtspunkt aus welchem sie handeln. Sie sind eben darum die Quelle alles Verderbens, die größten Hindernisse der Tugend. Wenige Menschen, vielleicht keiner ist ganz davon befreyt. Alle unsere Fehltritte lassen sich darauf zurückführen, und es war nöthig, daß wir sie hier vorgetragen, um jedem Anfänger, jedem Zweifler an Tugend zu beweisen, daß wir diese so hoch gepriesene Weisheit unsers Zeitalters kennen, daß sie uns nicht befriedigt, daß wir sie verabscheuen und mit allem Unwillen verwerfen. Wir fordern von dir keine Unmöglichkeiten; wir wissen, wozu menschliche Kräfte hinreichen; wir wissen, daß kein Mensch gänzlich davon befreyt sey, daß derjenige Mensch der vollkommenste sey, der am wenigsten darnach handelt. Aber es war nöthig, die Quelle des Uebels anzuzeigen, die Triebfedern der menschlichen Handlungen, ihren Werth und Unwerth

Unwerth zu entwickeln, zu beweisen, worin eigentlich die höchste Vollkommenheit des Menschen bestehe, wie weit er noch davon entfernt sey, welche Vortheile für Menschen Wohl damit verbunden seyen. Es kann dir nicht gleichgültig seyn, deinen Gegenstand von allen Seiten zu betrachten, diese Erfahrungen und Einsichten mit den deinigen zu vergleichen und dadurch deine Urtheile richtiger zu bestimmen. Würkt dieser Vortrag in deiner Seele den Gedanken, daß die Weisheit der Sophisten Abscheu, daß die entgegengesetzten Grundsätze Vorzug verdienen, würkt er nur dieß allein: —— o dann hast du gesiegt, der größte Schritt zum Guten ist gethan, das größte Hinderniß ist gehoben. Gewohnheit, Trägheit und Mißtrauen auf deine Kräfte fesseln dich noch allein, diese hindern den guten Erfolg, den du willst. Aber selbst dieses kräftige Wollen ist Tugend und vertritt indessen, bis deine Kräften wachsen, die Stelle der That. Darum erforsche öfter deine Absichten, läutere sie, so viel du kannst, sey mit kleinen Vorschritten zufrieden, bis deine Kräfte geübter sind, und denke, wenn dein Muth sinkt, noch keiner war im Anfang vollendet. Tugend ist lange Gewohnheit. Ich gehe so weit ich kann, und meine Pflicht ist erfüllt.

Aber

Aber Freund! noch eins, ehe wir scheiden, wenn du dereinst in dieser Welt von dem allen nichts finden wirst, was dir Vernunft und Sittenlehre gebieten, wenn du von allem das Gegentheil siehst; wenn sodann dein Vertrauen auf Tugend anfängt zu wanken; wenn du im Begriff stehest, an der Möglichkeit jedes guten Gedankens zu verzweifeln: dann — ehe du dieß thust, — erinnere dich noch einmal des Unterrichts, den du gegenwärtig erhalten. Erforsche dich, ob es nicht eben diese falsche Grundsätze sind, die dich auf eine deiner Tugend so nachtheilige Art bestimmen. Erinnere dich, daß du vordem diese Grundsätze als falsch erkannt, daß sie noch viel über dich vermögen, daß deine Tugend noch unvollendet und schwach sey.

Dritte Classe.
Unterricht für den dritten Grad.

Ars semper gaudendi.

Nenne mir den Menschen, der nie mißvergnügt war, nie besser zu seyn gewünscht, nie Unrecht, Beleidigung, Verachtung erfahren, nie Hindernisse und unerfüllte Wünsche gehabt, nie auf Lagen gesonnen, seinen Zustand zu verbessern, und sich schmerzenfrey zu machen. Auch du selbst bist gewis einer von der Zahl, denn alle sind davon; auch du wirst erfahren, und häufig erfahren haben, daß diese unangenehme Gemüthszustände überwiegend sind, daß sich Niemand dabey wohl befinde, jeder sich nach Linderung sehne. Der, so dir einen wonnevollern, oder wohl gar schmerzenlosen Genuß des Lebens versichert hätte, wäre dir unfehlbar ein Bothe des Himmels gewesen. Billig hättest du ihn, als deinen Erettter, deinen größten Wohlthäter mit offenen Armen umfangen; oder was ist höher, größer, würdiger, von dir, von jedem Menschensohn begehrt und gewünscht zu werden? Nenne dieses höhere Bessere, wenn du es kennst, zeige es wenn du es besizest, und ich bin dein Schüler und Anhänger, und verlasse alles, um daran Theil zu haben. Denn wenn ich von einem so viel möglich schmerzenfreyen Leben spreche, so versteht es sich von selbsten, daß sich meine und deine innerlichen Mängel des Verstandes so wohl, als des Herzens, soviel möglich vermindern, uns am wenigsten fühlbar werden, daß alle auch noch so widrige und häßliche Gegenstände ausser uns ihre Difformität verlieren, mir alles gut schön, zweckmäßig, begehrenswerth erscheine, daß alle meine Wünsche in Erfüllung kommen, daß ich am wenigsten von Reue, Schaam, Angst, Furcht, Kummer, von Haß und Neid fühle, daß ich über das Ungewisse der Zukunft, am wenigsten beängstiget werde. Oder verlangst du noch etwas höheres und größeres? Was kann der gränzenloseste, unverschämteste, unersättlichste Forderer mit allem Geld, Macht, Ehre, sinnlichen Genuß, und Hunger nach Geheimnissen und Erforschung der Zukunft mehr verlangen und wünschen? Alle Erkenntniße und Gelehrsamkeit der Menschen, alle Wissenschaften zwecken dahin ab, haben in so fern einen Werth, als sie das Bessersenn, die Glückseeligkeit der Menschen auf eine nähere oder entferntere Art befördern. Alle Religion der Welt, alle politischen Einrichtungen und Betriebsamkeit der Menschen, seit Welt und Menschen sind, arbeiten an der Auflösung dieser Aufgabe. Alle ihre bessere oder schlechtere Einrichtungen führen dahin,

hin, sind Nisus und Bemühung, diesem näher zu kommen. Dieses ist der einzige Wunsch des Reichen so wie des Armen, des Mächtigen wie des Schwächern, des Weisen wie des Thoren, und ich glaube auch der deinige so wie der meinige, so gar des Selbstmörders und des Selbstpeinigers so wie des verzärtelteften Weichlings.

Menschen haben über diesen Gegenstand viel gesprochen, geschrieben, gelehrt, viel geirrt, aber doch auch die Wahrheit nie gänzlich verkannt. Sehr selten und nur bey etlichen wenigen ist diese Lehre in die ganze Gedankenreihe übergegangen und zum wahren und dringenden Bedürfniß geworden; nie oder sehr selten oft genug, lebhaft genug gedacht worden, um die gegenseitige Reize aufzuwiegen; sehr oft in Dunkelheit eingehüllt, und mit Spitzfindigkeiten zu sehr verwebt, mißbraucht und sodann bis zum Eckel schon in den Jahren der Kindheit wiederholet worden. Beynahe allzeit haben es Menschen bey der blossen theoretischen Kenntniß und Speculation gelassen; sehr selten hat man davon in den Vorfallenheiten des Lebens die nöthige Anwendung gemacht, in praktischen Uebungen gegen sich gekämpft, und die Hindernisse gehoben. Immer war dem Menschen alles wichtiger, als die Ver-
voll-

vollkommnung seines Geistes. Man erkannte das Bessere, billigte es, und folgte dem Schlechtern. Es war todte Erkenntniß des Guten, und lebhafter habitueller Wille des Bösen, ewiges Murren über die Vorsicht und Mängel der Welt, und dabey Muthlosigkeit und Trägheit solche zu vermindern.

Wenn nun ich durch diese Verbindung dir dieses alles leisten könnte, würdest du mir wohl dafür Dank wissen? — Stelle dir aber auch vor, daß ich hiezu deiner Mitwürkung benöthigt bin; von dieser allein hängt der gute Erfolg vorzüglich ab. Kein Zweck der Welt kann ohne dahin führende Mittel erreicht werden; diese Mittel selbst sind keine Unmöglichkeiten. Ich werde dich einsehen lehren, daß sie alle aus der Natur der Sache genommen, nothwendig und wesentlich sind. Die Anstrengungen, welche dabey nöthig sind, sind sehr mäßig und gehörig abgetheilt; oder kann eine Anstrengung zu groß seyn, die unsre Natur zur höchsten Vollkommenheit bringt, uns die höchste und hellste Einsicht in dem Zusammenhang der Dinge und ihre Verhältnisse auf uns gewährt? Und wenn auch diese Anstrengung im ersten Anfang mit einigen Ungemächlichkeiten, oder wohl gar Schmerzen verbunden wäre, wäre

nicht

nicht auch dieses zweckmäßig, heute noch zu leiden, um sich morgen und für alle Zukunft unendlich zu freuen? — Bleibe dabey versichert, daß ich dir allzeit die leichtesten und einfachsten Mittel vorschlagen werde. Und wenn du diese Mittel eingesehen, sie als wesentlich zweckmäßig erkannt, dich von dem Grund der Sache selbst überzeugt hast, und dann doch dem Gegentheil folgst, wo liegt sodann die Schuld? Welches Recht hast du sodann über die Vorsicht, über die Welt, über deine Lage zu murren? Gestehe vielmehr selbst ein, daß dein Leiden und Mißvergnügen hienieden freywilliges, wohlverdientes Leiden sey.

Nun also zur Sache:

Soll ein Gegenstand der menschlichen Seele angenehm seyn, Gefallen, Vergnügen erwecken, so muß dieser die Eigenschaft haben, dem ersten und wesentlichsten aller Triebe, dem Erweiterungstriebe, dem Trieb und Hunger nach mehrern und hellern Vorstellungen nicht zu widersprechen. Die Seele muß daher in ihm nichts widersprechendes, Vielheit, Mannigfaltigkeit und Ordnung entdecken. Alle Erfahrungen führen uns am Ende dahinaus, daß Gegenstände von entgegengesetzten Eigenschaften mißfallen. Solche Gegenstände sind sodann ursprünglich angenehm, und

und gefallen nothwendig allen Seelen, allen Geistern, in so fern solche unbefangen sind und nicht unter besondern Umständen und Modificationen betrachtet werden. Und in so fern mußte jede Wahrheit, jedem denkenden Wesen willkommen seyn. Nun zeigt aber eine gegentheilige Erfahrung, daß sie es nicht sey, daß Menschen auch mit Aufopferung ihrer größten Vortheile, an den gröbsten Irrthümern hangen, daß alle diejenige welche es wagen, sie darüber aufzuklären, die äusserften Mißhandlungen und Verfolgungen erfahren. Um diese so seltsame Erscheinung zu erklären, haben weisere Menschen bemerkt, daß es, um einer Wahrheit unter Menschen eine günstige Aufnahme zu verschaffen, nicht genug sey, daß sie die ursprüngliche Eigenschaften an sich habe, daß sie mit dem Erweiterungstriebe im Allgemeinen in keinem Widerspruch stehe: sie haben vielmehr eingesehen, wie nöthig es sey, daß diese gegebene Wahrheit, vorzüglich dem Erweiterungstriebe des, diesen Gegenstand sich vorstellenden, Individuums nicht widerspreche; daß die Kraft dieses Individuums durch keine gegentheilige Vorstellungen schon vorhero auf eine gegenseitige Art modificirt sey; daß keine bey diesem denkenden Subject schon vorhandne Idee dieser neu aufzunehmenden

wider-

widerspreche. In diesem Fall könne sich die Seele nicht an den Gegenstand schließen, der Erweiterungstrieb sey gehindert, und sie fühle daher Mißvergnügen und Abscheu. Ein solches Vergnügen oder Mißvergnügen ist sodann nicht ursprünglich, liegt nicht in der Sache selbst; es hat seinen Grund in der besondern Stimmung und Receptivität dieses denkenden Wesens, in dieser seiner vorhergegangenen Modification seiner Kraft, in der besondern Verbindung dieser seiner Ideen und Vorstellungen. Es heißet daher auch ein abgeleitetes oder übertragenes Vergnügen oder Mißvergnügen. Diese Gattung von Vergnügen und Mißvergnügen wird auch unter Menschen am häufigsten angetroffen. Hier schöpfet die Seele nicht unmittelbar aus der Quelle, aus dem Gegenstand allein. Es kommt hier auf eine gewisse Art zu sehen an, die bey keinem Menschen dieselbige ist. —— Woher aber diese so sehr verschiedene Art, die Gegenstände ausser uns, zu sehen und zu behandlen? —— So bald die Seele des Menschen den ersten Eindruck, die erste Vorstellung, den ersten Begriff erhalten, so hört sie eben dadurch auf, die erste ursprüngliche allen Menschen gemeinschaftliche Kraft zu seyn. Sie wird nunmehro zur modificirten, individuellen Bewegungskraft dieses gegebenen Menschen. Nun sind

sind ihr nicht mehr alle möglichen Ideen annehmlich, nur diejenigen sind es, die mit dieser vorhergehenden ersten Idee in keinem widrigen Verhältniß stehen. Kraft dieser so eben vorgegangenen Modification ist sie zu dieser Art von Vorstellunger mehr aufgelegt, als zu irgend einer andern. Diese erste Idee gründet schon so zu sagen eine Neigung, einen Hang, eine Disposition der Seele, eher diese als andere Gegenstände zu erkennen und zu begehren oder zu verabscheuen. Nun soll also dieser Mensch eine zwente zu der vorigen passende Vorstellung aufnehmen, so muß auch künftig die dritte neu aufzunehmende keiner von den beyden vorigen so widersprechen, daß er diesen Widerspruch gewahr werde. Die Kraft seiner Seele wird hierdurch neuerdings und nach stärker modificirt. Der Mensch verwirft, mißbilligt, findet Mißvergnügen an allem, was er mit seinen erstern Begriffen gar nicht vereinigen kann. Jeder andere Mensch, dem diese Ideen mangeln, der vielleicht gegenseitige aufgenommen hat, wird auch im Stand seyn, ganz andere Gegenstände zu verwerfen oder zu begehren. Durch den Zuwachs der dritten, vierten und aller folgenden Vorstellungen, wird und muß sich die Modification der Seelenkräfte beständig vermehren. Da wir ferner diese einmal

von

von uns aufgenommene Ideen zu erneuern im Stande sind, da sich ohne diese Erneuerung kein Gebrauch des Erinnerungs- und Dichtungsvermögens, der Einbildungskraft und des Gedächtnisses, des Verstandes und der Vernunft gedenken läßt, wenn diese einmal gehabte Ideen, gleich nach ihrem ersten Gebrauch, aus der Seele vertilgt wurden, so dauern solche noch fort, erhalten sich allesamt und sonders, werden aber durch die neuern und spätern Ankömmlinge in die dunklern Gegenden der Seele zurückgetrieben, tretten alldort in die Reihe der dunklen Vorstellungen, machen und füllen den Grund der Seele, und enthalten alle ohne Ausnahme den hinreichenden Grund, warum wir auch in den spätesten Jahren diese Idee aufnehmen oder verwerfen, warum wir diesen Gegenstand so und nicht anders behandeln. Hier ordnet sich sodann bey jedem Menschen sein ganzes Leben hindurch eine Reihe coexistirender und succedirender Begriffe, welche die Denkungsart eines Menschen ausmachen, wo immer ein Begriff sich aus den übrigen vorhergehenden, als aus seinen Prämissen, entwickelt, welche den Grund von unserm Abscheu und Begierden, so wie von unsern Freuden und Leiden enthält, wo jeder folgende Begriff von allen vorhergehenden seine Stärke oder Schwäche, Licht oder Schatten erhält,

hält, weil solcher an diesem Ort, zu dieser Zeit, unter dieser Verbindung, nach diesen Voraussetzungen früher oder später, öfter oder seltner zu unsrer Erkenntniß gekommen. Unter dieser ungeheuern Menge zum Theil oft und unter mancherley Verbindungen erneuerter Ideen findet sich darin auch eine, welche die hellste und ausgezeichneteste von allen ist, welche am leichtesten und öftesten entsteht, die eben darum auf alle übrige Licht oder Schatten wirft, nachdem sie nähern oder entfernern Bezug auf sie haben. Diese ist sodann die herrschende Idee, die aus allen unsern Urtheilen und Neigungen, aus jedem Ja oder Nein deutlich hervorleuchtet. Nach dieser benennt sich der Charakter und das moralische Temperament jedes Menschens mit allen seinen Modificationen und weitern Abtheilungen, und obgleich alle Menschen schon durch die Einrichtung ihrer Natur darin übereinkommen, daß sie nichts so sehr wünschen, als eine glückliche Fortdauer ihrer selbst, und dieses in so fern im allgemeinen die herrschende und Grundidee aller Menschen ist, so theilet sich solche doch weiter in der Auswahl der dazu führenden Mittel. Es kommt nemlich darauf an, ob die vorhergehenden ersten Begriffe und Erfahrungen diesen Menschen so zu sagen bestimmen seine Glückseligkeit in einer gewissen

L Ruhe

Ruhe und Gemächlichkeit, oder im Genuß sinnlicher Freuden, oder im Erwerb von vorstellenden Zeichen, oder in Erlangung einer grossen Macht, Ehre und ausgedehnten Würkungskreises, oder endlich in der Vervollkommnung seiner geistigen Kräfte zu suchen. Dieses ist sodann der Ursprung der moralischen Haupttemperamente des phlegmatischen, sanguinischen, melancholischen, cholerischen und philosophischen, mit allen ihren möglichen Mischungen und Abstuffungen. Da aber weiters kein Mensch z. B. überhaupt ehrgeizig, sondern jeder Ehrgeizige es auf seine Art ist, und zur Befriedigung dieser Leidenschaft abermal verschiedene Mittel und Wege führen, die Urtheile der Menschen, worin eigentlich Ehre bestehe, gar zu verschieden sind: so müssen hier von einem grossen Zweig dieses Hauptstammes sehr verschiedene Nebenzweige, als Eitelkeit, Ruhmsucht, Ruhmredigkeit, Hoffart, Stolz, Rang- und Titelsucht, Schmeicheley, Heucheley, Heldenmuth, zum Theil auch Habsucht, Verschwendung, Begierde zu scheinen, und so gar Herostratismus zur Welt kommen. Bey einem solchen einmal festgesetzten Schwung des Geistes erhalten alle Gegenstände nach Verschiedenheit der herrschenden Idee einen Anstrich. Solche erscheinen nicht mehr, so wie sie an sich sind, sondern als Mittel oder Hin-

Hindernisse der herrschenden Idee, werden auch nur in so fern begehrt oder verworfen. Jeder dieser so verschiedenen Gemüthszustände hat seine eigenen Freuden und Leiden, seine eigenen Zeichen und Ausdruck, Sprache und Geberden.

Da aber kein Mensch denselbigen Gegenstand zur selbigen Zeit, an demselbigen Ort, in derselbigen Verbindung und Ordnung, mit derselbigen Lebhaftigkeit und Stärke empfunden: so hat nothwendig jeder Mensch eine von allen übrigen verschiedene Ideenreihe, in dieser eine eigene herrschende Idee, eine ihm allein eigene Art, die Gegenstände zu sehen und zu behandeln, eine ihm allein eigene Quelle des Vergnügens und Mißvergnügens.

Diese jedem Menschen eigene Ideenreihe macht auch, daß er nicht blos von den sinnlichen Eindrücken abhange; daß er ihren Eindruck dort, wo er es zu seiner Glückseligkeit nöthig hat, schwächen oder erhöhen könne; daß er dadurch Schöpfer seines Glücks oder Unglücks werde; daß auf die jedesmalige Stimmung seines Geistes, die er ändern kann, alles beynahe ankomme; daß er noch etwas mehr als Maschine, als ein Thier, als ein Spiel der äusserlichen Gegenstände sey; daß ihm die Welt seyn müsse, was er in ihr finden kann und will.

In dieser bis ins unendliche verschiedenen Ideenreihe liegt auch der Grund, warum dasselbige Ding nicht allen Menschen gefalle oder mißfalle.

Warum derselbige Vortrag bey verschiedenen Menschen, auch oft schon bey demselbigen Menschen, so verschiedene oft entgegengesetzte Wirkungen hervor bringet.

Warum junge Leute weit leichter zu ändern und zu bekehren sind, als andere, bey denen sich schon eine feste Denkungsart gegründet hat.

Warum mit plötzlicher Veränderung eines Gesichtspuncts auf einmal ganz andere, oft vordem widrige Dinge interessant werden.

Warum man sodann in diesem Fall an Gegenständen Eigenschaften bemerkt, die man vordem nie würde bemerkt haben. Warum man also gewisse Dinge nicht eher sehen kann, bevor man das Interesse dazu erhält.

Warum man daher den Menschen zuvor das Interesse sichtbar, fühlbar machen muß, ehe man von ihnen verlangt, daß sie gewisse Gegenstände und Eigenschaften sehen und begehren sollen.

— —

Warum

Warum also jede Aenderung des Menschen, sie sey Bekehrung oder Verschlimmerung, bloße Abänderung seines Gesichtspuncts ist.

Warum jeder Mensch recht hat, in so fern und so lange er diesen Gesichtspunct hat, warum aber sein Unrecht bloß darin bestehet, daß er diesen Gesichtspunct hat, den er nicht haben sollte, und warum dieses allein die Quelle aller seiner Vergehen und Laster ist.

Warum mit Abänderung dieses Gesichtspuncts sich zugleich von selbst, auch alle seine Grundsätze, Begierden und Leidenschaften ändern, die sich mit diesem neuen Gesichtspunct oder Zweck nicht wohl vereinigen und anschließen lassen.

Warum also bey Belehrung der Menschen, den kürzesten und sichersten Weg zu gehen, nicht ihre einzelne Sätze und Begierden sollen bestritten, sondern geradezu der Gesichtspunct und Zweck angegriffen und untergraben werden.

Warum kein Mensch mit demselbigen Wort, ganz denselbigen Begriff verbinde, keiner den andern vollkommen verstehe, jeder seine eigene Sprache und Philosophie habe.

Warum man mit jedem Menschen subjectiv, seine ihm eigene Sprache sprechen, daher so viel möglich

möglich seine Ideenreihe erforschen müsse, um ihn seines Sinns zu machen.

Warum man, wenn man jemanden etwas begreiflich machen will, diese neue Idee mit den ihm bekanntesten und geläufigsten Ideen sogleich in Verbindung bringen müsse.

Warum daher die Idee von Vortheil, Nutzen, Interesse so wirksam sey.

Und weil Facta und unmittelbare Erfahrungen für jeden Menschen verständlich sind, gewisse Facta und Erklärungen in der Ideenreihe eines jeden Menschen vorkommen; warum sodann Geschichte, Fabeln, Gleichnisse, sinnlicher Vortrag, Beyspiele so viel über Menschen vermögen.

Warum directer Angriff und Widerspruch von der Meinung eines andern beynahe allzeit Schaden und die entgegengesetzte Wirkung hervorbringe.

Warum in Behandlung der Menschen Temporisiren so nöthig sey.

Warum bey Empfehlungen und andern Vorfällen die Laune des Gönners vorher so sorgfältig erforscht wird, ehe die Bitte selbst vorgetragen wird.

Warum bey uns der Kläger so gern recht hat, und aus dieser Ursache boshafte Verläumder so gern zuvorkommen.

Warum

Warum man gegen gewisse Leute, die man in ihrer Jugend in Niedrigkeit, Armuth, Unglück, Schwäche gekannt hat, niemalen auch bey hervorragenden, überwiegenden Verdiensten ganz reine Hochachtung empfinden kann.

Warum bey Großen alles groß, bey Freunden alles schön, bey Feinden alles bös und übel scheint.

Warum der Haß gegen den Beleidiger sich sogar auf eine unschuldige Familie erstrecken kann.

Warum der Verdruß um so lebhafter ist, je lebhafter und ausgezeichneter die Idee ist, welche dadurch erschüttert wird.

Warum der Tod oder die gählinge Entfernung solcher Personen, die man sehr geliebt, mit denen man lang und genau umgegangen, eine so plötzliche schmerzhafte Leere in der Seele verursache.

Warum neue Meinungen im Anfang allzeit empören, und daher in der Hülle der alten müssen vorgetragen werden.

Warum ich aus der Art, wie jemand eine neue Idee aufnimmt, auf seine schon vorhandene Ideenreihe schließen könne.

Warum ich aus der mir bekannten Ideenreihe eines Menschen sicher bestimmen könne, mit welchem Erfolg die neue Idee von ihm aufgenommen werde.

Warum gewisse Lehren schon mißfallen oder angenommen werden, ehe man noch die Gründe gehört.

Warum Vorurtheile so mächtig sind.

Warum Menschen nur in so fern Freunde sind, als sie eine gleiche Denkungsart haben.

Warum der, so Menschen vereinigen und dauerhaft vereinigen will, bey Ihnen eine ähnliche Ideenreihe erwecken muß, und zu diesem Ende den Gang ihrer schon vorhandenen Ideen genau und lang zu erforschen, die neu beyzubringende mit den schon vorhandenen, besonders mit der herrschenden gleich anfangs auf eine geschickte Art zu verbinden, ihre Beziehung auf Glückseeligkeit und Interesse fühlbar und sinnlich zu machen, ihnen die dahin führenden Gründe lebhaft vorzustellen, oft zu wiederholen, zum Bedürfniß zu machen, und endlich an die Stelle der bisherigen andere eben so würksame und lebhafte zu setzen, und dadurch die Macht der erstern zu entkräften habe.

Daher

Daher erklärt sich auch, warum kein Mensch auf einmal könne bekehrt werden, warum solches allzeit ein Werk und Kind der Zeit sey.

Warum daher, gar zu schnelle Bekehrungen selten von einer Dauer sind, wenn nicht die dazu nöthigen Ideen, schon eine ziemliche Zeit vorher ingeheim in Gährung gewesen, und so zu sagen nur den erweckenden belebenden Funken erwartet, um sich auf einmal zu ordnen.

Warum auch alsdann noch allzeit und lange Zeit bey gewissen Veranlassungen sich ein innerlicher Kampf, eine Art von Bangigkeit äussern wird, die beyde nur beweisen, daß die ältern Grundsätze, nach welcher ein Mensch bisher gehandelt, noch nicht hinlänglich und gänzlich entkräftet seyen. Warum auch, nachdem diese Ideen schon beynahe verloschen sind, sie doch oft mit einemmal durch eine gählinge lebhafte Association ihre alte Herrschaft und Macht wieder erhalten.

Warum also Anhänglichkeit für eine Meinung und Lehre gar nichts für ihre Wahrheit entscheide, indem sonst jede, auch die grundloseste, selbst die entgegengesetzte Meynung eben so wahr seyn müßte.

Warum wir so häufig gegen bessere Ueberzeugung handeln,

Warum Ueberführung stärker würkt, als kalte Ueberzeugung.

Warum die Vernunft allzeit der sinnlichen Erkenntniß weichen muß, so lange nicht die deutliche Erkenntniß zur sinnlichen wird. Die deutliche Erkenntniß wird aber zur sinnlichen, durch öfters habituelles Denken, durch Denken des Gegenstandes in Bildern, Beyspielen, durch wiederholte eigene oder fremde Erfahrungen der damit verbundenen Folgen. Der, so noch nöthig hat, sich die Bewegungsgründe des Guten bey jeder Handlung zu denken, ist zwar auf dem Pfade der Tugend, aber noch lange kein fester vollendeter Guter. Dort erst ist der Mensch im Guten am meisten versichert, der Verführung am wenigsten offen, wenn bey ihm die Vorstellung des Guten und Wahren instinktmässig würkt. Dazu gelangt man durch Vermeidung der Gelegenheiten, durch beständigen Umgang mit Guten, mit den Besten, durch Lesung guter Bücher, durch gute Beyspiele, durch Veranstaltung solcher Lagen, wodurch man sich der Gründe zum Guten und seines Zwecks sehr oft erinnern muß, durch wiederholte Uebungen und Kampf.

Also nicht in den Gegenständen ausser mir liegt der Grund allein, warum ich mich freue

oder

oder leide; diese sind dem Geist was dem Töpfer die Erde; denn es giebt Menschen, die bey derselbigen Würkung, da andere leiden, sich freuen. Mich selbst schlägt nicht allzeit nieder, was mich heut oder gestern betrübt. In der Ideenreihe, in meiner Vorstellungsart und Receptibität, liegt der nähere zuverläßigere Grund. Um glückseelig zu seyn, wird eine gewisse Stimmung dieses Geistes erfordert, die ein Werk der in ihm herrschenden Grundsätze ist; aber nicht jede Grundsätze führen dahin. Da Glückseeligkeit ein Zustand von überwiegendem Vergnügen ist, so muß ich durch sie fähiger werden, des Guten und Schönen mehr zu sehen und zu empfinden, als ich bisher empfunden, dem Häßlichen seine Häßlichkeit zu rauben. Das scheint mir auch so unmöglich nicht, (oder Glückseeligkeit ist ein Unding) denn ich kenne nichts, das unter allen Umständen und Beziehungen häßlich oder bös wäre. Ich muß also vielmehr meinen Geist so stimmen, daß bey mir der Gesichtspunct der herrschende wird, durch welchen widrige Gegenstände begehrungswerth werden. Nun führt mich die Erfahrung darauf, daß mit den engsten Gesichtspuncten sich die häufigsten Uebel verbinden; ich darf also nur meinen Gesichtspunct erweitern, und die Welt erscheint mir sogleich in einer schö-

nern

nern Gestalt, und der allgemeinste Gesichtspunct allein söhnt mich mit der ganzen Natur aus.

Wer sich zum Zweck der Schöpfung macht, der findet niemalen die Dinge in der Ordnung, wie er sie braucht; seine Wünsche und die Natur sind in einem ewigen Streit. Er denkt sich den Zusammenhang und die Ordnung der Welt nach einer andern ganz verkehrten Regel. Die Begebenheiten der Welt erfolgen nach der erstern, und er erwartet sie nach der letztern, und erwartet sie umsonst; er denkt sich die Menschen nicht wie sie sind, wie sie nach dem Zweck der Welt seyn müssen; er denkt sie wie sein Grundsatz sie erheischet. Die ganze Natur stellt sich ihm im Widerspruch dar. Er möchte würken, seine ganze Thätigkeit ist gehindert, er fühlt daher Schmerz und ist elend. Daher ewiges Klagen gegen die Vorsicht und Ordnung der Welt, Unzufriedenheit mit seiner Lage, vergebliche Anschläge solche zu verbessern, am Ende Menschenhaß und Haß der ganzen Natur; jede Unzufriedenheit mit der Welt und seiner Lage ist Thorheit und versteckter Egoismus; aber den Gang der Natur kennen, ihm gemäs begehren und handlen, dieß allein ist Weisheit, und dieß allein gewährt Vergnügen und Freude.

Wenn

Wenn die allgemeinsten Gesichtspuncte und Zwecke diejenigen sind, welche auf die Glückseligkeit der Menschen den größten Einfluß haben, so muß der, so sie dazu führen will, die Kunst verstehen, sie gegen das Hohe und Grosse der Natur empfänglich zu machen, sie aus ihrer eingeschränkten Sphäre herauszureissen, und die dazu nöthigen Ideen nach und nach entstehen und zum Bedürfniß zu machen.

Die Idee, daß in dieser Welt weiseste Ordnung und Zusammenhang herrsche, daß sie einen höchsten, allgemeinsten Zweck habe, daß dieser Zweck Vollkommenheit und Glückseligkeit der Geister sey; die lebhafte Ueberzeugung, daß sich alles dazu als unfehlbares Mittel verhalte, ist eine solche Herz und Geist erhebende, alle Unlust verscheuchende, gegen die größten Unfälle stärkende, Welten umformende, über alles Uebel triumphirende Idee. Dieser feste Glauben an die Vorsicht, an die Ordnung und Vollkommenheit der Welt, der hieraus sich ergebende lebhafte Gedanke, daß Uebel ein Gut sey, daß es der Mühe werth sey, solches zu übernehmen, dieser Gedanke zum Bedürfniß der Seele gemacht, hat die Heldenseelen der ältern und neuern Welt erzeugt, hat allein die Sache der Tugend und

Wahr-

Wahrheit verfochten, den Glauben an ſie erhalten, den Geiſt über alle Schrecken erhoben, alle Feſſeln zerriſſen, den Körper gegen alle Schmerzen geſtärkt, die Schrecken des Todes überwunden, hat die ſchon flüchtige Ferſe befeſtiget, hat der Verzweiflung das ſchon gegen ſich gezuckte Schwerdt aus den Händen geriſſen.

Wenn zu unſrer Glückſeeligkeit hienieden nothwendig iſt, daß unſer Vergnügen beſtändig vermehrt und erhöhet, unſer Mißvergnügen in dem Maaß vermindert werde, (denn reine Glückſeeligkeit iſt nicht für Menſchen, um ſie durch den nebenher ſich äuſſernden Mangel zur Thätigkeit, zur höhern Entwickelung ihrer Seelenkräfte zu reitzen) wenn ſich zu dieſem Ende die Unvollkommenheit unſers Geiſtes immer mehr verlieren, die Häßlichkeit der äuſſern Gegenſtände verſchwinden muß, unſere Wünſche häufiger in Erfüllung gehen müſſen, wenn dieſe, ſage ich, die nothwendige Grunderforderniſſe unſrer Glückſeeligkeit ſind, ſo ſoll die Idee erſt noch gefunden werden, die dazu fähiger und aufgelegter wäre.

Wenn es Menſchen giebt, welche es in der Kunſt, die Folgen ihrer Handlungen vorherzuſehen, zu berechnen, auf einen vorzüglichen Grad gebracht haben, und dieſe ſodann eben darum weniger

ger fehlen, richtigere Maaßregeln treffen, seltener die Folge der Hitze und Uebereilung fühlen, weniger dem unangenehmen Gefühl von Reue und Schaam unterworfen sind, genauer ihre wahren Vortheile kennen, weniger begehren, nicht so häufige fehlgeschlagene Wünsche zählen, daher auch weniger Mißvergnügen fühlen, und eben darum ruhiger, zufriedner und glücklicher leben: um wie viel mehr muß sich sodann diese Seelenruhe mit einer noch höhern immer wachsenden, obgleich allzeit noch unvollkommenen Einsicht in den Plan der Welt, mit der Uebersicht der ganzen Natur auf einen Grad vermehren, der noch immer höhern Zuwachs verspricht.

Wer sich diese ungeheure unzählbare Menge von Kräften vorstellet, wie sie von unendlichen Zeiten her würksam sind, wie sie alle ihrer Natur und ihrem Standort angemessene Modificationen erfahren, wie sie dem Anschein nach, im Streit, nach entgegengesetzten Richtungen ausgehen, um dereinst wieder in einem gemeinschaflichen Punct zusammen zu treffen, wie alles von der Gesichtsbildung des Menschen an, bis zum kleinsten Federstrich, und zum feinsten artikulirten Laut seiner Stimme verschieden und mannigfaltig ist, und doch nur ein Ganzes bildet, und darin kein Theil

den

den andern hindert; wie in dem ungeheuren Weltall nichts von einander getrennt ist, alles in allem sich gründet, und sich wechselsweise bestimmt; wie alles ohne Sprung, alles in dem nöthigen Moment, eben an diesem und keinem andern Ort, nur in dem nöthigen Maaß sich entwickelt, jedes sich anders, und doch zum Besserseyn entwickelt; wie von dem vielen unzählbaren nichts klein, schwach, unbedeutend und überflüßig ist; alles ins Grosse greift, kein Atom zernichtet werden kann, ohne Sterne aus ihren Angeln zu reissen, und das ganze Weltgebäude zu zerstören; und wie doch die grösten Anstalten und Menschengeschäftigkeit gegen die Würksamkeit der Natur nur elendes Spielwerk sind, und nur in so fern Werth haben, als sie mit als Mittel in den allgemeinen Weltplan eingeflochten sind, als eigene planmässige Aeusserungen der uns verliebenen Kräfte; wie alles um der andern willen da ist, alles Mittel zu einem einzigen Zweck; und dieser Zweck Seeligkeit aller Wesen ist; wer in dem gegenwärtigen Kleinen das künftige Grosse, in dem Irrthum Wahrheit, in der Wildheit werdende Verfeinerung und Sittlichkeit, in dem Druck Vorbereitung zur Freyheit, im Unglück Mittel zur Vervollkommnung seiner höhern Natur, und im Tode künftiges höheres besseres Leben finden und

entde-

entdecken kann; wer noch dazu eine über ihn wachende Vorsicht glaubt, und den Geist sich denkt, der dieses alles schafft, ordnet und sieht; wer sich dieses alles oft und lebhaft denkt, seinen Geist nach diesen Ideen gestimmt hat und sie zu den herrschenden gemacht; dem erscheint alles in jungfräulicher Pracht, im Rosenkleid der Natur, bey dem hat ganz gewiß das Uebel seinen Stachel verloren, der kann die Natur in ihren schauervollesten Auftritten sehen — aber nicht erschrecken. Wer diese erste und richtigste aller Kenntnisse besitzt, und dabey nicht vergißt, daß er endlich, nur ein Mensch sey, der kann unmöglich über die Unvollkommenheit seines Verstandes klagen, der kann Beleidigungen, Unrecht, Verachtung, Fehler anderer ertragen, der kann Feinde haben und kann sie lieben, der kann es leiden, daß er verkannt wird. Uebereilung, Unklugheit, Reue, Schaam, Kummer und Furcht, Niedergeschlagenheit wird er um so weniger fühlen, je besser er sieht. Ein solcher Verstand, der so viele Verhältnisse der Dinge kennt, und in unbekannten Fällen analogisch schließt, der kann nur wollen, was der Urheber der Natur will, was dem Gang der Natur gemäß ist; er kann nicht als ein Thor Unmöglichkeiten begehren, und daher Verdruß aus unerfüllten Wünschen empfinden. Ein solcher

M   Wille,

Wille, dem sich alles als Mittel zur Vervollkommnung zu seiner höhern Natur darstellt, dem diese Vervollkommnung sein einziger angelegenster Wunsch ist: der fühlt gewiß, daß sein Wohl, von dem Wohl anderer unzertrennlich sey, daß er durch sie alles, ohne sie nichts sey; der kann nicht eigennützig, lieblos, ungerecht handeln; er muß ganz Wohlwollen seyn; in ihm muß die herrschende Neigung entstehen, alle seine Triebe, Wünsche, Begierden, Absichten, Zwecke und Handlungen, dem allgemeinen Zweck der Welt unterzuordnen, nichts zu thun, nichts zu wollen, was diesem entgegen wäre, mit der Natur allein zu begehren; und wenn diese Neigung Tugend heißt, wer wäre tugendhafter als er? Tugend, diese Harmonie aller Seelenkräfte und Triebe, diese Stimmung unsers Geists überall Gutes, überall Vollkommenheit zu sehen, und von daher auf die Vollkommenheit des Urhebers zu schließen, diese Liebe der ganzen Natur, dieses Zusammenfließen in und mit allen Wesen, diese Fähigkeit den ungeheuern Weltplan, diese Ordnung, diesen Zusammenhang und Harmonie des Ganzen immer klarer und anschaulicher zu machen, überall Uebereinstimmung, nirgends Widerspruch, alles an seinem Ort, alles als Mittel

tel zu seinem Zweck, zu unsern Vergnügen
zu erkennen, diese Tugend wäre also eine Folge
von dieser weltumfassenden Idee, von dieser Erleuchtung des Geistes? Sie wäre vielmehr diese
Erleuchtung selbst? und mit ihr wäre wesentlich, das lauterste, dauerhafteste Vergnügen verbunden? Tugend wäre kein bloßer Nahme, be-
lohnte sich selbst unabhängig von allem Beyfall
der Menschen? Sie wäre das höchste Glück des
Menschen, die höchste Vollkommenheit seiner Natur! Vergnügen, Vollkommenheit des Geists,
Glückseeligkeit und Tugend wären ein und dasselbige Ding, unter verschiedner Rückſicht!

Selbſt die Seeligkeit jenes Lebens, wäre
nichts anders, als diese hellere, anschauendere,
immer wachsende Einsicht in den Plan und Zusammenhang der Welt, dadurch bewürkte lebhaftere Erkenntniß von der Vollkommenheit Gottes — Anschauen Gottes in der Herrlichkeit seiner Welt; daher immer weniger gehinderte, immer freyer sich entwickelnde Kraft und Thätigkeit
der Seele, und daher endlich der Zustand des
nach diesem Tod sich äussernden überwiegenden
Vergnügens, weil alles Vergnügen beförderte,
alles Mißvergnügen gehinderte Thätigkeit und
Vorstellungskraft der Seele ist. Und nun dazu

M 2   das

das Bewußtseyn, daß der Geist der dieses alles hat, mein Geist ist, ich es bin: wenn das nicht Seeligkeit, Vollkommenheit und höchstes Ziel ist, was soll sodann Seeligkeit, was Vollkommenheit seyn?

So viel also vermag eine einzige Grundidee über den Charakter, über das ganze sittliche Betragen des Menschen! So viel die Ueberzeugung von der Ordnung und Harmonie, von der Vollkommenheit ihres Urhebers! So unzertrennlich ist diese Ueberzeugung mit unsrer Glückseeligkeit verbunden; so nothwendig ist es, die entgegengesetzten herrschenden, schädlichen Grundsätze jedes Zeitalters, jeder Nation aufzusuchen, zu schwächen und auszureuten; statt derselben diese seelige Lehre, zum Besten der Erdebewohner, so viel möglich herrschend und allgemeiner zu machen! So bald einzelne Menschen dieser Nation, dieses Zeitalters die Falschheit jener, die Wahrheit dieser Grundsätze einsehen; so bald sich die Anzahl der hierüber Aufgeklärten vermehrt, so wie sie wächst und zunimmt: so bessert sich auch die Nation, so veredelt sich die Denkungsart des Zeitalters; die Bedrückungen vermindern sich, die Nation wird zufriedner, geselliger, und sittlicher, die Quellen des Elends vermindern sich durch die Richtung,
welche

welche der Verstand einzelner Menschen erhält. Und dieser ist der einzige, sichere, unfehlbare, obgleich langsame Weg in das Allgemeine zu wirken, und das Wohl der Welt im Ganzen zu befördern. Es sind zwar anfänglich nur einzelne Tropfen, die auf die Erde fallen, die sich aber nach und nach, so wie sie öfter und häufiger fallen, in einen Bach, in einen Fluß, eine See, endlich von allen Seiten her, in ein ganzes Weltmeer sammeln und vereinigen. So sehr ist die Glückseeligkeit einzelner Menschen, in die Universalmasse von der Seeligkeit aller lebenden Wesen verflochten; so gewiß kann jeder in der unbedeutendsten Lage durch nichts weiter als seine eigene Bildung, und durch Verbreitung wohlthätiger Grundsätze, ohne Mitwirkung äusserlicher Umstände bey der eingeschränktesten Sphäre von Würksamkeit zum Besten der Welt würken!

Aber wie gelangen einzelne Menschen zu dieser Ueberzeugung, zu dieser Erleuchtung des Geistes? Welche praktische Anleitungen führen dahin?

1.) Sorgfältiges und in der Absicht, Bestätigung dieser Lehren zu finden, vorgenommenes Studium der Natur. Hier wird sich zeigen, daß auch das kleinste nicht ohne Zweck sey; der sorgfältige Forscher wird eine Unterordnung dieser

Zwecke

Zwecke finden. Er wird finden, daß jedes Wesen, um eines andern, um aller willen da sey; daß nichts von dem andern könne getrennt werden, daß sich alles in allem gründe; daß jedes Wesen, im reichlichen Maaß alles besitze, was ihm nöthig ist um seinen Zweck zu erhalten, um seine Bestimmung zu erfüllen; daß in dieser Rücksicht alles vollkommen und gut sey; daß sich die Unvollkommenheit der Dinge in dem Maaß vermehre, als wir uns von den Absichten der Natur entfernen, sie nach andern Regeln, Zwecken und Bestimmungen denken; daß also Disharmonie, Zwecklosigkeit, Unvollkommenheit nicht in der Natur selbst, sondern in der Vorstellungskraft der Menschen ihren wahrhaften Grund und Ursprung habe; daß eben daher auch, die darüber geäusserte, diese Vorstellungsart begleitende Misvergnügen, aus derselbigen Quelle entspringen.

2.) *Ein nicht minder sorgfältiges Studium der menschlichen Natur.* Ein solcher Forscher muß finden und sich leicht überzeugen, daß unser Wille, blos allein von dem Verstand und Erkenntnißvermögen seine Richtung erhalte; daß sich in dem Maaß, wie sich unsere Grundsätze ändern, auch der ganze Charakter des Menschen nothwendig verändere; daß nicht jede Grundsätze Ruhe, Zufrie-

Zufriedenheit und Gleichheit der Seele bewürken; daß nur gewisse Vorstellungen vor allen andern dazu aufgelegt seyen; daß diese Ruhe und Zufriedenheit sich in dem Maaß vermehren, als diese Vorstellungen die herrschenden werden; daß jede Entfernung davon das Mißvergnügen vermehre; daß also abermal das Ueble und Schwarze der Gegenstände, mehr in einem gewissen Schwung unsers Geists, als in den Sachen selbst seinen Grund habe, und daß es endlich nicht ausser unsrer Gewalt sey, diese uns so vorträgliche Stimmung des Geists zu verschaffen.

3.) Studium der Geschichte, dieser grossen Lehrerin des Menschen, dieser personificirten Moral. Ein solcher Forscher wird finden, daß die in ihr so häufig enthaltenen Beyspiele, mit ihren guten oder bösen Folgen, die anschaulichsten und sinnlichsten Vorschriften des Lebens enthalten, daß sie den Mangel eigener, oft so unangenehmer Erfahrungen ersetzen. Er wird finden, wie sich die Folgen von jeder Handlung bis in eine unabsehbare Zukunft erstrecken, wie wenig unmittelbar gute oder böse Folgen für den Werth der Sache entscheiden, und wie oft das auffallendste Uebel in seinen entferntern Folgen die wohlthätigsten Würkungen für die Zukunft hervor bringe; wie alles geordnet sey, um Bedürfnisse, durch Bedürfnisse Thätigkeit und Entwickelung der höhern Kräften zu veranlassen. Er wird finden, daß alles Entwickelung eines zum Besserseyn führenden Plans sey, wie alles entstehe, wachse und verfalle, und wie dieses Verfallen selbst Fortrücken und zweckmäßiges Entstehen eines andern sey. Endlich

4.) Die genaue Beobachtung und Erfüllung einer sehr zweckmäßigen Vorschrift. Diese ist folgende: Wenn eine gewisse Stimmung des Geists, eine gewisse Art der Erkenntniß, und nur diese allein Menschen aufgelegt macht, alles in der Natur vollkommen und gut, als Mittel zu ihrer Seeligkeit und Vollkommenheit zu finden, und eben darum aus jedem Vorfall, aus jedem Gegenstand Vergnügen zu schöpfen; wenn anbey diese Kenntniß, diese Art, die Gegenstände zu sehen, die richtigste und wahrste ist: so ist offenbar jeder Verdruß, jedes Mißvergnügen, so wir empfinden, Mangel, Vernachlässigung dieser Erkenntniß, Abweichung, Verirrung der Vernunft, Disharmonie der Natur mit den Vorstellungen deines Verstandes, Folge einer falschen Idee, eines in deiner Seele herrschendgewordenen irrigen Grundsatzes. Daher so wie du Mißvergnügen
empfin

empfindest, so spüre sogleich der Quelle nach, den Prämissen, welche bey deinem Urtheil, bey dieser Willensäusserung zum Grund gelegen. Denke dir sodann statt derselben das Gegentheil; und du hast die Wahrheit gefunden und wirst ruhiger seyn. Der Nutzen, den dir diese Uebung verspricht, ist noch ausserdem folgender: diese Uebung zerstreuet dich, sie wendet deine Aufmerksamkeit, von dem gehässigen Gegenstand, von der Quelle deines Mißvergnügens auf eine andere Untersuchung, und benimmt dadurch dem widrigen Eindruck seine Würksamkeit und Kraft; sie ist anbey ein unfehlbares Mittel, die Irrthümer deines Verstands zu erforschen, und da das Entgegengesetzte Wahrheit ist, die Wahrheit zu finden, und durch fleissiges Aufzeichnen dieser gefundenen irrigen Sätze endlich deine ganze Philosophie und Denkungsart zu erforschen. Es kann nicht fehlen, du wirst und mußt bey jedem Mißvergnügen falsche unmögliche Erwartungen, thörigte Wünsche, und irrige zum Grund liegende Begriffe finden. Auf diese Art dient dir jedes Mißvergnügen zum Kriterium der Wahrheit, es wird das sicherste Mittel, deine Erkenntniß zu berichtigen; Mißvergnügen wird so gar die Schule der Wahrheit und des Vergnügens. Du bist z. B. Richter, dein abgesagtester Feind war genöthiget bey dir

dir Gerechtigkeit zu suchen, und er hat sie auch wider alle seine Erwartung auf das genaueste gefunden. Nun dichtet er dir zur Vergeltung unedle Absichten an; sagt, du hättest ihm in der Absicht, ihn für dich zu gewinnen, im Ruf einer strengen Gerechtigkeit zu kommen, diese Gerechtigkeit widerfahren lassen. Dies ärgert dich; warum? — erforsche dich genau; war nicht würklich eine Art von Eitelkeit, Begierde, deinen Gegner durch edles Betragen zu beschämen, zur Erkenntniß seines Unrechts zu bringen, die Haupttriebfeder dieser sonst so rechtmässigen Handlung? Hast du nicht diesen Erfolg berechnet, statt dessen nun das Gegentheil erfolgt ist? — Nein laß dich dein Mißvergnügen lehren, dir von diesen und ähnlichen Fällen folgende Regel zu deiner künftigen Beruhigung abzusondern: **Wer bey Ausübung jeder Pflicht etwas anderes zum Zweck macht, als die Ausübung dieser Pflicht, und die damit nothwendige verbundene innerliche Vervollkommnung seiner selbst, der kann gar leicht, gar oft seine besten Absichten verfehlen und darüber Mißvergnügen empfinden.** Hiermit thue gutes, blos darum weil es gut ist, weil es deine Pflicht ist, weil es dich zum bessern, vollkommnern Menschen macht. Thue es aus keiner andern Absicht, und du wirst sie allzeit erreichen,

und

und allzeit glücklich seyn. —— Du hast jemanden grosse Wohlthaten erwiesen; nun ist Undank, so gar Beleidigungen sind dein Lohn. Dies ärgert dich, denn Undank thut wehe. Du hast also auf Vergeltung gerechnet, hast deine Wohlthaten verkauft, hast Wiedervergeltung zum Zweck deiner Handlungen gemacht und die Anhänger erkaufen wollen, die du mit um so grösserer Willkühr behandlen willst, je größer deine Wohlthaten waren. Nun fühlst du die Strafe dieses Irrthums, dieser engern Absicht; dein gegenwärtiges Mißvergnügen ist die unzertrennliche Folge davon. Thue künftighin andern gutes, weil sie es bedürfen, weil Wohlthun Aeusserung einer wohlthätigen Kraft ist, und diese Kraft ist deine Seele, deren innerlicher Werth blos nach ihren Würkungen bestimmt wird. Thue gutes, weil es deine Pflicht ist, deinen Ueberfluß von Kräften und Gütern zum Nutzen derer zu verwenden, die ihrer nöthig haben; weil dir eben darum dieser Ueberfluß zu Theil geworden, um in deiner Hand, durch deine zweckmässige Verwendung ein Mittel deiner Vollkommenheit zu werden, die darum der einzige Zweck deiner Handlungen seyn muß; weil nichts so sehr dein, du selbst bist; weil sie allein dir beständig folgt, von dir nicht kann getrennt werden, wenn alles getrennt wird; weil sich jen-

seit

seit des Grabes dein kommender Zustand, nach dem Grab der hier erworbenen mindern oder größern Vollkommenheiten richten, sich auf diese gründen, an solche schliessen wird; weil diese das einzige Mittel ist, dich über deine noch so glücklichen Zeitgenossen zu erheben, dir den Vorrang über sie, die Unterscheidung vor ihnen zu verschaffen, die du hienieden so wenig erhalten; weil sie die Bahn zu unserm künftigen Geisterleben ebnet und ordnet, — und nun laß Undank Undank seyn.

Aber ich begreife dich, nicht der Undank selbst, die Unvollkommenheit des Geistes, der des Undanks fähig ist, verursacht dir dieses Mißvergnügen. Aber ich begreife auch, daß diese Aeußerung nur gar zu oft die Masque sey, hinter welcher sich engere und schlechtere Gründe unsers moralischen Betragens so gerne verbergen. Der Undankbare mag immerhin ein unvollkommener Geist seyn; er geht aber doch auch seinen Weg, so wie du den deinigen, um mit dir zu einem Ziel zu gelangen. Er ist in der Hand der Vorsicht ein Werkzeug des Guten, das noch später geschehen soll; Seine Unvollkommenheit ist nicht die deinige; sie erhöhet vielmehr durch den Contrast deinen innerlichen Werth. Er hat doch bey allen seinen Mängeln das Gute an sich, daß er dich lehrt,

kehrt, und auschauend belehrt, wie häßlich es
sey, undankbar zu seyn. Dieß solltest und muß-
test du fühlen, um nicht dereinst zu werden, was
du dermalen verabscheuest.

O du, der du wahrhaft glücklich seyn willst,
schau in allem auf das, was Dauer verspricht.
Bemühe dich nicht so sehr zu scheinen. Sey vielmehr, was du scheinen willst. Mache dir den Beyfall und die Achtung der Menschen, der Welt
nicht so sehr zum Zweck, wenn du ruhig und zufrieden zu seyn wünschest. Schau vielmehr auf
dein Inneres, auf die Vorschriften zur Vollkommenheit deiner Natur. Glaube uns, die Tugend
der Menschen hat keine gefährlichere Klippe, als
diesen so betrüglichen, so verführerischen Beyfall
und Tadel der Menschen. Faße Muth, und wage es gut zu seyn, gegen das Urtheil derer die
dich verlachen, verachten. Deine Richter sind
keine Sokrates, Catonen oder Scipionen; sie
hangen an der Schaale, und an dem Gegenwärtigen, und gehen dem nach, was glänzt. Der
vollkommenste Geist handelt nach den vollkommensten, edelsten, reinsten und dauerhaftesten Absichten. Menschengunst und Furcht sind nicht von
der Art. Erstere kann sehr oft nicht erhalten werden, als durch Vernachlässigung höherer Pflichten,

auf

auf Unkosten höherer Güter. Menschengunst setzt häufigen Collisionen aus, verleitet zu Thorheiten, die Sitte des Zeitalters sind, erweckt den so gefährlichen Wunsch zu scheinen, giebt allem einen Werth, was dazu Mittel ist, was die Aufmerksamkeit der Menschen an sich reißt, erweckt den Hunger nach Reichthum und Macht, giebt diesen den Anschein der vorzüglichsten Güter, reizt die Begierde es andern gleich zu thun, vermehrt dadurch den unnöthigen Aufwand ganzer Familien, befördert den Luxus, und wird die Quelle aller damit verbundenen Laster. Menschengunst verscheucht die Wahrhaftigkeit aus dem Umgang der Menschen, sie erzeugt Lügner und Heuchler, verfälschet die Gerechtigkeit, stellt falsche Ideale auf, vermindert die Fertigkeit und Gleichheit des Geistes, untergräbt alle Gründe der Sittlichkeit, und ist die reichste und ergiebigste Quelle alles Mißvergnügens und Elends; aber das Hinwegsetzen über die unreifen Urtheile kurzsichtiger Menschen giebt Eigenheit und unerschütterliche Stärke des Geistes, sieht durch die Täuschungen und kehrt den Blick auf die Sache, auf das Innere des Menschen. Durch sie kann der kleinste groß seyn, weil es groß und schwer ist, Verachtung und Gelächter zu ertragen, und nicht zu unterliegen. Sie hat die grossen Charaktere der alten
Welt

Welt hervorgebracht, sie hat Catonen erzeugt, sie hat America entdeckt. Hinweg also mit dieser thörigten, übertriebenen Begierde nach Beyfall, mit diesem Abscheu vor dem Tadel der Welt. Alle Ueberzeugung ist schwach, und alle Tugend wankt, wenn sie den Spott und das Gelächter der Zeitgenossen scheuet, wenn sie dem Tadel und Unrecht nicht mit Ernst widerstehen kann. Vermeide daher diese Klippe so viel du kannst, oder es ist um deine Freyheit und Tugend geschehen. Du bist nicht was du seyn sollst, du bist was man will, schlecht oder gut, die Copie eines schlechten Musters, und der Affe deines Zeitalters.

Instruction zum Unterricht, Vorbereitung, Lehrung und Bildung der Mitglieder von der dritten Classe.

1.) Auch hier sind keine Ceremonien, Gelderlag, willkührliche Zeichen und feyerliche Zusammenkünfte gewöhnlich. Erfordert das Localbedürfniß andere Maaßregeln, so ist, solches zu veranstalten, den Obern der Provinz gänzlich überlassen.

2.) Keiner wird zu diesem Grad gelassen, der nicht hinlängliche Proben gegeben, daß er sich in das System ganz hineingedacht, und sich die Grundsätze des vorhergehenden Grades völlig eigen gemacht.

3.) Zu diesem Ende ist wenigstens ein Jahr Zwischenzeit nicht zu lang und überflüssig. Dieser Termin kann eher verlängert, als abgekürzet werden.

4.) Nicht genug, daß dem Aspiranten die Grundsätze des vorhergehenden Grades geläufig seyn müssen; er muß auch auf diejenigen des kommenden schon vorbereitet, erforscht werden, ob er diese neu vorzutragende Grundsätze annehmlich finden werde.

5.) Zu

5.) Zu diesem Ende zieht ihn der Obere einige Zeit vorher in den engern Kreis der Mitglieder dieses Grades, läßt ihn an den Unterredungen derselben einigen Antheil nehmen, nachdem diese vorher davon unterrichtet und ermahnt worden, ihre Unterredungen zu diesem Zweck so einzurichten, daß seine Aufmerksamkeit über diesen Gegenstand rege gemacht wird, bey ihm Interesse entstehet, darüber zu denken.

6.) Der Gegenstand dieser Unterredungen (so wie er es auch in der That ist) soll hier seyn: die Nothwendigkeit einer guten Sittenlehre, das so verschiedene Betragen der Menschen, nach der Verschiedenheit der Grundsätze, die sie darüber haben, ihr damit verbundener glücklichere oder unglücklichere Zustand, die Glückseeligkeitslehre, die vorzüglichern Systeme über solche, die Prüfung und Untersuchung dieser Systeme.

7.) Um das Bedürfniß bey dem Aspiranten nach dem Vortrag des Grades recht lebhaft zu machen, so wird es gut seyn, durchaus skeptisch zu verfahren, in allen Systemen die Schwierigkeiten zu berühren, aber die entscheidenden Grundsätze und gänzliche Auflösung sorgfältig zu verschweigen; und weil jeder, nachdem er den Grad gelesen, glaubt, er hätte dieß alles schon vorher gewußt,

gewußt, er habe nichts neues gehört: so mag jedem, theils zu besserer Vorbereitung, theils den Ungrund des vorigen Angebens am besten zu widerlegen, der Auftrag geschehen, die Frage zu beantworten, wie es zu machen sey, daß ein Mensch in seinem Leben so wenig Mißvergnügen empfinde, als möglich ist.

8.) Sieht man, daß er auf dem Weg sey, ganz einzuschlagen, so suche man einen solchen T.O r würflichen Aufnahme aus, wo der Aspirant frey von allen Leidenschaften ist, wo bey ihm keine lebhaftern Ideen vorhanden sind, die den Eindruck verdunkeln konnten, wo seine ganze Aufmerksamkeit und Interesse auf diesen Gegenstand gerichtet ist. Dann lese man ihm die Lehren dieses Grads mit gehörigem Nachdruck ab und beobachte sorgfältig den Eindruck und Erfolg. Bevor man aber dazu schreitet, so werde jeder vorbereitet auf den Gesichtspunct, aus welchem er alle Grade und Instructionen zu beurtheilen hat. Dieser ist folgender: Alles Gute ist unausführbar, so lang Leidenschaften der Menschen die Oberhand behalten, sich diese in das Spiel mischen, so lang Menschen sich nicht in einem gemeinschaftlichen grossen Gesichtspunct vereinigen, so lang es keine grossen, über alles niedrige Interesse erhabenen Menschen=

ſchenſeelen giebt. Für die Wahrheit dieſes Sazes verbürgt ſich die Erfahrung. Nun betrachte
jeder den Orden als eine Schule und Anſtalt, ſolche erhabene und dadurch glücklichere Menſchen
zu bilden, und dann vergleiche er allen unſern
Unterricht, alle Inſtructionen, alle unſere Vorſchläge damit, ob ſie dazu führen und Mittel
ſind, ob es deren beſſere gebe. Nach dieſem Ge-
ſichtspunct allein beſtimme jeder den Werth oder
Unwerth unſrer Lehren und Einrichtungen.

9.) Giebt er ſeinen unbedingten Beyfall, ſo
muß er in dem Eifer und Willen unterhalten werden, ſie auch in Ausübung zu bringen.

10.) Sodann werden unter den Mitgliedern,
wie ſonſt, die in dem Grad vorgeſchriebenen Uebungen vorgenommen; worunter die No. 15. am Ende die allervorzüglichſte iſt, die falſchen Grundſätze zu entdecken, die bey unſern Misvergnügen
zum Grund liegen, über dieſe ſich zu unterreden,
näher zu beſtimmen, und auch auf allem Fall nie-
derzuſchreiben, und eine Sammlung ſolcher falſchen, bey Menſchen herrſchenden Grundſätze nach
und nach zu veranſtalten, über die Art, ſolche zu
finden, Unterricht zu ertheilen, den bey ſich gefühl-
ten und empfundenen Vortheil anzugeben.

11.)

11.) Bücher welche in dieser Classe zur Lectüre vorzüglich empfohlen werden müssen, und zum Theil Vorbereitung zur künftigen sind, sind folgende:

1. Senecas Briefe, und vorzüglich sein Buch de providentia, vita beata, constantia sapientis.
2. *Epictet* und *Antonin*.
3. Abbt vom Verdienst.
4. Garves Anmerkungen über den Cicero.
5. Xenophons Denkwürdigkeiten des Socrates.
6. Sulzers philosophische Schriften.
7. Meiners Geschichte des Ursprungs, Fortgangs ꝛc. 2 Th.
8. Feders Untersuchungen über den menschlichen Willen.
9. *Cherron* de la sagesse ist eines der allerzweckmässigsten Bücher.
10. Les Essais de *Montaigne*.

12.) Die, welche beym Entritt sich erklärt haben, in die Classe der Manuductoren bereinst aufgenommen zu werden, und an der Regierung des Ordens Theil haben zu wollen, müssen sich alle diese Uebungen auf das strengste gefallen lassen, und alles hier vorgeschriebene erfüllen. Bey den übrigen kann etwas nachsichtiger verfahren werden; doch

doch ist immer rathsam so viel zu thun, und zu versuchen, als möglich ist. Denn die Classe der Manubuctoren ist eigentlich diejenige, welche den wahren Orden formirt. Diese sind der Geist und die Seele des Ganzen; von ihrer Bildung, Sittlichkeit, und Fähigkeit hängt alles ab.

13.) Aber jeder der Manubuctoren und Obern hat genau darauf zu sehen, wie er diese Vorschriften so in Ausübung bringe, daß sie bey seinen Eleven am wenigsten Mühe und Beschwerlichkeit, oder Abneigung verursachen; noch mehr muß er sorgen, daß Zwang und Pedanterey nicht aus seiner Behandlung merkbar werden. Der lehrt am besten, der von seinen Lehren selbst gehörig und lebhaft überzeuget ist.

14.) **Eigenes Beyspiel, Umgang mit Guten, zweckmäßige Leitung und Unterredungen, Liebe zum Zweck, Beyspiele aus der Geschichte sind** die gelindesten und sichersten Mittel, um aus Menschen zu machen, was man sich vorgenommen. Wer durch diese allein zum Zweck kommen kann, muß nicht leicht andere beschwerlichere Wege einschlagen.

15.) Glaube Niemand, daß diese Bildung zu mühsam sey; wem das Herz und Kopf von diesen Gedanken voll sind, der sucht Ergießung, Erleichterung durch Mittheilung derselben, dem ist jede Gelegenheit willkommen, wo er davon sprechen kann. Und wer verliert dabey, wenn Herz und Kopf davon voll sind, wenn die Grundsätze von der Art sind, daß sie die Erfüllung seiner natürlichen Pflichten erleichtern, die höchsten und richtigsten in ihrer Art sind, die fähigsten, grosse Gedanken und Thaten zu veranlassen; wenn es Pflicht ist, diese Gedenkungsart sich eigen zu machen? — Ordnung und kluge Eintheilung der Geschäfte erleichtern die Sache noch ungleich mehr. Unverdrossenheit und Assiduität vollenden das Ganze, und versichern den Erfolg; und am Ende ist es ja doch auch der Mühe der Edlern werth, dermalen schon zu seyn, bey so geringer Aufmunterung, bey so grossen Aufforderungen zum Gegentheil dermalen schon zu seyn, was das übrige Menschengeschlecht; erst ungleich später seyn wird, ein Mensch zu werden, nach welchem sich ganze Menschenalter bilden, sein Leben als ein Beyspiel der fernsten Nachwelt hinterlassen.

16.) Da alle Dinge von Menschen nur in so fern und in dem Maaß begehrt werden, als sie Mittel zu ihrem Zweck sind, so wird es auch eine sehr zweckmäßige Uebung seyn, Menschen zu gewöhnen, daß sie sich ihres Zwecks erinnern, das

Verhältniß ihrer jedesmaligen Handlung dazu bestimmen. Durch das öftere Zurufen: *respice finem,* führt dies zu deinem Zweck? kann solches sehr gut zu Stand gebracht. Noch besser aber wenn bey Unterredungen und Zusammenkünften öfter folgende Fragen zur Beantwortung oder Untersuchung aufgeworfen werden.

1. Welche Zwecke können Menschen überhaupt, dieser Mensch insbesondere haben, wenn er dieses sagt oder unternimmt?

Durch diese Uebung erhält man eine Festigkeit die Triebfedern menschlicher Handlungen einzusehen.

2. Wie verhalten sich diese Zwecke zum wahren Zweck des Menschen, hindern oder befördern sie ihn?

Durch diese Uebung lernt man den Werth und die Unterordnung der Zwecke bestimmen.

3. Ist diese Handlung wahres Mittel zu diesem wahren oder auch falschen Zweck?

Durch diese Uebung erhält man eine Fertigkeit, die richtigsten Mittel zu wählen, falsche Mittel zu verwerfen, mit Ueberlegung zu handlen, richtig zu begehren.

Diese Uebung ist eine der allerwichtigsten, weil Kopf und Herz zugleich dabey verbessert werden, ohne Mühe tiefes Nachdenken, so zu sagen auf der Stelle, den Unterricht über Dinge erhalten, die zu ihrer Glückseeligkeit so wesentlich sind. *Respice finem* kann daher als der Wahlspruch dieser Classe angenommen werden. Dies oder jenes willst du werden, haben, und thust doch das entgegengesetzte? Wie paßt das zusammen? Wie willst du auf diese Art zu deinem Zweck kommen? Entweder verändere diesen, oder die Mittel, dein bisheriges Betragen.

17.) Auch die Zwecke selbst müssen auf eine ähnliche Art geprüft werden; z. B.

F. Warum thust du das?

A. Es vermehrt meine Einkünfte.

F. Warum willst du deine Einkünfte vermehren.

A. Damit ich meinen und meiner Familie Unterhalt erhalte.

F. Warum willst du den Unterhalt für dich und deine Familie u. s. w.

Bey allem ist ein verborgener Zweck; jeder dieser Zwecke hat seinen weitern; also so lang fortgefahren, bis dieser Mensch keinen andern anzugeben

zugeben weiß. Auf diese Art bist du im Stande, alle Handlungen durch ihre ganze Unterordnung auf den höchsten Zweck zurück zu führen, alle übrige Zwecke blos als Mittel darzustellen, und ihnen eben dadurch ihr Anziehendes zu benehmen; oder du erfährst wenigstens bey welchem Zweck dieser Mensch stehen bleibt, was ihm sein höchstes Gut sey; kannst ihm die Nichtigkeit davon beweisen. Nun wenn ich einen Menschen so gestimmt habe, daß sein ernstlicher Wille, sein Hauptzweck dahin geht, ein besserer und vollkommenerer Mensch zu werden, so ist es mir sehr möglich, ihn sodann auf die kürzeste und einleuchtendste Art, zu allem Guten zu bereden, durch den blossen Zuruf: *respice finem*, werden Sie wohl auf diese Art, was Sie seyn wollen? ist dies Mittel, ein besserer Mensch zu werden? Wenn er seinen Zweck ernsthaft will, so muß er mir folgen. Ich frage allzeit: Wodurch erreichen Sie diesen Zweck besser, kürzer, gewisser? Durch dieses oder jenes Betragen? Was ist grösser, gleich den Thieren seinen Instinct zu folgen, oder solchen zu bestreiten, das zu thun, wozu alle Welt, der schwächste Mensch Hang und Lust fühlt, wozu jeder aufgelegt ist, oder das was nicht jeder nachahmen kann? Was ist besser, zweckmässige Copie oder Original zu seyn? Auf diese Art müssen und können alle Handlungen, in diesem Verhältniß, nach ihrem Werth oder Unwerth bestimmt, von meinen Eleven selbst eingesehen und beurtheilt werden. Ich kann ihm allzeit sagen: ja wenn du blos scheinen und glänzen willst, in so fern ist dein Betragen zweckmäßig, in so fern begreife ich, warum du dieses vor allen andern thust; aber warum lieber glänzen als seyn? Was ist besser? Welches von beyden macht dich zum vollkommnern Menschen? Er muß ein Thor seyn, wenn er das Ungereimte seines Betragens nicht einsieht, seinen Zweck ändert, und mit geändertem Zweck auch seine Maaßregeln verändert.

Wahrlich auf diesen Weg lassen sich in Belehrung der Menschen Wunder würken, alle niedrige Zwecke auf die leichteste Art auf das herabwürdigen, was sie sind; und daher werden alle Obern gebeten, sich diese Uebung vor allen übrigen am allermeisten gefallen zu lassen; sie selbst werden für sich unendlich dabey gewinnen. Sie läßt sich auch gar leicht, mit der oben vorgeschriebenen Uebung, in Aufsuchung falscher Grundsätze durch unsere Mißvergnügen verbinden; denn falsche Zwecke sind falsche Grundsätze; jedes Mißvergnügen hat einen fehlgeschlagenen Zweck zum Grunde.

de. Es ist vielmehr eine und dieselbige Arbeit, hiemit die einzige dieser Classe, und die wichtigste in aller Rücksicht, weil alle Vergehen der Menschen, alle ohne Ausnahme, aus dieser Quelle entspringen, ihre Tugenden so wie ihre Laster, ihre Thorheit so wie ihre Weisheit.

18.) Um auch in der Hinwegsetzung über den unvernünftigen Tadel der Menschen einige Uebungen vorzunehmen, wünschte der Orden, daß sich die Mitglieder dieser Classe gewöhnen möchten und Stärke genug besäßen, in allen Gattungen des Luxus z. B. Gastereien, Kleiderpracht, Equipage ꝛc. so viel nach den Umständen thunlich, Einschränkungen zu machen, und alles auf Natur und edle Simplicität zurückzuführen, Grösse und Unterscheidung nicht ferner in einen so verderblichen Aufwand zu setzen. Jeder wünscht es ingeheim, jeder wollte es nachahmen; aber Niemand hat Stärke genug, den Anfang zu machen, die Verachtung der Thoren, und das Gelächter der Verschwender zu ertragen. Dadurch wird in der Sittlichkeit unendlich gewonnen:

1. Menschen werden gewöhnt, sich mehr durch wirkliche als äusserliche Vorzüge zu unterscheiden; die Eitelkeit wird untergraben;

2. Fru-

2. Frugalität befördert;

3. Verschwendung und die damit verbundenen Laster gehindert; aller drückenden Schuldenlast vorgebogen;

4. Zur Aufnahme und Wohlstand jedes Landes beygetragen.

Welch eine elende Grösse und Unterscheidung ist die, das schönste Kleid zu haben, oder die prächtigste Tafel zu geben? Schämt euch einer solchen Grösse, die euch dereinst klein, arm und zu Betrügern macht! Ihr müßt die Hindernisse jeder grossen und männlichen Tugend aus dem Weg räumen, den kindischen Geist eures Zeitalters verdrängen; auf keine Art aber die Thorheiten eurer Zeitgenossen, diesen Hang der Menschen zum Zeitvertreib unterhalten. Ihr wundert euch, daß es so wenig grosse und erhabene Menschen giebt, und ihr seht doch, daß nur der allein, sein Glück macht, der seine Zeitgenossen amusiren kann? Ihr nennt ein Zeitalter aufgeklärt, in welchem Sänger und Tänzer und Possenreisser die Ehren und Unterscheidungen, und die Achtung von höhern Ständen und Classen erhalten, die dem wirklichen niemals zu Theil wird. So lang man dadurch sein Glück macht, so wird die Welt voll von solchen Menschen seyn; aber macht, daß
Menschen

Menschen durch andere Vorzüge diese Vortheile erwerben können, theilt eure Achtung, Beyfall, Belohnungen vernünftiger aus, und schaut sodann, ob sich Menschen nicht auf ernsthaftere Dinge legen. Dahin muß von uns gearbeitet, Sittlichkeit, und Tugend befördert, dadurch das Gegentheil gehindert werden. Fangt also wenigstens Ihr an, euch über Dinge nicht zu schämen, die Pflicht sind. Es ist elend genug, daß heut zu Tag beynahe jeder, der eine gute Handlung unternehmen z. B. frugal leben, alles unterlassen will, wodurch er zu glänzen glaubt, und doch nicht glänzt, weil es allzeit wieder andere giebt, die noch mehr glänzen, daß sage ich, solcher, sich erst mit andern zusammen setzen muß, die mit ihm ein gleiches thun, um sich gegen das unvernünftige Gelächter der übrigen, durch den Beyfall und Beyspiel andrer trösten zu können, schadlos zu halten; daß man heut zu Tag nur en compagnie gutes thun kann, weil die wenigsten eigenen Muth und Kraft haben, und daß es deren sehr wenige giebt, die sich entschließen können, auch so gar in Gesellschaft, mit andern sich über die Achtung der Thoren hinauszusetzen; — und das heissen wir Weisheit und Aufklärung unsers Zeitalters?

19.) Die No. 15. und 16. können auch den Mitgliedern dieses Grades vorgelesen, darüber Unterricht ertheilt, und die Folgen davon deutlich und lebhaft vorgestellt werden.

Vierte Classe.

Der Gegenstand davon waren die in der Apologie des Mißvergnügens im dritten Gespräch, von S. 217. bis gegen das Ende abgedruckten Lehren.

Fünfte Classe.

Die in dem fünften Gespräch eben dieser Apologie vorkommenden Grundsätze, welche die Geschichte der Entwicklung des menschlichen Geschlechts enthalten.

Sechste Classe.

Mein System über den Idealismus.

Da diese drey Grade ohnehin schon im öffentlichen Druck jedermann vor Augen liegen, und, so viel die fünfte Classe betrifft, nächstens erscheinen werden, so wird jeder Leser von selbst einsehen, daß es unnöthig sey, solche neuerdings abzudrucken. Nur muß ich noch beysetzen, daß sie dermahlen ungleich vermehrt und verbessert seyen, und daß sie erst später die Gesprächform erhalten, welche sie vordem noch nicht gehabt.

Siebente Claſſe.

Unterricht für die Aufnehmer und Manuductoren.

In einer wohlgeordneten Geſellſchaft, welche würken, und etwas großes leiſten will, ſoll nur ein Verſtand, ein Wille, ein Intereſſe alle Mitglieder beleben. Dieſem allgemeinen Intereſſe ſollen auf eine geſchickte Art alle beſondern engern Intereſſe untergeordnet ſeyn. Keiner von allen ſoll unternehmen oder wollen, was dieſem allgemeinen Zweck entgegen iſt. Sonſt entſtehet Mißverſtand, Neid, Uneinigkeit, Zwietracht, Streit, die Kräfte theilen ſich, das Allgemeine wird vergeſſen, und das vorgeſetzte Ziel nicht erreicht. Nicht genug, daß alle, die zuſammen würken ſollen, verſicherte, für ihren Zweck glühende Menſchen ſind: ſie müſſen ſich auch untereinander verſtehen, ſie ſollen über die Verfaßung und Einrichtung einer ſolchen Geſellſchaft, noch ehe ihnen die Würklichkeit einer ſolchen Verbindung eröfnet wird, ähnliche übereinſtimmende Begriffe haben. An der Art, die Ideen von ſelbſt entſtehen zu machen, ſeine Candidaten vorzubereiten, an den Erwartungen ſelbſt, die ihnen ſchon vor dem Eintritt ſind beygebracht worden, an der Art ſie zu prüfen, zu erforſchen, unmerkbar umzuſtimmen,

iſt

ist also alles gelegen. Jeder, ehe er noch weiß, daß er in diesen Orden tritt, muß lebhaftes Bedürfniß nach einer solchen Gesellschaft fühlen, dieses Bedürfniß muß bey ihm so dringend seyn, daß er selbst wünscht, und suchen würde, eine Verbindung zu errichten; er muß von der Möglichkeit und dem wesentlichen Nutzen gründlich überzeugt seyn, muß so gestimmt seyn, daß er sie just nach diesem schon vorhandenen Plan errichten würde. Dahin, das zu bewürken, führt gegenwärtiger Unterricht, nach welchem sich alle richten müssen, welche an der Verbreitung des Orden arbeiten wollen, welches keinem soll gestattet werden, der nicht hiezu vorzügliche Fähigkeit, und Geschicklichkeit gezeiget. Aber nicht jeder taugt dazu; denn der Aufnehmer muß ein Mann seyn:

1. Der den Plan des Orden gehörig studirt;
2. Zweck und Mittel genau vor Augen hat;
3. Genau weiß, woran es seinem Candidaten noch gebricht, was an ihm heterogen ist, was folglich noch zu stärken, zu schwächen, auszureuten, oder zu erhöhen, lebhafter, sinnlicher zu machen sey.
4. Er muß die Kunst verstehen, die dahin abzweckenden Stellen und Facta in der Durchlesung der Geschichte auszuheben, sich da zu

ver-

verweilen, darüber Aufmerksamkeit und Interesse zu verbreiten, alle zu machenden Anmerkungen so viel möglich natürlich, ohne Zwang und sehr subjectiv vorzutragen, durch lebhaften Vortrag, durch selbst geäußertem Ernst die Leidenschaften des Candidaten auf eine ihm vorträgliche Art ins Spiel setzen, dabey den gemachten Eindruck genau bemerken, um sich nach solchen in seinen weitern Operationen zu richten.

Dieß zu bewürken, ist keine leichte Sache, nicht jedem gegeben, hiezu ist Uebung nöthig.

Hat einer dieser Kunsterfahrnen mit Bewilligung seiner Obern sich einen gutgesinnten, biegsamen Menschen ausersehen, dessen Vertrauen und Freundschaft er durch längere Bekanntschaft sich schmeichlen darf, so mag er, um ihn zum Orden zu führen, auf folgende Art mit ihm verfahren:

1. Er melde ihm kein Wort von einer Gesellschaft, zu welcher er ihn führen will.
2. Er erwecke blos in ihm lebhafte Begierde zum Studium der Geschichte.
3. Er mache ihm zu diesem Ende die grossen Vortheile bekannt, welche dadurch erhalten werden.

O 1.) Er

1.) Er schildere sie ihm als die beste Führerin und Lehrerin des Lebens, als die wahre einzige Quelle aller soliden Gelehrsamkeit, Klugheit, Weisheit, als die nöthigste Vorbereitung zu den höchsten Kenntnissen, als den Schlüssel der entferntesten Zukunft.

2.) Er stelle sie ihm vor als die beste Schule, Menschen zu kennen, den Erfolg unserer Handlungen zu berechnen, Ursache und Würkung zu vergleichen, die Ursachen und Triebfedern unserer Leidenschaften zu erforschen, sich aus dem Schicksal anderer Regeln zum künftigen Gebrauch des Lebens abzuziehen, als das Mittel durch die Fehler anderer klug und untadelhaft zu werden.

3.) Eben so zeige er, daß man durch die Geschichte erlerne, das Entstehen, Wachsen, Fallen, das Schicksal ganzer Nationen zu übersehen, miteinander zu vergleichen, analogische Schlüsse auf das Schicksal anderer, der heutigen Nationen zu machen;

4.) so gar am Ende den Gang und die Entwickelung des menschlichen Geistes kennen zu lernen, einzusehen, wie eins in das andere geflochten, durchgehends allgemeiner Zusammenhang in den Weltbegebenheiten herrsche, vielleicht die Regel zu finden, nach welcher alles bishero erfolgt, und auch für die Zukunft erfolgen müsse.

5.) Aeussert der Candidat nach diesem Vortrag keine Lust und Geschmack, fühlt er das Bedürfniß nicht, sich in der Geschichte zu unterrichten, das alles zu lernen: so sey er wer er wolle, groß, reich oder mächtig, so muß sogleich mit ihm abgebrochen werden. Für uns hat dieser Mann keinen Sinn, er ist uns in aller Rücksicht völlig unbrauchbar.

6.) Entsteht aber bey ihm dieß lebhafte Verlangen, so werde solches ferner von Zeit zu Zeit unterhalten, der Aufnehmer erbiete sich sogleich zu ihrer beyderseitigen Uebung, in Erhohlungsstunden, bey Spaziergängen und anderen Gelegenheiten mit ihm die Probe zu machen, einen Geschichtschreiber zu durchlesen, die Probe von dem allen zu machen, einander ihre Gedanken wechselweis zu entdecken.

7.) Obgleich ein kluger feiner Kopf die Kunst leicht verstehen wird, in jedem Geschichtschreiber dahin einzulenken, wohin er seinen Mann bringen wollte, so ist es doch nöthig, um in allen recht subjectiv zu gehen einen Geschichtschreiber auszusuchen:

a) Der

a) der seinen Candidaten am meisten interessirt und seine Aufmerksamkeit reitzet;

b) dabey am natürlichsten zu den Bemerkungen führet, die zweckmäßig gemacht werden sollen;

c) das ins Licht stellt, was der Candidat werden soll; Neigung zur Tugend und lebhaften Haß gegen Laster erweckt.

Vielleicht sind im allgemeinen die **Biographien Plutarchs** kein undienliches Buch, vielleicht auch **Robertsons Geschichte Carl des** *V.* vielleicht auch für Leute, die am Hofleben und dem Lermen der Welt zu viel Geschmack finden, *les Memoires de Sully*. So müssen z. B. bey Menschen, die sich über alles Unglück erhaben glauben, die ihre Mitmenschen sehr entbehrlich halten, Bücher ausgesucht werden, woraus das Gegentheil offenbahr und intuitiv erhellt.

8.) Wird die Lecture selbst angefangen, so unterlasse man ja keine Gelegenheit, seinen Mann auf grosse, hohe Gesichtspuncte aufmerksam zu machen, Uneigennützigkeit, Großmuth, Beschrenkung seiner Begierden, Liebe zum Zweck, zur Ordnung, gesellschaftliche Tugenden im schönsten Glanz mit den angenehmsten Farben zu zeichnen, und gegen das Gegentheil Abscheu zu erwecken,

allzeit

allzeit ihn selbst in die Lage der handelnden Person zu versetzen.

9.) Aber nach allem, was Liebe zur Tugend entzünden, Abscheu gegen Laster, und Thorheit erwecken kann, muß auch die Geschichte lehren, wie Einigkeit Stärke giebt, wie getheiltes Interesse Schwäche und Untergang jedes Körpers befördert, wie leicht Zwietracht sich einschleicht, Einigkeit zerstört wird.

Wie, und durch welche Wege aus geringem Anfang grosse ungeheure Anstalten erwachsen; welche Gefahr dabey zu übernehmen, welches Betragen, welche Tugend dabey nöthig gewesen. Wie aus einem zusammengelaufnen Gesindel Römer und Eroberer einer ganzen Welt entstanden. Wie sehr Beharrlichkeit dazu beytrage; welche Größe es sey, im Sturm aufrecht zu stehen, an dem Fortgang der guten Sache nicht zu verzweifeln, wie oft Hindernisse befördern; wie nothwendig es sey, daß nicht jeder befehlen wolle, in allem Ordnung und Einigkeit herrsche, jeder an seinem angemessenen Platz würke, sich um nichts weiter bekümmere.

Wie sehr es oft der Zweck erfordere, auch bey würklicher Größe klein zu scheinen, zu bitten statt zu gebieten, zu gehorchen statt zu befehlen.

Wie gefährlich es sey, den Erfolg zu übereilen, wie viel Hitze, ungestümme Leidenschaft verdorben, aus welchen Ursachen die schönsten, weltumfassenden Entwürfe gescheitert, was dabey zu vermeiden, um nicht gleiches Schicksal zu erfahren.

10.) Kurz, die ganze Lecture werde dahin eingerichtet, wie auf einen einzigen Punct getrieben, um bey diesem Menschen den Gedanken zu erwecken, daß die Menschen grosser Dinge fähig wären, ungeheure Würkungen hervorbringen würden, wenn sich nicht Leidenschaften und engere Zwecke mit ins Spiel mischten, wenn sie ihr Interesse gehörig verstünden, wenn der bessere Theil derselben einerley Grundsätze hätte, einerley Sinnes wäre, sich enger aneinander schlösse; daß es der Mühe werth wäre, seine Leidenschaften zu beschränken, um eine solche Anstalt zu Stand zu bringen, daß solches nicht unmöglich sey, wenn man sich der Mängel erwehrt, welche andere Vorgänger begangen haben. —— Keine Quelle unseres Elends muß entdecket werden, ohne sogleich in der Sittlichkeit, in der ächten Kenntniß unsers wahren Vortheils ein Gegenmittel zu finden.

11.) Immer werde unter der Hand der Zweifel erweckt, ob Menschen nicht selbst Ursache ihres Elends seyen; es werde gezeigt, was sie seyn könn-

könnten, wie leicht sie es seyn könnten, daß sie noch lange nicht alles für ihr dauerhaftes Wohlergehen gethan haben, daß dieser Bösewicht niemahls dieses Unglück würde verursacht haben, dieses Werk der Einigkeit zerstört, wenn nicht die Schwäche, Kleinmuth und Furcht der Guten ihm selbst die Hände dazu geboten, wenn diese stark genug gewesen wären, angebotenen Vortheilen oder bedrohten Gefahren zu widerstehen, wie sich das alles ändern werde, wenn Vertrauen, Festigkeit, Sitten, Uneigennützigkeit, Schonung, Duldung unter Menschen häufiger wären, wie leicht möglich dieses alles wäre, wenn die Bessern in einem Körper sich formirten, sich der Erziehung bemächtigten und auf diese Art unter dem werdenden Menschengeschlechte bessere Grundsätze verbreiteten.

12.) Das alles ohne merkbare Absicht vorgetragen, in die Begriffe unserer Zöglinge eingeflochten, in der Geschichte, in ihm selbst personificirt, realisirt in dem Moment, wo der Zuhörer für diesen Helden oder grossen Mann, für diese grosse Anstalt sich zu interessiren anfängt, und mit Feuer, und Wärme, das von der innern Ueberzeigung zeigt, vorgetragen: das muß Wunder thun, oder dein Mann ist der Mühe nicht werth,

werth, die du an ihm verloren, er verdient nicht, daß du ihn weiter mit einer Gesellschaft bekannt machst, deren Würklichkeit du ihm bishero so weislich verborgen. Laß ihn laufen, du und wir alle sind gegen Mißbrauch hinlänglich gesichert, und so lange diese einzige, zuverläßige Art, Menschen vorzubereiten, genau beygehalten wird, ist es unmöglich, daß unsere Verbindung durch Unwürdige entweiht werde.

Freylich geht darüber Zeit, vielleicht Jahre verloren. Aber ein einziger, der auf diese Art einschlägt, wird alle Mühe reichlich belohnen.

Freunde, Brüder, macht euch's zum Zweck klein, und unbekannt zu bleiben, und ihr werdet groß werden; eine einzige Familie kann dereinst zu einem grossen Volk werden, so wie alle Menschen Abkömmlinge zweyer Stammeltern sind.

13.) Nun wäre also nach und nach die Idee von einer solchen Verbindung, von ihrem Nutzen und Nothwendigkeit in diesem Eleven von sich selbst entstanden. Fühlt er diesen Drang lebhaft, so wird er selbst suchen, oder Entwürfe machen; du selbst fahre fort, ihm diese Ideen näher und näher ans Herz zu legen, ihn damit zu unterhalten, besonders suche bey ihm den Gedanken hell und lebhaft zu machen:

Was

Was könnte eine Gesellschaft edler, gleich gestimmter, eng verbundener Menschen leisten und würken?

Diese Frage lege ihm zur Beantwortung vor, je mehr Folgen er entwickelt, je mehr wird er sich in eine solche Gesellschaft verlieben. Hier liegt aber daran, recht viele und recht grosse Folgen zu entwickeln, aber er selbst muß sie entwickeln, du mußt blos Geburtshülfe leisten.

Dabey gewinnt er folgendes:

1. Es sind seine Gedanken und Entwickelungen das Kind seiner Phantasie, und darum um so reitzender, anziehender für ihn; das Fehlende kannst du allzeit ersetzen, also nicht auf einmahl jeden Tag eine neue Würkung, damit das Bild öfter wiederholt werde, sich tiefer einpräge.

2. Es sind seine Gedanken, Erfindungen, er wird also leicht im Stand seyn, sie andern wider beyzubringen.

3. Du entdeckst, wie tief sein Geist in der Sache selbst dringt, wie tief er sieht.

4. Du siehst an den Folgen, die er angiebt, was er fürchtet, hoft, was er am stärksten wünschet, das ist also Mittel seine herrschende Idee,

zu erforschen, die, wenn sie schädlich ist, durch andere zweckmäßige Lecture kann untergraben werden.

Ist er in der Beantwortung saumseelig oder sehr kurzsichtig, so ist die Prise nicht sehr gut.

14.) Ist die Beantwortung gut ausgefallen, dann fahre weiter auf folgende Art fort:

Also Menschen, die eines Sinnes wären, könnten große Dinge ausrichten. Aber dazu sind zwey grosse Erfordernisse nothwendig, sie sollten gleich gestimmt und eng verbunden seyn.

1. Wie ist es möglich, Menschen von verschiedenem Interesse und Denkungsart gleich zu stimmen?

2. Wie ist es möglich, sie eng zu verbinden? Bey Beantwortung dieser Fragen muß sich seine Klugheit in Auswahl der Mittel zeigen, es muß sich auch zeigen, ob er ein planvoller Kopf sey. Laß ihm Zeit zur Beantwortung, es hat keine Eile, kann er sich nicht sogleich finden, so gieb ihm folgenden Wink:

Beydes ist schon geschehen, die Geschichte giebt davon Beyspiele die Menge. Bey einem mit besserem, bey dem anderen mit gerin-

geringerem Erfolge, also muß es möglich seyn. Sag, was haben nicht andere geistliche und weltliche Verbindungen in diesem Falle geleistet, was haben diese gethan, um diese Würkungen hervorzubringen.

Enthält nun die Auflösung Mittel, die unsern Planen entgegen sind, so muß er nach und nach von ihrem Ungrund überzeugt werden.

15.) Bey allen, besonders aber bey denen, die an der Möglichkeit eines solchen Vorhabens zweifeln, kann die noch seltsamere Frage aufgeworfen werden. Sollte es denn unmöglich seyn, daß auch ein einziger Mensch auf die Denkungsart seiner Zeitgenossen, und auf die entfernteste Nachkommenschaft würken, sie darnach stimmen könnte? Wie wäre es anzufangen, daß dieser einzige Mensch Urheber einer sehr eng verbundenen, durchaus gleich gestimmten, sehr allgemein verbreiteten Gesellschaft würde?

Hat er einige Zeit darüber gedacht (denn benken muß er über alles) und die Auflösung getroffen, so ist er gewis ein für uns brauchbarer herrlicher Mann, ist ihm aber die Aufgabe zu schwer, so mag ihm folgendes vorgelegt werden:

Wie,

Wie, wenn ein Mensch zweyen seiner engsten ihm homogen denkenden Freunden seinen ganzen Geist einhauchte, sein ganzes Leben dazu bestimmte, ihnen die Denkungsart zum Bedürfniß machte, diesen beyden versicherten Männer sodann erlaubte, diesen nemlichen Geist vier anderen ihrer Freunde eben so einzuhauchen, zum Bedürfniß zu machen und in den Bund selbst aufzunehmen; wenn nun auf diese Art, jeder von diesen vier so homogen gestimmten sodann weitere Erlaubniß erhielte, auch ihre Freunde auf eine ähnliche Art in diesen Bund aufzunehmen, wenn nun auf diese Art sich diese weiter und weiter vermehrten: wäre sodann dieser obschon langsam führende Weg nicht sicher, beynahe unfehlbar? Oder wäre es unmöglich eine solche Anstalt zu Stand zu bringen? Wie, wenn wir dieß anfiengen, den Grund dazu legten? Aeussert er dagegen Bedenklichkeiten, besonders über den langsamen Gang, so müssen solche widerlegt werden, dadurch:

1. daß auf diese Art alle Hindernisse und Gegner beynahe entfernt sind;

2. daß

2. daß es sehr wenigen Menschen möglich sey, durch ihre Lage aufs Ganze zu würken, daß es aber auf diese Art so zu sagen in der Macht eines jeden guten Menschen stehe, gute Gesinnungen zu verbreiten, daß dieses allein den Kräften der mehrsten Menschen angemessen sey;

3. daß dieses der verborgenste sicherste Weg sey;

4. daß dieses selbst der Gang der Natur sey, als welche nichts auf einmahl thut, keinen Sprung macht, vom kleinsten ausgehe;

5. daß es hier um Umstimmung von Menschen, um eine Gründung von Fertigkeiten zu thun sey, welches warlich kein Werk eines Tages, oder Jahres sey.

6. daß hier die Uneigennützigkeit gewiß am größten sey, wenn man sich entschließen könne, für sich auf alle Früchte seiner Arbeit Verzicht zu thun, und für das Wohlseyn unserer spätesten Nachkommen zu arbeiten;

7. daß bey einem Gebäude für die Ewigkeit der Grund tief müsse gelegt werden;

8. daß diese für die Urheber selbst die am wenigsten lästige und kostbare Art sey;

9. daß

9. daß es bereinst, wenn sich die Mitglieder auf diese Art auf eine gewisse Zahl vermehrt, stark um sich greifen werde, denn die Vermehrung geschehe in folgenden Progressionen.

1. 2. 4. 8. 16. 32. 64. 128. 256. 512. 1024.

Dabey ist aber zu bemerken, daß, da diese Einrichtung zu einem Orden der würken soll, wegen der so inzwischen sterben und die Kette unterbrechen, auch wegen der gar zu gehäuften Correspondenz und andern Umständen für eine Ordenseinrichtung ungeschickt ist, sie dem Candidaten zu keinen andern Zweck vorgetragen wird, als ihm die Möglichkeit einer gemeinschaftlichen Stimmung mehrerern Menschen vorzulegen.

16.) Entschließt sich aber der Candidat, mit dir selbst anzufangen, so sind seine Absichten genug geläutert, und er selbst auf die edelste Art gestimmt und vorbereitet. Und nun muß die Einrichtung selbst in Vorschlag gebracht werden, um ihm voraus alle Bedenklichkeiten gegen unsere Anstalten zu benehmen. Dahin führen folgende Fragen:

1. Welche Eigenschaften müssen wir haben, um dieses Werk anzufangen, um das Zutrauen anderer zu erhalten? Haben wir solche würklich?

2. Sind

2. Sind wir sodann, wenn wir einmahl angefangen haben, Meister von unserem Betragen? Sind wir nicht vielmehr statt Herrn und Gebieter über andere, die abhängigsten Menschen von unsern Eleven, deren Augen beständig auf uns gerichtet sind, ob sie keine Disharmonie zwischen unserer Lehre und unserm Betragen bemerken? Würde eine solche Disharmonie nicht dazu dienen, das Vertrauen unserer Leute zu vermindern?

3. Wenn wir eine solche Dissonanz an unsern Untergebenen bemerkten, brächte es nicht der Ordenzweck mit sich, sie darüber zu warnen, Aenderung ihrer Conduite zu fordern? Würden diese vernünftigen Grund haben, darüber aufgebracht zu werden?

4. Kann folglich eine solche Gesellschaft, wenn sie sich verbreiten sollte, ohne Zusammenhang, ohne strengste Ordnung, und strengste Unterordnung seyn?

5. Kann hier jeder befehlen, können ohne entsetzlichen Zeitverlust und Unkosten alle zu Rath gezogen werden?

6. Ist es nicht nothwendig, daß hier jemand der Maschine die Richtung giebt, ein Mittelpunct, in dem sich alles vereinigt, ausfließt,

um

um schnell, verborgen und gleichförmig zu würken?

7. Soll der Mittelpunct einer oder mehrere seyn? Wodurch wird Einigkeit, Schnelligkeit, Kraft, und Nachdruck im Würken am meisten befördert?

8. Könnte einer, der oben stünde, hier seine Gewalt mißbrauchen, besonders wenn er niemand bekannt wäre, als denen, durch die er unmittelbar würkt? Wäre diese Verborgenheit von allen übrigen nicht eine ausserordentliche Einschränkung seiner Macht, die glücklichste Mischung von Aristokratie und Monarchie?

9. Sollen Obere bekannt oder verborgen seyn? Ist nicht nach obigem auf diese Art die Verborgenheit der Obern Schutz gegen ihren Despotismus?

10. Warum muß in einer solchen Gesellschaft Zusammenhang seyn? Kann dieser enge genug werden?

11. Endlich wie werden Menschen bessere Begriffe beygebracht; wie lebhaft, wie zum Bedürfniß gemacht?

17). Hat der Candidat alle diese Fragen schriftlich (welches besser ist) oder mündlich beantwortet,

(In

(in allem Fall muß den Obern das Resultat der Antworten berichtet werden) hat er diese Fragen zur Zufriedenheit beantwortet, (denn beantworten muß jeder, ohne Nachsicht und Ausnahme, oder wenn er sich weigert, und saumselig ist, so muß er verlassen werden) so sind wir versichert, daß seine Denkungsart mit uns ganz homogen sey, daß wir bey seiner Aufnahme nichts wagen, daß ihn keine falschen, thörichten Erwartungen von physischem Vortheil, Geld, Macht, Geheimnissen zum Orden gebracht, daß Liebe zum Ganzen, Begierde zu nutzen, gut und wohlthätig zu handeln, sein einziger Zweck sey. Jedem solchen geprüften Menschen kann sodann endlich die letzte Frage vorgelegt werden:

Wie müßen Leute zu einem solchen Orden angeworben werden? Wie, wenn das, was ich die ganze lange Zeit mit ihnen gethan, würklich Vorbereitung zu einer schon vorhandenen Gesellschaft wäre, deren Mitglied ich bin? Wie, wenn das schon würklich wäre, was wir bisher entworfen?

Dann gehe weiter, und überlasse ihn seinen Gedanken.

Achte Classe.
Weitere Instruction der Manuductoren zur Bildung und Leitung ihrer Mitglieder.
Dritte Classe.

Ich soll andere führen, ihrem Kopf und Herzen eine andere Richtung geben! Andere Ideen, andere Bewegungsgründe unmerklich entstehen lassen, die alten Schwächen vertilgen, die neuen befestigen, sie zum Bedürfniß machen? Ich soll andere, ohne daß sie es gewahr werden, dahin bringen, wo man sie erwartet; sie eines Sinnes mit den vielen machen, wovon sie ein Theil sind! — Wie soll ich nun dazu gelangen? — Ich will einen Weg einschlagen, der mich wie ich denke, sicher zum Ziel bringet. Dieser ist eigene und fremde Erfahrung.

Auch ich bin geführt worden. — Was haben meine Führer gethan um sich meiner zu bemächtigen? — Das will ich auch thun. Was hab ich von meinen Führern gefordert, um mich gutwillig ihrer Führung zu überlassen? — Das werden andere auch von mir fordern. — Mich hat das Vertrauen auf meine Führer folgsam gemacht. — Aber was mußten Sie thun um in mir dieses Vertrauen zu erwecken?

1. Sie

1. Sie mußten mich von der Ueberlegenheit ihrer Einsichten überzeugen. Denn Ueberlegenheit giebt Herrschaft. — Die Einsichten giebt der Orden. Nun kommt es auf mich an. Sind sie mir geläufig? Kann ich sie gehörig äussern und mittheilen.

2. Sie mußten mich überzeugen, daß sie diese Einsichten zu meinem Wohl und Nutzen verwenden werden, und was das größte Zaubermittel ist, um auf Menschen zu wirken, sich ihr Vertrauen zu erwerben, es mußte bey mir die lebhafte feste Ueberzeugung entstehen, daß sie mich nicht mißbrauchen werden.

3. Daß sie mich vor vielen andern erwählt, nicht jedem diese Bereitwilligkeit äussern; daß es Vorzug ist, ihre Achtung zu verdienen.

4. Ich mußte an Ihnen finden, daß Lehre und Thaten in der engsten Verbindung sind.

5. Ich mußte keinen Widerspruch, keine Schwäche, keine eigennützigen Absichten in ihrem Betragen gewahr werden. Ungeheuchelte Liebe zu mir, Sorge für mein Wohl, und Befriedigung meiner Wünsche mußte aus allem hervorleuchten.

So hatten mir meine Führer begegnet, und sie erhielten mein ganzes Vertrauen. In dem Maaß, als sich bey ihnen diese Eigenschaften vermehrten oder verminderten, stieg oder fiel auch mein Vertrauen. Um das Vertrauen meiner Zöglinge zu erhalten, muß also auch ich ein gleiches thun; denn ähnliche Ursachen bringen ähnliche Würkungen hervor.

Woher kann ich es aber wissen, daß sie Vertrauen zu mir haben? Ich denke aus den Würkungen, die Vertrauen zum Grund haben.

1. Aus den Würkungen meines Vortrags.
2. Aus der Befolgung meiner Vorschriften.
3. Aus der Begierde, mir Vergnügen, aus dem Abscheu, mir Mißvergnügen zu verursachen.
4. Wenn mein Umgang ihre erste und liebste Gesellschaft ist.
5. Aus dem Mißvergnügen über meine Gleichgültigkeit gegen sie.
6. Aus der Unruhe über mein Mißfallen, aus dem Bestreben solches zu vermindern.
7. Aus der Unterscheidung, die sie mir vor allen andern geben.
8. Aus der Zuflucht, die sie in ihren Zweifeln und Angelegenheiten zu mir nehmen.

9. Aus

9. Aus dem Gewicht, so meine Entscheidungen bey ihnen haben.

10. Aus den guten Urtheilen, so sie bey andern über mich äussern.

11. Aus der Offenherzigkeit, mit der sie sich mir eröffnen.

12. Aus der mindern Familiarität, die sie sich gegen mich erlauben.

In dem Maaß, wie sich diese vermindern, vermindert sich das Vertrauen zu mir, und so wie ich es bemerke, ist es Zeit den Blick auf mein Inneres zu wenden, mich zu erforschen wo es fehle, den Fehler zu ersetzen. Wenn das Vertrauen durch Aussichten und engere Zwecke erweckt worden, oder die Zöglinge nicht gut gestimmt sind, so kann das Vertrauen noch überdieß vermindert werden:

1. Durch das Verschwinden der den engern Zweck beförderlichen Absichten.

2. Durch Unglück, Verachtung, Verfolgung seines Führers; ein Beweis, daß in solchen Fällen das Vertrauen aus dem Vertrauen anderer entstanden, hiemit keine empfundene Hochachtung gewesen; und so noch andere Fälle.

Das Vertrauen ist nun da; aber ich soll durch dieses Vertrauen auf andere würken, soll ihre Ideenreihe nach meinem Zweck modificiren. Ich muß also wissen, was diese Leute schon sind, was Ihnen noch mangelt, was ich hinzuthun, was ich davon nehmen soll. Aber wie gelange ich dazu? Von dem, was in der Seele anderer vorgeht, davon hat Niemand eine unmittelbare Erfahrung; ich bin nicht Sie selbst. Analogie bleibt also die einzige Führerin. Niemand ist mir so nahe als ich selbst; der Zustand meiner Seele, die Triebfedern und Vorstellungen, die mich bestimmen, die Eindrücke, so Gegenstände ausser mir, das Betragen anderer auf mich machen: diese können und sollten mir bekannt seyn. Kenntniß meiner selbst, ist also die erste und Grunderforderniß zur Kenntniß anderer; dann schaue ich auf die Würkungen anderer, auf ihre Handlungen, lege diesen Fall mir selbst vor, erforsche meine Triebfedern, die bey mir vorhanden seyn mußten, um diese Würkung hervorzubringen, schließe daher von der Aehnlichkeit der Würkung auf die Aehnlichkeit der Ursache, vergleiche meinen Schluß mit andern schon gemachten Erfahrungen, und bestimme auf diese Art mit Genauigkeit, die Quellen vom Betragen andrer Menschen. —
Also Kenntniß seiner selbst, ist das Mittel die

Seelen

Seelen andrer zu erforschen. Wie gelange ich dazu?

Ich erfahre an mir, daß alle meine Begierden, Leidenschaften, Neigungen, Triebe, durch das Erkenntniß- und Vorstellungsvermögen bestimmt worden; daß das Begehrungsvermögen durchaus von dem Willen abhange, daß dunkle Vorstellungen den Instinkt, klare die Triebfedern, und deutliche die Bewegungsgründe hervorbringen; daß ich nie etwas begehrt habe, ohne vorhergehende dunkle sinnliche oder deutliche Vorstellung des Guten; daß daher, weil dieses vorhergesehene Gute der Zweck, das Interesse ist, ich alles aus einem gewissen Interesse unternehme; daß keine meiner Handlungen ohne Zweck ist; daß diese Zwecke mancherley seyn können, nicht alle gleich gut sind, aber mir doch allzeit als der beste Zweck erscheinen, so oft ich darnach handle; daß der allgemeinste Zweck Glückseligkeit sey; daß mir alles nur in so fern begehrungswerth scheine, als es mir als Mittel zur Glückseligkeit erscheint; daß jeder Zweck seine eigene Mittel, seine eigene Aeusserungen und Symptomen habe; daß ich daher aus diesen auf den Zweck selbst schließen könne; daß dieselbige Handlung und Würkung aus mancherley Ursachen geschehen könne. Dieß und noch mehr habe ich an mir erfahren. Da ich an andern ähnliche Würkungen beobachtet, zum Theil selbst veranlaßt habe, so vermuthe ich, die Einrichtung ihrer Natur sey der meinigen vollkommen ähnlich; und da ich diese Beobachtungen nicht an einem sondern an allen Menschen, die ich kenne, zu wiederholen im Stand war: so schließe ich daraus, daß diese Erfahrungen sich in der Natur des Menschen gründen, daß sie allgemein seyen. — Und wenn ich an Menschen individuelle Verschiedenheiten gewahr werde, so folgere ich solche nicht aus der allgemeinen Einrichtung ihrer Natur, sondern aus ihrer individuellen Denkungsart, weil meine Art zu handlen die Folge meiner nur mir allein eignen Gedenkungsart ist.

Nun da ich die allgemeine Einrichtung meiner Natur kenne, so wende ich mich zu dem Individuellen, zu dem was macht, daß ich, Ich bin. Dieses finde ich in meiner Ideenreihe. Nur bey einer solchen Folge und Zusammenseyn der Ideen kann man so denken, und so folglich so wollen. Zu diesen meinen schon vorhandnen Begriffen schicken sich nur solche die damit übereinstimmen. Diese machen mir Vergnügen, alle übrige verwerfe ich, oder bin gleichgültig dagegen. Auf diese Art erforsche ich meine Ideenreihe. Ich beobachte sorgfältig, was ich verwerfe, was ich ver-

verabscheue; dadurch erfahre ich, welche Idee ich schon habe; aus der Stärke des Abscheues oder Widerwillen erfahre ich, wie geläufig mir diese Ideen seyen, wie sehr sie sich in meine Gedankenreihe verflochten, wie sehr zum Bedürfniß geworden. Dinge, die mich am heftigsten erschüttern, greifen meine Lieblingsidee, die herrschende Idee an; nun weiß ich sie. Wenn ich etwas will, so erforsche ich die Absicht, die ich dabey habe; da bleib ich noch nicht stehen; auch die Absicht muß ihre weitere Absicht haben, und diese abermal eine weitere. Nun muß ich auf etwas kommen, daß ich mir nicht weiter beantworten kann, bey dem ich stehen bleibe. Es wird geschehen, daß ich bey verschiedenen Handlungen immer auf die alte Absicht stoße. Diese so oft zu Grund liegende Absicht giebt mir die herrschende Begierde, den Grund meines Begehrungsvermögen, meinen Charakter zu erkennen; damit vergleiche ich meine Handlungen, die ich sodann finde, daß ich sie darum unternehme, weil sie Mittel zu meinem Zweck sind. Oefteres genaues Reflectiren über mich selbst, ohne Absicht schöner zu scheinen, als ich bin, verschafft mir diese Einsicht. Nun wende ich sie auch auf andere an. Ich finde, daß, so wie ich, alle Menschen Vergnügen suchen und verlangen, daß aber nicht jeder, so wie ich, diese

P 5   Gattung

Gattung des Vergnügens, zu seinem Zweck macht. Reichthum, Ehre, Menschengunst, sinnliche Lust und Ruhe, sind die gemeinsten, beynahe letzten Zwecke ihrer Handlungen. Diese mischen sich mehr oder weniger untereinander, so sehr daß sie oft entgegengesetzte Würkungen hervorbringen, und wer diese Gegenstände als letzte und Hauptzwecke begehrt, darnach sein ganzes Betragen einrichtet, sie zum Ziel aller seiner Handlungen macht: der handelt verkehrt, macht Mittel zum Zweck und hat eine Zurechtweisung nöthig; denn alle diese Gegenstände dürfen nur in so fern gesucht werden, als sie Mittel sind, die Vollkommenheit des Geistes zu befördern oder zu erhöhen. Ausserdem führen sie irre, und werden Quellen des Mißvergnügens. Dahin muß also meine Leitung gehen; diese muß ich suchen zu erforschen, und da schließe ich aus den Würkungen auf die Ursache; denn durch die Handlungen äussert sich der Charakter. Jeder Menschenforscher muß also nothwendig haben:

1. Eine genaue Kenntniß seiner selbst.

2. Eine eben so genaue Kenntniß von der allgemeinen Einrichtung des menschlichen Willens.

3. Eine

3. Eine Kenntniß aller Triebfedern und Zwecke der Menschen. Aus wie vielen Abſichten jede Handlung, jede Tugend und jedes Laſter geſchehen könne.

4. Eine Kenntniß aller Mittel, die zu jedem dieſer Zwecke führen.

5. Eine Kenntniß aller Zeichen und Symptomen, durch welche ſich jeder Zweck äuſſert; denn alles iſt Abdruck der herrſchenden Leidenſchaft, Zeichen davon. Nur der kann ſo gehen, ſo lachen, ſo zürnen, ſo ſprechen, der dieſen Zweck hat.

6. Eine Kenntniß von den Zwecken der Zwecke, in aufſteigender Linie, ſo weit er es treiben kann.

7. Und weil die Zwecke gar leicht können in Grundſätze eingekleidet werden, vielmehr jeder Zweck ein Grundſatz iſt, eben ſo jedes Vergnügen ein Grundſatz iſt: ſo muß er auch ſuchen, die Kenntniß der herrſchenden Grundſätze zu erhalten, die auf dieſe Art ſehr leicht zu finden ſind.

Alles iſt an dem Menſchen charakteriſtiſch, und verräth ſeinen Seelenzuſtand. Data, welche dazu führen, ſind:

1.)

1.) Jedes Ja, jedes Nein; ersteres beweißt Harmonie, letzteres Disharmonie mit den vorhandenen Beweisen; daher

1. Wer alle Ja und Nein eines Menschen aufzeichnet, hat seine ganze Gedankenreihe aufgezeichnet.

2. Wer Menschen zweckmäßige Fragen vorzulegen weiß, lockt ihnen ihre ganze Denkungsart heraus.

3. In der Kunst zu fragen, zu widersprechen, oder recht zu geben, liegt ein grosses Mittel Menschen zu erforschen.

4. Die Verstellung hilft hier nichts; dazu dient folgende Regel: Verstellung hat allzeit Zwang, und Wahrhaftigkeit ist Natur. Daher z. B. du siehst, dein Zögling lobt diesen Menschen; du willst wissen ob es ihm Ernst sey; gieb auf alle Zeichen acht, auf das Kleinste, auf alle Geberden, auf den Ton der Stimme. Nun hab acht, wenn er einen lobt, von dem du gewiß weißt, daß es ihm Ernst sey. Schau, ob die nemlichen Zeichen eintreffen; in diesem Fall war es ihm vordem Ernst, im entgegengesetzten Verstellung. Das Verschiedene bey den Aeusserungen giebt dir bey diesem Menschen seine eigene Art, aus Ernst, aus Ver-

Verstellung zu loben. Es ist keine Verstellung in der Welt, die es so weit in den kleinsten Umständen zu treiben fähig wäre; denn alles hat seine Eigenheit, die sich nicht verläugnen läßt.

2.) Jedes Vergnügen oder Mißvergnügen. Ersteres ist beförderter, letzteres gehinderter Ideengang. Die Größe und Lebhaftigkeit von beyden, sind ein neuer Entscheidungsgrund.

1. Wer über den Untergang einer Person Freude empfindet, war gewis nicht ihr Freund; wer diese Person gehaßt, muß eine Ursache dazu haben. Diese Ursache suche zu erforschen; sie ist eine Folge dieses Charakters, ein neues Datum für den Menschenforscher.

2. Wer mit der Welt unzufrieden ist, ist sicher, er mag sagen was er will, ein versteckter Egoist; er spielt die Rolle nicht, die er wollte, darum haßt er die Welt.

3. Wer keinen Schmerz ertragen kann, dem ist alles feil, wenn es Mittel ist, solchen zu entfernen.

4. Wer kein Vergnügen ausschlagen kann, dem ist alles feil, um solches zu erhalten.

5. Was

5. Was jemand Vergnügen macht, ist ihm entweder selbst Zweck, oder Mittel zu seinem Zweck.

6. Wer mit der Welt unzufrieden ist, der findet darin manches zu ändern; frag ihn darüber, und er erzählt dir seinen Charakter.

7. Wen die Vorfälle des Ordens, die Schicksale seiner Mitbrüder nicht interessiren, wer dabey kalt bleibt, nicht auf Entwürfe denkt solchen abzuhelfen: der ist gewiß ein kalter Ordensmann, auf den wenig zu rechnen ist, dem jedes andere Geschäft willkommener ist.

3.) **Aus dem, wovon man am liebsten spricht; z. B.**

1. Wer vom Orden selten, und noch dazu sehr gleichgültig spricht, der verdient wahrlich nicht, daß man ihn einen Ordensmann nenne.

2. Wer gern und am liebsten von Wein, Essen, Weibspersonen, Spiel, Romanen, Liebsintriguen, Zeitvertreib spricht, zeigt wessen Geistes Kind er sey — ein sinnlicher Mensch.

3. Wer gern von Unterscheidungen und Ehren spricht, die ihm widerfahren, von Achtung und herablassender Begegnung der Großen, von Briefen, die sie an ihn schreiben, vom vertrauten Umgange, den er mit ihnen hat: zeigt wie

wie sehr ihm darum zu thun sey, und ist im Grund ein eitler Narr.

4. Wer so gern von Intriquen spricht, die er gebraucht, die andere gebrauchen, ist sicher ein intriguanter Mensch, dem es nur an Gelegenheit fehlt, um es zu seyn.

5. Der, so gern alle Fehler aufsucht, sich über solche belustigt und freuet, in dessen Herz ist Bösartigkeit und Stolz.

6. Wer alles lobt, oder bewundert, der ist entweder dumm oder ein Schmeichler.

7. Wer über die Dinge, deren Aeusserungen so leicht Verdruß nach sich ziehen, an jeden hinspricht, der ist entweder ein unkluger Mensch, oder einer, der dir die Zunge lösen will.

8. Wer so gern fragt, ist mehrentheils ein Schwätzer.

9. Wer so gern und beständig von sich spricht, kündigt sich als einen eiteln selbstischen Menschen an.

10. Wer gern vom Putz und andern Kleinigkeiten spricht, verräth eine kleine kindische Seele.

11. Wer in allem Bedenklichkeiten äussert, und in den planesten Sachen Schwierigkeiten findet,

ist

ist entweder ein träger gemächlicher Körper, oder ein melancholischer Grübler.

12. Wer oft von seinem Gewerb und Geschäft spricht, beweist, daß er sich solches angelegen seyn lasse.

13. Wer gern scherzt, will gefallen und unterhalten.

14. Wer lobt und hinten daran so viele aber setzt, will verläumden.

15. Wer wenig spricht, will entweder als weise und vernünftig angesehen werden, oder will hören, um sich zu unterrichten oder die Meinungen andrer erforschen.

16. Wer viel, und von allem, und zu allen spricht, sagt nichts, als daß er ein Schwätzer sey, dem nicht zu trauen ist.

17. Wer in allem geheimnisvoll thut, und spricht, will betrügen.

18. Wer kurz und gesetzt spricht, spricht gut.

19. Wer heftig spricht, aus dem spricht Leidenschaft.

20. Wer schnell spricht und viel, überlegt wenig.

21. Wer verwirrt und undeutlich spricht, dessen Begriffe sind nicht hell.

22. Wer

22. Wer alles untereinander wirft, dessen Begriffe sind nicht geordnet.

23. Wer von seinen Freunden schlecht spricht, verdient keine zu haben.

24. Wer von seinen Fehlern spricht, will solche entschuldigen.

25. Wer sich unaufgefordert entschuldigt, klagt sich an.

26. Wer von seinen Feinden übel spricht, folgt seinem Instinkt.

27. Wer so gern von Verfolgungen und Nachstellungen gegen seine Person spricht, will als wichtig angesehen werden.

28. Wer von seinen Feinden gutes spricht, der will gerecht, billig und unpartheisch scheinen.

29. Wer viel und leicht verspricht, hat nicht im Sinn sein Versprechen zu halten.

30. Wer von allen übel spricht, wird auch von dir nicht gut sprechen.

31. Wer droht, will nur schrecken.

32. Wer seinen Plan vor der Ausführung bekannt macht, will ihn nicht ausführen.

33.

33. Wer gern tadelt, will als ein Mann von besserm und feinerm Geschmack angesehen werden.

34. Wer gern widerspricht, kann selbst keinen Widerspruch ertragen.

35. Kein Lustigmacher hat sich Hochachtung erworben.

36. Wer so gern von Tugend spricht und sie nicht in Thaten zeigt, ist ein Heuchler, und schadet mehr, als er nutzt, u. s. w.

4.) Aus dem Umgang, z. B.

1. Wem Ordensmitglieder seine meiste und liebste Gesellschaft sind, dem ist auch wahrhaft an dem Orden gelegen.

2. Wer mit Spielern, Schwelgern, Weibspersonen ꝛc. seinen meisten Umgang pflegt, der verräth dadurch, was er sucht und liebt.

3. Wer sich hervordrängt, den Umgang mit Höhern oder Grossen vor allen andern sucht, den treibt Eitelkeit dazu, der will sich bey seines gleichen Ansehen geben, will besser seyn als sie, Einfluß auf sie erhalten; der ist ehrgeizig und herrschsüchtig.

4. Wer noch dabey seines gleichen verachtet, und, in Gesellschaft der Höhern, seine Freunde verkennt,

kennt, ist dabey ein stolzer aufgeblasener Mensch, der sich seines Standes schämt, mehr scheinen möchte, als er ist.

5. Wer, um dazu zu gelangen, so gar mit dem Gesinde der Großen in vertrautern Umgang lebt, solchem unter seiner Würde begegnet, der ist ein niederträchtiger Mensch, der bey diesem kriecht, um über alle andere zu herrschen.

6. Wer die Antichambres häufig besucht, hat sonst wenig zu thun, und folglich viele Zeit zu verlieren, oder er hat sehr viel zu suchen.

7. Wer den Umgang mit Bessern geflissentlich vermeidet und nur Schwächere sucht, die er unterrichten kann, der dünkt sich vollendet, und will glänzen, und steht im Fortschreiten zur Vollkommenheit still.

8. Wer den Umgang von bessern und vollkommnern Menschen sucht, der will sich selbst vervollkommnen oder den Anschein davon haben.

9. Wer jedermanns Freund ist, ist niemands Freund.

10. Wem alle Gesellschaften gleich sind, der geht seinem Zeitvertreib nach.

11. Wer nur zur Zeit mit gewiſſen Leuten Umgang pflegt, wo er ſie braucht, der geht ſeinem Intereſſe nach.

12. Wer Geſellſchaft flieht und Einſamkeit ſucht, der will entweder Zerſtreuung vermeiden, und liegt ernſthaftern Geſchäften ob, oder kennt ſeine Mängel, die er verbergen will, oder iſt von Menſchen zu häufig gemißhandelt oder hintergangen worden, oder ſieht ſich in zu hohem, andere in zu ſchwachem Licht, oder der Grund liegt in ſeinem Temperament.

13. Wer ſonſt von groſſer Thätigkeit iſt und doch Einſamkeit ſucht, der hat andere Geſchäfte; will aber ſein Spiel verbergen, um es um ſo gehinderter zu ſpielen, je weniger er bemerkt wird u. ſ. w.

5.) Aus dem Zorn.

1. Wer ſich wenig erzürnt, iſt entweder ein ganz weiſer oder phlegmatiſcher Mann.

2. Wer ſich viel erzürnt, fordert viel.

3. Wer ſich lebhaft erzürnt, fordert lebhaft.

4. Weſſen Zorn ſich ſogleich äuſſert und vertobt, deſſen Zorn iſt unſchädlich.

5. Wer seinen Zorn verbergen kann, hat Macht über sich, und lauert auf Gelegenheit zu schaden.

6. Schneller auffahrender Zorn geht bald vorüber.

7. Eitle und ehrgeizige Menschen sind dem Zorn am meisten unterworfen.

8. Wer sich erzürnt, zeigt seinem Gegner seine Schwäche, wo er ihn zum zweytenmal greifen kan, wenn er nur will; also wer sich viel erzürnt, ist ein schwacher Mensch.

9. Aus dem Gegenstand des Zorns erkennt man den Weisen, so wie den Thoren u. s. w.

6.) Aus den Gelegenheiten sich zu zeigen, z. B.

1. Wer dem Orden nur anhängt, so lang es gut geht, der ist ein elender Ordensmann.

2. Wer um seinetwillen keine Widerwärtigkeiten übernehmen kann, der ist schwach von seinem Zweck eingenommen.

3. Wer sich durch Verläumdungen und Tadel der Profanen davon verscheuchen läßt, sich seiner und der Mitglieder schämt, den hat Eitelkeit dazu gebracht, nicht der innere Werth der Sache.

Q 3   4. Wer

Wer die Vertheidigung verweigert, wo er sie nöthig hat, die Hülfe versagt, wo man ihrer bedarf, der beweist, wie schwach er ihm angehangen, der verräth seine engern Absichten, die Schwäche und die Unzuverläßigkeit seines Charakters, der verräth, wie sehr er für sich, wie wenig für andere sorgt, wie gleichgültig ihm das Ganze ist u. s. w.

7.) Eben so sehr kann ich aus den Lieblingsgeschäften eines Menschen, aus seinem Lob und Tadel, aus dem Zweck, der ihn zum Orden gebracht, aus den Forderungen, die er an ihm gemacht, aus der Länge der Zeit, aus den kleinen Handlungen, wo man sich minder verstellt, weil man seltner beobachtet wird, aus dem Interesse seines Standes, aus der Lage seiner Umstände, aus seinem Gang, Alter, Stand, Temperament und Gesichtsbildung, ähnliche Regeln abziehen, um auf seinen Charakter zu schließen. Aber ich muß mich hüten, kein einseitiges Urtheil zu fällen; ich muß vielmehr in der Anwendung dieser Regeln alles miteinander vergleichen, eins durch das andere erklären und dadurch die wahre Ursache erforschen: denn beym Charakter des Menschen würkt alles zusammen, um diese Mischungen von Ideen, von Neigungen und Trieben zu bewürken.

Reli-

Religion und Staatsverfassung haben nicht minder einen entscheidenden Einfluß, und wem einmal der Hauptzweck eines Menschen bekannt ist, der kann mit Zuverläßigkeit bestimmen, welche Mittel er ergreifen werde, um dazu zu gelangen. So wie er aus den gewählten Mitteln zuversichtlich auf den Zweck schließen kann; weil jeder Zweck seine eigene Mittel, jede Mittel ihren eigenen Zweck haben.

Ich bescheide mich auch gern, daß ich mich durch äussere und glänzende menschliche Handlungen nicht darf hintergehen lassen. Nicht jedes, was den Anschein der Tugend hat, ist würkliche Tugend. Die Bewegungsgründe, die dabey zum Grunde liegen, die Verfaßung und Stimmung des Geistes, dessen Aeusserungen sie sind, diese allein bestimmen den Werth oder Unwerth jeder Handlung. Dabey sollen mir folgende Grundsätze zur Richtschnur dienen, um mich nicht zu betrügen:

1. Jede Handlung kann mancherley Gründe haben, diese muß ich wissen, um den Werth dieser Handlung zu bestimmen.

2. Nicht alle Gründe sind gleich edel und rein; der Tugendhafte handelt nach den reinsten und edelsten. Und der Geist, der nach den edel-

sten reinsten Absichten handelt, ist der vollkommenste Geist, und zugleich der zuverlässigste Freund und Gesellschafter.

3. Wer in seinen Handlungen Vergnügen oder Vermeidung des Mißvergnügens zum Hauptzweck macht, wer behauptet, daß alle Vergnügen im Grund sinnliche Vergnügen sind und sich am Ende in solche auflösen, dessen Tugend ist blos epikurisch, dessen Leitfaden ist unsicher. Er kann ein ehrlicher, aber kein grosser Mann seyn.

4. Wer im Gegentheil jede Handlung blos darum und aus keiner andern Absicht unternimmt, als weil sie ihn zum bessern vollkommnern Menschen macht, weil dieß seine Bestimmung ist, weil dieß Wille des Urhebers der Natur ist, und weil nur damit allein die unzertrennliche Folge, das reinste dauerhafteste Vergnügen für alle Zukunft und das wenigste Mißvergnügen, verbunden ist, wer nur Vergnügen sucht, das aus Geistes Vollkommenheit entspringt, dieß allein sich zum Zweck seiner Handlungen macht: dessen Tugend ist so rein, als sie seyn kann, sie ist sokratisch, stoisch, christlich. Ein solcher Mann ist zu allen grossen Handlungen fähig, ist sich durchaus

aus gleich, unerschütterlich in Gefahren, zuverläſſig in der Freundſchaft, groß in Thaten und groß in Gedanken.

5. Wer nicht das Vergnügen überhaupt, ſondern noch vollends eine beſondere Gattung von Vergnügen, z. B. Ehre, Macht, Reichthum, Beyfall der Menſchen, zu ſeinem Hauptzweck macht, der kann wohl manche gute Handlung thun, aber nur weil ſie Mittel zu ſeinem Zweck iſt; der wird auch das Gegentheil thun, weil es Mittel zu ſeinem Zweck iſt, der iſt am weiteſten entfernt, ein vollkommener Menſch zu werden, ein zuverläſſiger Geſellſchafter zu ſeyn; obgleich dieſes Betragen das herrſchende unter Menſchen iſt.

Um mich von dieſen Grundſätzen durch Erfahrung zu überführen, um die Triebfedern menſchlicher Handlungen im Guten wie im Böſen genauer kennen zu lernen, will ich die Gründe aller menſchlichen Tugenden nach und nach erforſchen. Hier ſind Beyſpielsweiſe einige:

1.) **Gerechtigkeit.**

1. Viele Menſchen ſind gerecht, um als ſolche geprieſen zu werden, um das Vertrauen der Menſchen, um Einfluß auf Sie zu erhalten,

um sich durch diesen Ruf auf Aemter zu schwingen, wo Unpartheylichkeit erfodert wird. Ein elender Grund, weil Gerechtigkeit geliebt wird als Mittel zu einem niedrigern Zweck;

2. weil mit Hintansetzung der Gerechtigkeit widrige Folgen verbunden sind; ein eben so schlechter Grund;

3. weil Gerechtigkeit mein Eigenthum, meine Rechte versichert;

4. weil Gerechtigkeit die Ordnung und Ruhe der Gesellschaft erhält;

5. weil Ausübung der Gerechtigkeit Herrschaft über sich selbst, Verzicht auf unmittelbare Vortheile, Kenntniß seiner Rechte, Kenntniß von den Rechten anderer, die Verhältniße beyder gegeneinander, einen geordneten Verstand und einen nicht minder geordneten Willen voraussetzt, die sämtlich Eigenschaften eines vollkommenen und bessern Menschen sind; weil der, so sich Eingriffe in die Zwangspflichten anderer erlaubt, um so weniger die Liebespflichten beobachten wird; weil ohne Ausübung derselben Menschen in der Entwickelung ihrer höhern Kräften gehindert wurden. —— Welcher Grund ist nun der reinste? Welcher wird am zuver-

zuverlässigsten unter allen Umständen und zu allen Zeiten die Ausübung der Gerechtigkeit veranlassen? Der Menschenforscher wird auch finden, daß nach Verschiedenheit der Bewegungsgründe jede Ausübung der Gerechtigkeit, ihre eigenen Zeichen und Merkmale habe, welche die Triebfeder verrathen und bezeichnen.

2.) Mässigkeit. Menschen sind mässig:

1. Aus Temperament.
2. Aus Liebe zum Leben.
3. Aus Abscheu gegen Krankheiten.
4. Um mit mehr Geschmack zu genießen.
5. Aus Geiz.
6. Um freyer, unabhängiger zu seyn.
7. Um Herrschaft über sich zu erringen.
8. Um dafür angesehen und gerühmt zu werden.
9. Weil wir genießen, um zu leben; weil wir leben, um thätig zu seyn, um unsere Kräfte zu entwickeln. —— Weil ein kranker Körper die Entwickelung der Geisteskräfte hindert.

3.) Wer das Lob verachtet, will oft zweymal gelobt seyn, oder haßt vielmehr die Art als die Sache selbst.

4.)

4.) **Tapferkeit**, hat zum Grund:

1. Temperament.

2. Liebe zum Ruhm.

3. Furcht vor der Schande.

4. Begierde sein Glück zu machen.

5. Verlangen nach einem angenehmen und gemächlichen Leben.

6. Begierde andere zu übertreffen.

7. Mindere Ueberzeugung von der Gefahr.

8. Bekanntschaft mit schrecklichen Auftritten.

9. Bestreben eine höhere Pflicht zu erfüllen, und Unterordnung der Zwecke.

5.) **Verachtung der Reichthümer** ist oft nur:

1. eine Feinheit, sich vor der Schande der Armuth zu schützen.

2. Geheime Rache gegen die Ungerechtigkeit des Glücks.

3. Haß gegen die Reiche, Begierde diese zu erniedrigen, sich zu erhöhen.

4. Ein Seitenweg, um zur Ehre zu gelangen, die man durch Reichthümer nicht erhalten kann.

5. Der Weise verachtet Reichthümer wenn sie ihn auf dem Weg zum Guten hindern, und auf Nebenabsichten verleiten, weil sie Mittel, nicht Zweck sind.

6.) Demuth, ist bey den meisten:

1. Heimlicher versteckter Stolz.
2. Unmerkbare Herrschaft selbst über die, denen man sich unterwirft.
3. Ein Kunstgriff des Stolzen, um sich zu schwingen.
4. Man ist aber auch bemüthig, weil man seine Schwachheit kennt und genau weiß, wie viel uns noch bis zur Vollständigkeit mangelt; weil man sich mit andern, höhern, bessern vergleicht, und eben dadurch der Entschluß entstehet, ihnen ähnlich zu werden.

Falsche Demuth wird erkannt:

1. Wenn die, welche so viele Geringschätzung ihrer selbst so sehr äussern, doch anbey sehr sorgfältig die Art bemerken, mit welcher man ihnen begegnet, und jede solche Vernachläßigung ahnden.
2. Wenn man demüthig ist, gegen die so man braucht, aber stolz gegen andere, die entbehrlich scheinen.

7.)

7.) **Aufrichtigkeit.** Man ist aufrichtig:

1. Um von andern ein gleiches zu erfahren.
2. Um das Vertrauen andrer zu erhalten.
3. Um von andern nicht hintergangen zu werden.
4. Um dem Verdacht von Duplicität und Falschheit zu vermeiden.
5. Um sich andere geneigt zu machen.
6. Weil man ohnehin nichts verschweigen kann, und den Zwang der Verstellung scheut.
7. Um durchgehends Glauben an seine Worte zu erhalten.
8. Oft um sichrer betrügen zu können.
9. Weil man nichts denkt oder thut, dessen man sich zu schämen hätte.
10. Weil Aufrichtigkeit die Eigenschaft einer schuldlosen, vollkommenen Seele ist.

Wenn ich die herrschende Idee und Leidenschaft meines Zöglings erforscht habe, so wird es weiter nöthig seyn, mich mit der Natur dieser Leidenschaft bekannter zu machen. Ich muß wissen:

1. **Woher, durch was hat diese Leidenschaft, diesen Zug, diese Macht über menschliche Seelen? Was ist das, so ihr den meisten**

Reitz giebt. Ich muß dieses erforschen, um zu wissen, was ihn anzieht, um ihm sodann diese nehmliche Erwartung auf einer andern Seite, weit sicherer und dauerhafter befriedigen zu können.

2. Was die Leidenschaft gutes habe. Denn dieses brauche ich nicht zu ändern, oder zu untergraben: sondern ich baue vielmehr darauf, gehe davon aus, und schliesse mich daran.

3. Was diese Leidenschaft böses hat. Denn dieses muß gezeigt, entwickelt, geahndet, lebhaft vorgestellt werden, daß er die Hauptsache, wegen welcher er diese Leidenschaft nachhängt, erhalten kann, ohne die bey dieser Leidenschaft mit unterlaufenden Gefahren und Irrwege mit zu durchlaufen.

So bald ich z. B. dem Ehrgeizigen die Befriedigung seiner Erwartungen auf einer andern Seite begreiflich mache, ihm vorstelle, daß er auf diese neue Art, weit sicherer dazu gelangen werde: so ist er gewiß in der Stunde, wo der Vortrag geschieht, meines Sinns. Es liegt sodann nur an mir, ihn an kleine Uebungen zu gewöhnen, diese Vorstellung ihm geläufig zu machen und von Zeit zu Zeit lebhaft zu unterhalten.

ten. Ich will dieß alles in einem Beyspiel an dem Ehrgeitz versuchen.

Ehrgeitz ist unmässiges Verlangen nach äusserlicher Ehre, nach den Aeusserungen der Achtung und Unterscheidung.

Das Anziehende des Ehrgeizes ist, oder die Ursachen, warum Menschen ehrgeizig sind, warum die äusserlichen Zeichen der Ehre so begehrungswerth sind, sind folgende:

1. Weil sie in uns das Gefühl von innerlicher Vollkommenheit erwecken.

2. Weil Ehre Ueberlegenheit voraussetzt, Einfluß und Macht ertheilt, über alle, die uns ehren.

3. Weil dieser Einfluß weiteres Mittel ist, uns andere Arten von Vergnügen zu verschaffen, Menschen geneigt zu machen, daß sie dazu beytragen.

4. Weil Ehre unsere Sphäre von Würksamkeit erweitert, manchen Widerstand durch die erweckte Achtung beseitiget.

5. Weil jeder sich so gern beredet, daß er innerliche Ehre, Vollkommenheit habe, und wenn er sie auch nicht hat, um der damit verbundenen

denen Vortheile willen, doch gern dafür angesehen werden möchte.

Der Ehrgeiz hat gutes an sich:

1. Daß er eine Aeusserung des Triebs nach Vergnügen und Glückseligkeit ist.

2. Daß er im Grund nichts anders, als der Trieb nach Vollkommenheit ist.

3. Daß er unter vernünftiger Leitung die Menschen am fähigsten macht, grosse Handlungen zu unternehmen.

Der Ehrgeiz hat das schädliche:

1. Daß seine meisten Anhänger falsche Begriffe von Ehre haben.

2. Daß er sehr geneigt macht, die Folgen zu wollen, ohne die Ursache davon vorerst zu setzen. Er verlangt die Würkung äusserlicher Zeichen, und diese sind eine Folge von innerlicher Ehre und Vollkommenheit, nach der Regel: thue was ehrwürdig ist, und die Ehre wird folgen. Dann erst ist sie ungeheuchelte äusserliche Ehre.

3. Daß eben darum innerliche Vollkommenheit und Ehre insgemein vernachlässiget und äusserliche zum Zweck gemacht, anbey alles ohne

Unterſchied ſodann begehrt wird, was Mittel dazu iſt.

4. Daß ſich daher der Ehrgeiz ſehr gern mit der Eitelkeit, Liebe zur Macht, Lob, Beyfall und Ruhmbegierde vereiniget, oder gar in ſolche übergeht, wenn gröſſere veranlaſſende Umſtände dazu vorhanden ſind.

5. Daß Ehrgeizige gar häufig die erhaltene Achtung mißbrauchen, Dinge dadurch ſuchen und bewürken wollen, die nicht geſucht, nicht bewürkt werden ſollten, daß alſo Ehrgeizige eben dadurch die erhaltene Achtung wieder verlieren.

Wenn nun mein Ehrgeiziger aufhören ſoll, ein ſolcher zu ſeyn, ſo muß ich ihm zeigen:

1.) Daß äuſſerliche Ehre innerliche Ehre vorausſetze, das ſie auſſerdem bloſſe Heuchelen oder Schmeichelen ſey, an welcher kein Vernünftiger Geſchmack finden kann, daß äuſſerliche Ehre bey vernünftigen Menſchen unausbleibliche Folge ſey, ſo bald ſie innerliche Ehre gewahr werden, daß aber der Tadel der Unvernünftigen eben ſo wenig Ehre nehme, als ihr Beyfall geben kann, wenn und wo nichts vorhanden iſt.

2.)

2.) Daß also diese innerliche Vollkommenheit allein dasjenige sey, welches die oben angeführten Vergnügen des Ehrgeizes unvermeidlich gewährt, ohne seine bösen Folgen nach sich zu ziehen, wie jeder aus der Anwendung sehen kann, wenn er beyde noch einmal durchgehen will.

3.) Daß man also wahre Ehre, wahre ungeheuchelte Merkmale der Ueberzeugung, so andere von unserm innern Werth haben, dadurch erhalte, daß man suche:

1. An Geist, Herz und Kopf immer vollkommener zu werden.

2. Solche Handlungen zu unternehmen, die Seelengrösse voraussetzen, die wegen des dabey oft unterlaufenden schweren Kampfs nicht jeder unternehmen kann, der nicht eben so groß ist.

3. Daß man diese seine so hohen Kräfte zum Nutzen und Vortheil anderer verwende.

4.) Man gewöhne dabey seinen Kranken, auf das Betragen anderer Ehrgeizigen aufmerksam zu seyn; vorzüglich auf den Eindruck, den sie auf ihn selbst machen; man reize ihn, die innerliche Ehrwürdigkeit dieses Ehrgeizigen zu untersuchen, das Ungegründete dieser seiner Forderungen, den

Zwang und die Heuchelen derer, so ihn zu ehren scheinen, das Gelächter eben derselbigen, wenn sie ungehindert lachen können; man stelle ihm vor und lehre ihn die Situationen zu verwechseln, sich in die Lage dieser, diesen in seine Lage zu versetzen, der Zuschauer von sich selbst zu werden.

5.) Um dieses ihm anfänglich auf die gelindeste Art, mit dem geringsten Widerwillen beyzubringen, wende man solches nicht sogleich unmittelbar auf ihn selbst an, man suche vielmehr in seiner und anderer Gegenwart, die Unterhaltung auf diesen Gegenstand zu lenken; da untersuche man psychologisch die Natur des Ehrgeizes, da führe man aus dem gemeinen Leben Beyspiele an, die diese Grundsätze bestättigen, da lege man ihm selbst die der seinigen so ähnliche Conduite anderer, seiner eigenen Entscheidung vor; da veranlasse man, daß er selbst diese Grundsätze entwickeln müsse.

6.) Um von diesen Untersuchungen den gehörigen Nutzen zu haben, um nicht genöthiget zu werden, zu specielleren Anspielungen zu schreiten, so gewöhne man seine Freunde, gleich im ersten Anfang; man mache es so zu sagen zum Gesetz und zur Bedingung seines engern Umgangs, daß jeder, so wie von Fehlern der Menschen die Rede ist,

ist, so gleich in sich selbst gehe, das Gesagte auf sich anwende, sich Mühe gebe, nicht sich zu entschuldigen, sondern diesen Fehler an sich würklich zu finden. Wenns nöthig ist, so führe man ein gewisses Zeichen z. B. Schlag auf den Tisch, als ein Signal ein, diese Erforschung vorzunehmen.

7.) Wer einmal eine solche Versammlung von Menschen, diese Art von Unterhaltung liebt, sie oft besucht, Beyspiele darin entdeckt, gute Folgen sieht, der ist gewiß schon weit auf den Weg zu seiner Vervollkommnung, mit diesem ist in Zukunft alles zu machen, wenn der Führer sich gleich bleibt, und sein Vertrauen forthin zu unterhalten weiß.

Zusammenkünfte und Unterhaltungen von dieser Art sind das zweckmässigste, was zur Führung und Umstimmung eines Menschen geschehen kann; doch müssen sie ohne Zwang und Verbindlichkeit seyn. Je mehr sie den Anschein von Freyheit haben, je unvermerkter die Wendung zu solchen Unterredungen geschieht, je mehr und brünstiger sie gesucht werden: je grössere Würkung ist davon zu hoffen; und solche Unterredungen über Gegenstände, die so sehr interessiren, weil sie der Schlüssel zum Herzen anderer sind, die man so gern von Grund aus kennen möchte, um sich ihrer zu seinen

Absichten zu bedienen, deren Bestättigung jeder in sich selbst finden kann, die den Beobachtungsgeists schärfen und zum Umgang mit der Welt so aufgelegt machen, wo man ohne Anstrengung lernt, weil man alles in Folgen und Beyspielen sieht oder hört, haben zu viel Anziehendes, zu viel einleuchtenden Nutzen, auch für gleichgültige Zuhörer, als daß sie nicht eifrig sollten gesucht und unterhalten werden. Hier kann an jedem Ort, von jedem nach dem Muster der vorausgegangenen Untersuchungen, durch bloße Unterredung, das noch Abgängige ergänzt, über die Triebfedern menschlicher Handlungen und Tugenden, über das Anziehende jeder Leidenschaft, über die Behandlungsart gewisser Temperamente, über die Kennzeichen der Leidenschaften, über solche praktische Gegenstände, die zur Menschenkenntniß führen, aus eigener Erfahrung gesprochen, gestritten und geschrieben werden. Hier können selbst Uebungen angestellt und zweckmäßige Rollen unter den Mitgliedern vertheilt werden. — Welche Gelegenheit sich zu bilden? Welches reiche Feld, um zu beobachten, zu lehren, indem man lernt, zu lernen indem man lehrt! Bücher welche hier zweckmässig gelesen werden, sind:

1. Alle

1. Alle Geschichtschreiber besonders Tacitus.

2. *La chambre* caractere des passions.

3. *Bellegarde* l'art de connoitre les hommes.

4. La fausseté des vertus humaines.

5. *Rochefaucault* Maximes.

6. L'homme de cour.

7. Les caracteres de *Theophraste*.

8. Seneca de ira et de beneficiis.

9. La Lanque.

10. Die Preisschriften über die Neigungen.

11. Kämpfs Abhandlung von den Temperamenten, u. a. m.

Alle diese Schriften müssen nur als Gelegenheiten und Aufforderungen zu eignem Nachdenken, Prüfung und Berichtigung durch eigene Erfahrung und Beobachtung gebraucht werden.

Wer auf Menschen würken, ihre Neigungen ändern will, der will machen, daß Gegenstände aufhören begehrungswerth zu seyn, die es vordem waren, der will machen daß Gegenstände begehrt werden, die vordem verabscheut wurden. Dieser muß also:

1. Auf

1. Auf die Vorstellungen, auf die Ideenreihe, auf den Verstand derer würken, die er ändern soll.

2. Nun hat jeder Mensch seine Ideen, weil er glaubt, daß sie wahr seyen und richtig. Wer also diese geradezu angreift, wird allzeit Widerstand finden, und ohne Erfolg arbeiten. Um dies zu vermeiden, muß er

3. wissen, wen er vor sich hat, was ihm entgegen steht, wo die Schwäche ist, der er sich bemeistern muß. Diese ist allzeit dort, wo seine und seines Gegners Grundsätze übereinstimmend sind.

4. Dort muß er eindringen, sich anschliessen, aus dem Zugestandenen unmerklich folgern, auf diese Art sich immer ausdehnen und entfernen, was ihm entgegen steht.

5. Er muß den Grund untergraben, die Folgen fallen sodann von selbsten.

6. Er muß vorher Bedürfniß erwecken, nach dem, was er vortragen will.

7. Er muß ihm die Sache näher legen, nicht selbst darreichen, der nöthige Begrif muß wie selbst erfunden mit einem mal in seiner Seele entstehen. Er muß

8. daher

8. daher Vorbereitungen vorausschicken, die ihn im Verfolg selbst nöthigen, auf diese Resultate zu verfallen. Unsere Vorbereitung zur Aufnahme der Mitglieder ist ein Beyspiel davon.

9. Er muß ihn in Lagen setzen, wo sich diese Ideen oft erneuern;

10. sie daher geschickt mit sehr bekannten täglichen Ideen lebhaft verbinden.

11. Seinen Mann in Verbindung und Gesellschaft ähnlich denkender Menschen bringen.

12. Ihm solchen werth und zur vorzüglichen Gesellschaft machen.

14. Und alles neue Beyzubringe in Verbindung mit seiner Glückseligkeit zeigen.

15. Hier durch Beyspiel lehren, und seine Lehren personficiren.

16. Aber nichts zur Unzeit.

17. Ohne Eigennutz und merkbare Absicht auf diese seine Aenderung.

18. Sinnlich, lebhaft, mit gehörigem Nachdruck und Wohlredenheit vorgetragen.

Dieß kann und wird nie ohne Würkung und gutem Erfolg seyn, wenn nichts übereilt und keine Gedult und Fleiß dabey gespart werden.

Das größte Hinderniß von jeder ernsthaften, dauerhaften und baldigen Menschenbekehrung ist Trägheit, diese Erbsünde des menschlichen Geschlechs, aber nicht diejenige, welche in dem Temperament und dem körperlichen Bau des Menschen ihren Grund hat, sondern die, deren Sitz in der Seele selbst ist. Wer diese zu ändern im Stand ist, hat mit einemmal eine Menge von Hindernissen aus dem Weg geräumt. Diese Trägheit ist der jedem Menschen so gewöhnliche Abscheu vor jeder Anstrengung; sie erscheinet unter verschiedenen Gestalten, und ist die Quelle von einer Menge von Fehlern; aus ihr entstehen:

1. Unser Abscheu vor allen Neuerungen.

2. Aller Leicht- und Aberglauben der Menschen, samt allen Vorurtheilen.

3. Aller Hang zum Zeitvertreib.

4. Die Macht des gegenwärtigen angenehmen oder unangenehmen Eindrucks.

5. Die Begierde zu scheinen, was man nicht ist, aber doch seyn konnte.

6. Alles Mißtrauen auf seine Kräfte.

7. Muthlosigkeit und Verzweifelung an Ausführung grosser Plane; die darüber so häufig entstehenden Zweifel und Bedenklichkeiten.

8. Abscheu vor Gefahren und allen übrigen Geschäften, die etwas über die schon gewöhnliche Anstrengung erfordern.

9. Vorliebe zum Genuß, Gemächlichkeit und allen Arten von unmittelbarem Vergnügen samt allen damit verbundenen Mängeln und Lastern.

Trägheit entstehet

1. Aus dem Mangel eines lebhaften Interesse.

2. Aus der Unvermögenheit des Geistes in einem gegebenen Gegenstand, das Interesse zu schauen, diesem Blick die gehörige Lebhaftigkeit zu geben;

3. Aus einem lebhaftern Interesse für andere Gegenstände und Zwecke.

4. Aus überspannten Begriffen von Vollkommenheit.

5. Auch aus Grundsätzen, welche das Verderbniß unsrer Kräfte und unsrer selbst als ursprünglich voraussetzen.

6. Aus der Vorstellung der Unmöglichkeit in Vergleichung mit unsern Kräften.

Diese

Diese Trägheit vermindert sich.

1. Wenn man der Sache grosses Interesse zu geben weiß, sie als wesentlich zu unsrer Glückseeligkeit vorstellen kann.

2. Anbey die Möglichkeit und

3. die Leichtigkeit zeigt, solche zu erreichen.

4. Daher im Anfang nicht zu viel fordert.

5. Den Blick und die Aufmerksamkeit von Stuffe zu Stuffe richtet.

6. Beweist, wie alles im Anfang klein sey, seyn müsse, wie die größten Dinge, die größten Menschen, auch vom kleinsten ausgegangen und nur dadurch so groß geworden, daß sie niemalen mehr gethan, als ihre Umstände erlaubt, dieß aber allzeit unverdrossen gethan, daß viele kleine Vorschritte endlich einen größern bewürken, daß viele ungleich schwächern dieses geleistet.

7. Durch Kundmachung solcher Regeln, wodurch man in Stand gesetzt wird, eine Menge von einzelnen Fällen, mit einemmal zu überschauen.

8. Durch lebhafte Entwickelung von der Güte der entferntern Folgen.

9. Da=

9. Dadurch, daß sich der Führer im Anfang in etwas gleich stellt, seine Ueberlegenheit nicht zu sehr äussert, das Ideal nicht übertreibt. Ueberhaupt ist es ein elender schwacher Kunstgriff in Menschenführung und Ordensbildung, sich dadurch Ansehen bey seinen Eleven zu verschaffen, daß man so gern zu verstehen giebt, wie weit man schon in Ordensgraden voran gerückt sey; wenn der Führer nicht ein vollendeter Mensch ist, so wird sich der Eleve vielmehr wundern, daß man solche Leute so frühe und so weit befördert, dadurch wird seine Achtung für das Ganze herabgestimmt. Dieser Fehler ist um so gefährlicher, weil jeder sich zu vollkommen glaubt und nicht vermuthet, daß diese Anwendung auf ihn gemacht werde. Bey einem solchen Vorgeben liegt allzeit Eitelkeit zum Grund.

Kurz: Vorhergesehener großer Vortheil, sehr möglich zu erreichen, mit mässiger Anstrengung, macht thätig.

1. Wer also für den Orden thätig werden soll, dem muß Liebe zum Zweck beygebracht, dieser Zweck als sehr möglich vorgestellt und bewiesen werden, daß seine Kräfte ohne übermässige Anstrengung hinreichend sind.

2. Je

2. Je grösser diese Liebe zum Zweck ist, je möglicher derselbe ist, je einfacher die Mittel, so dazu führen, je grösser die Ermunterungen sind, um so grösser ist die Thätigkeit.

3. Wenn die Liebe zu dem Zweck auf den Grad steigt, daß alle andere Zwecke als kleiner und niedriger vorgestellt werden, dann fällt die ganze Thätigkeit und Kraft der Seele auf diesen Zweck allein, ist der größten Aufopferung fähig, am fähigsten die größten Schwierigkeiten zu überwinden; daher die Anhänglichkeit für Religion, der Mönchsorden für ihre Gesellschaft.

4. Je höher, grösser und edler der Zweck ist, für welchen die Seele glühet, je heller, lebhafter, ausgezeichneter und anschaulicher er vor ihr liegt: je grösser, würdiger und rechtmässiger wird dieser Enthusiasmus, eine um so reichere Quelle von grossen Handlungen und Tugenden wird er sodann. Die Seele verliert sich in der Grösse des Gegenstandes vergißt sich selbst, sieht alles unter sich und niedriger.

5. Hohe Grundsätze, grosse Gesichtspuncte, grosses Interesse, grosse Beyspiele sind daher am fähigsten, Begeisterung zu würken. Im Mangel würklicher Beyspiele, vertretten die grossen

Thaten

Thaten der Alten ihre Stelle und erseßen diesen Mangel. Fleissiges Lesen solcher Schriftsteller, in welchen falsche grosse Thaten in ihr gehöriges Licht gestellt sind, sind die fähigsten Mittel, die Seele zu erheben und Begeisterung zu erwecken. Aus dem Eindruck, den die Erzählung oder das Lesen solcher Handlungen macht, die unter der Beobachtung stehen, läßt sich ihre Empfänglichkeit für das Grosse und Heroische erforschen; wer fähig ist, grosse Gedanken zu verstehen, grosse Gesinnungen zu empfinden, grosse Thaten und Menschen zu schätzen und zu bewundern, der hat selbst Anlage ein gleiches zu werden, wenn Gelegenheit und Aufforderung hinzukommen.

6. An einer großen Seele muß alles groß seyn: Zweck, Mittel, Gedanken, Gesinnungen, Thaten. Diese gehen am Ende in Mienen und Geberden über; aber bey kleinen Geistern ist alles klein, und man ist immer noch klein am Geist, so lang der höchste Gesichtspunct und Zweck nicht die beyrschenden sind. Erforsche sich jeder, wie weit er es hierin gebracht habe.

Allgemeiner Unterricht über die Ordensconstitution.

§. 1.

Jede Gesellschaft hat 1) ihren besondern Zweck, 2) ihre besondere Mittel, die zu diesem Zweck hinführen sollen, 3) und gewiße Gesetze zu ihrer Erhaltung. Dieser Zweck, diese Mittel, und diese Gesetze machen ihre Constitution aus.

§. 2. Von der Güte des Zwecks hängt die Größe ihres Verdienstes, von der Güte der Mittel jene ihrer Weisheit, und von der innern Politik jene ihrer Macht und Stärke ab.

§. 3. Aber der Zweck muß der erste Augenmerk seyn, nach ihm muß sich alles übrige richten, mit ihm alles auf das vollkommenste übereinstimmen.

§. 4. Nicht leicht wird eine Gesellschaft zerstört oder werden Unordnungen darin erfolgen, wenn nicht schon in der Constitution gefehlt wurde, oder wenn man sich nicht später Abweichungen davon erlaubte.

§. 5. Bey geheimen Gesellschaften ist um so mehr Vorsicht nothwendig, weil da keine Zwangsmittel statt finden, sie keinen äußern Schutz haben

ben sollen, aber der Gefahren von auffen bey Entdeckung viele sind, Unordnungen leicht entstehen können, und Zerstörung bald auf diese folgt.

§. 6. Welche Klugheit erfordert erst die Einrichtung einer Gesellschaft, die sich den höchsten Zweck vorgesteckt hat, die es mit den allgewaltigen und einander so entgegen wirkenden Leidenschaften der Mitglieder so wohl als aller Menschen aufnimmt, die nichts weniger vor hat, als das ganze Menschengeschlecht umzubilden, und so umzubilden, daß es von der größten Unsittlichkeit zur größten Sittlichkeit, aus dem Elende zur Glückseligkeit emporsteige! Nicht nur alle Klugheit ist da erforderlich, sondern auch nothwendig, daß man auf das pünctlichste auf die einmal getroffene Einrichtung halte, so lange es zweckmäßig ist, daß sie so bleibe.

§. 7. Nur Glückseligkeit kann der höchste Endzweck seyn, denn keinen höhern hat selbst die Natur den Menschen weder ausgesetzt noch bekannt gemacht; so kann denn auch keine geheime Gesellschaft einen höhern Endzweck haben als Glückseligkeit; aber unter Glückseligkeit begreift die Natur alles erdenkliche Wohl, dessen die Menschen immer durch sich selbst, und durch eigene Betriebsamkeit fähig sind,

sind, das nie erlöschen kann, sie ganz durchdringt, nur in ihrer geistigen Veredlung hauptsächlich bestehen kann.

§. 8. In so fern also Glückseeligkeit der Endzweck einer jeden geheimen Gesellschaft ist, so wie er es des einzelnen Menschen ist, kommt jene auch mit diesen überein; aber sie ist verschieden von ihnen darin, daß sie nicht einen und eben denselben Begriff von Glückseeligkeit haben, daß diese wenigstens nur nach einem Theile derselben, nicht ganz nach ihr, wenn nicht gar aus Irrthum und Leidenschaft nach dem gerade entgegengesetzten streben, folglich auch in den zu brauchenden Mitteln sehr von einander abweichen müssen.

§. 9. Glückseeligkeit ist der Endzweck eines jeden Staats; in so fern hat also jene Gesellschaft auch mit Ihnen einen gleichen Endzweck. Aber sie gehen von einander dadurch ab, daß der Staat nur einzelne Nationen, sie aber die ganze Menschheit umfasse, daß er mehr nach bürgerlicher, sie mehr nach menschlicher Glückseeligkeit strebe, daß dort körperliches Wohlseyn beynahe das Constitutivum der Glückseeligkeit ausmache, hier aber körperliches Wohlseyn, nur als Mittel zu einem höhern Wohlseyn, nemlich geistiger Veredlung angesehen werde; daß dort beynahe nur
gesucht,

gesucht, Thaten zu erzwingen, und zwar nur in einer bestimmten begränzten Sphäre vom Guten, hier aber der Wille selbst, und zwar zu allem Guten hervorgebracht wird; daß der Staat sogar der Corruption der Menschen sich bedienen muß, um zu seinem Zweck zu gelangen, jene Gesellschaft aber vielmehr wider Corruption arbeitet; daß ihr nur ein einziges wahres und vollständiges Mittel zum Zweck übrig bleibt, indessen der Staat ihrer tausende finden kann.

Jenes einzige wahre und vollständige Mittel ist Aufklärung; denn die Einsicht leitet den Willen, der Wille bringt die That hervor. Höhere Sittlichkeit ist eine unmittelbare Folge der Aufklärung über sittliche Gegenstände, und eine mittelbare Folge der wissenschaftlichen und transcendenten Aufklärung; aber Sittlichkeit gebiert Glückseeligkeit und sie werden beyde als eines und eben dasselbe unter dem höchsten Zweck begriffen.

Also sittliche Aufklärung wäre das Hauptmittel einer solchen Gesellschaft, wissenschaftliche, in so fern sie Bezug auf jene hat, ein Nebenmittel. Der Reiz zum Guten entstehet dann von selbst durch die wahre und lebhafte Darstellung desselben. Der Wille geht in Handlungen über, höhere Sittlichkeit verbreitet sich, das Beyspiel wird zum neuen Reize, der Erfolg immer sichtbarer, Glückseeligkeit stets allgemeiner.

1. Zweck und Mittel.

§. 1. Nun diese Gesellschaft mit diesem Endzweck und diesen Mitteln ist die unsrige. Wir streben einzig nach allgemeiner dauerhafter menschlicher Glückseeligkeit und wir streben darnach einzig durch Aufklärung, meistens durch sittliche aber auch noch wissenschaftliche Aufklärung. Wir dehnen uns weit über die Gränzen des Staats hinaus, kommen diesem so gar zu Hülfe, erzwingen nichts, wirken nur auf die Einsicht der Menschen, bringen nur durch sie den festen und lebhaften Willen zu allem Guten, Rechtmäßigen und Schönen hervor, erhöhen auf diese Art das moralische Gefühl, erschaffen so zu sagen neue Menschen, weil wir sie aus unwillkürlich bösen zu willkührlich guten Menschen machen, mit Ihnen eine neue Welt, und sind getreue Werkzeuge der immer ins bessere arbeitenden Natur.

§. 2. Es hängt zwar auch die Veredlung des Geistes, oder seine Aufklärung vom Wohlseyn des Körpers ab, und darum sollte der, der jene hervorbringen will, auch dieses befördern; allein darüber hat schon der Staat die Sorge auf sich genom-

genommen, und sorgen auch wir desto emsiger als Bürger, je besser wir als Menschen und Glieder unsrer Gesellschaft sind. Ueberdieß hängt ohnehin körperliches Wohlseyn mehr noch von Aufklärung als diese von jenem ab.

§. 3. Also noch einmal! Aufklärung macht unser wesentliches Geschäft aus; aber sie muß gegen innen mehr als gegen aussen gerichtet seyn. Je mehr Aufklärung im Orden selbst verbreitet wird, und je mehr die Anzahl der Mitglieder desselben, nach und nach und mit den gehörigen Bedingnissen anwächst, desto mehr nimmt auch Aufklärung überhaupt unter den Menschen in der Welt zu. Nur so kann sie Wurzeln fassen, gedeihen, allgemein und auf keine Art schädlich werden, weil sie nicht theilweise, nicht ohne Vorbereitung, nicht ohne Auflösung aller Zweifel, und ohne allen Sprung langsam, sicher, und nach ihrem Wesen betrieben wird.

§. 4. Ueber den Zweck selbst und seine Mittel, also über Glückseeligkeit und über sittliche Aufklärung müßen gewiße schriftliche Lehren ausgearbeitet und zum Gebrauche der Mitglieder hinterlegt werden, damit diesen ihr eigenes Feld nicht unbekannt sey, so bald sie dasselbe betretten, damit sie alle gleich und von eben demselben Standpuncte ausgehen können, damit sie vielmehr aufgemuntert werden, darüber noch weiters nachzudenken, Beobachtungen anzustellen, sie auf das praktische Leben anzuwenden, und Erfahrungen zu sammeln, deren Resultat ihre ganze Lebensart bestimme; aber diese Lehren müssen noch ihre besondere Eintheilung haben, stuffenweise an Wichtigkeit zunehmen, und keinem Mitgliede darf ein Theil davon gegeben werden, wozu er nicht schon vorbereitet ist; diese Vorbereitung geschieht durch mündlichen Unterricht der Führenden. Das Erste leisten uns die sogenannten Grade das andere die Instructionen für Manuductoren.

§. 5. Doch es kommt alles zur Erfüllung des Zwecks darauf an, mit welchem Fleiß und mit welcher Vorsicht das Geschäft betrieben wird; soll es sicher gehen, und schnell zu dem Zweck gelangen, so muß die größte pünctlichste Ordnung darin herrschen; Diese Ordnung macht die innere Politik des Orden aus; davon hängt seine Macht und Dauer ab; es ist das dritte wesentliche der Constitution, und bringt ein neues Geschäft mit sich — das Geschäft des Zusammenhangs der Glieder.

2. Innere Politik.

§. 1. Soll Ordnung herrschen, so müssen die Geschäfte unter mehrere getheilet und jedem sein bestimmter Antheil zugemessen werden.

§. 2. Es muß eine aufsteigende Leiter von Subordination geben, so daß immer der, der höher steht, eine simplificirte Uebersicht des Ganzen unter ihm hat.

§. 3. Allgemeine Gesetze fordern Ueberlegung und Consultation; sie müssen also immer von der Versammlung der Weisen gegeben werden.

§. 4. Aber die Ausführung fordert Behendigkeit und Nachdruck; sie muß also einem anvertraut werden, und leidet nur Revision.

§. 5. Nirgends muß die Macht des Geheimnisses, der Reiz des Verborgenen ausser Acht gelassen, dieser aber auch nicht übertrieben werden.

§. 6. Jede Stuffe der Hierarchie muß ihre Controlle haben, um möglichen Mißbrauch der Gewalt, Nachlässigkeit oder Mißleitung zuverlässig zu wissen und hindern zu können.

A. Vertheilung der Geschäfte.

§. 1. Unsrer Gesellschaft die beste Verfassungsform geben, sie nach Bedürfniß umzuändern, zu verbessern, die Mitglieder nach dem Zweck des Ganzen

Ganzen zu bilden, zu leiten, aufzunehmen und zu befördern, Harmonie und Zusammenhang zu erhalten und zu verstärken, für alle mit brüderlicher und väterlicher Neigung zu sorgen, durch Vervollkommnung der immer an Zahl wachsenden Mitglieder auch das ganze Menschengeschlecht seiner Volljährigkeit näher zu bringen, dadurch der Tugend und Weisheit ihren Werth wieder zu geben, das Laster und seine Quellen zu zerstören, und so viel möglich allen gesellschaftlichen Mängeln zu steuern, darum diese zu erforschen, überhaupt den Gang der menschlichen Cultur zu studieren, die Hindernisse zu finden, das, was ihn befördern kann, zu entdecken, aus dem Vergangenen das Künftige als ein nothwendiges Resultat im Voraus zu berechnen, und so auf das Allgemeine zu wirken — dieß ist der Kreis unserer Thätigkeit.

§. 2. Es müssen Vorschläge zu Verbesserungen entworfen, und Beobachtungen darüber angestellt werden; und es müssen jene Vorschläge, die zweckmäßig sind, auch entschieden, verordnet und der Ausübung übergeben werden.

§. 3. Eine locale Vertheilung und Anweisung der Geschäfte ist also nothwendig; jeder untere Grad muß seinen eigenen Wirkungskreis haben, jeder

jeder höhere alle untere an sich schließen, der höchste endlich das Ganze mit einem Blick umfaßen.

§. 4. Zu dieser Localvertheilung sind folgende Rubriken nothwendig und hinreichend: einzelne Orte, kleine Districte, eine ganze Provinz und Nationen.

§. 5. Jeder dieser Kreise hat seinen eignen Vorsteher, jeder Vorsteher die Anweisung, was er zu beobachten hat, was er entscheiden kann, was er an höhere Vorsteher bringen muß. Nach dieser Kreisevertheilung muß sich also auch die Stuffenleiter der Subordination richten.

B. Leiter der Subordination.

§. 1. Die Hauptregel der Subordination ist: das Aug nur immer auf die gerichtet, zwischen denen du mitten inne stehst; auf den, der dir unmittelbar die Richtung giebt, auf den, dem du sie ertheilen sollst.

§. 2. Das Personale der Subordination erhält nach obiger Abtheilung folgende Stuffen:

a) Einzelne Mitglieder.
b) Vorsteher von mehrern Mitgliedern einzelner Orte: Manuductoren.

c) Vor-

c) Vorsteher von einzelnen Districten, Mittelpunct der Einheit für die Manubuctoren: **Präfecten**.

d) Ihm sind einige Mitglieder zur Erleichterung und richtigern Besorgung seines Geschäftes als Theilnehmer beygesetzt; alle zusammengenommen machen das Präfecturkapitel aus.

e) Aufseher der einzelnen Districte, Einheitspunct für die Präfecten: der **Provinzial**.

Bis hieher reicht die executive Macht.

f) Die Uebersicht der sämmtlichen Provinzen, die Regierung des Ganzen, die allgemeine Gesetzgebung, die Entscheidung dessen, was alle gleich angeht, gehört nur für die Ausgewählten, Erfahrensten, die Lehrer aller übrigen: **Kapitel und Provinzial**.

g) Wessen Einfluß aber sich über die Gränzen der Provinz erstrecket, was für die übrigen Provinzen gleich interessant ist, was wegen Entfernung der Personen keine gemeinschäftliche Consultation leidet —— das erfordert einen Repräsentanten des Ganzen, einen **National**.

Nach dieser Classification entwirft sich nun folgende Geschäftenanweisung.

A. Ein-

A. Einzelne Mitglieder.

Jedes Mitglied hat das Recht, ist dazu verbunden, auf alle Art dazu aufzumuntern, seine Aufmerksamkeit auf alles zu wenden, alles zu beobachten, was im einzelnen oder allgemeinen zum Besten der Menschheit vortheilhaft oder nachtheilig scheint, was ihm im Orden selbst gefällt, oder nicht gefällt, seinen Obern freymüthige Anzeige davon zu machen, und thunliche Vorschläge nach bestem Wissen hierüber zu entwerfen.

Aber nur Beobachtungen, Anzeige, Vorschläge, nicht Entscheidungen. Es muß an der Geschicklichkeit der Manuductoren fehlen, wenn diese ihren Untergebenen die Nothwendigkeit der Subordination, daß nicht alles zu allen Zeiten geschehen kann, daß nur die, die das Ganze übersehen, über das Ganze entscheiden können, nicht einleuchtend machen. Vielmehr wird da noch mehr wahre Freyheit seyn, wo Folgsamkeit ist. Einzelne Mitglieder können Profane zur Aufnahme vorschlagen, aber sie niemanden versprechen, viel weniger ertheilen.

B. Vorsteher.

Dem Vorsteher kommt es zu, sich in den Geist des Ordens hineinzudenken, ihn in allem seinen Thun und Lassen auszudrücken, die untergebenen Mitglieder seines Orts zu studieren, ihre Neigungen, gute und schwache Seite, Grundsätze, Vorschritte in der Vollkommenheit, Fähigkeiten, Verhältnisse, die weitern oder engern Kreise ihrer Interessen zu erforschen, sie nach dem Geist des Ordens zu bilden, ihrem Geist und Herz durch Lectüre, Umgang, Erklärung der Grade, schriftliche und mündliche Aufgaben Größe, Erhabenheit, und Vollkommenheit zu geben, ihnen Thätigkeit und Aufmerksamkeit für alles Gute mitzutheilen, durch eigene Vollkommenheit ihr Muster seyn, ihr ganzes Zutrauen zu gewinnen, ihnen Bruder, Vater, alles in allem zu werden. Was stört oder fördert hier den Fortgang unsers edlen Bundes? An welchen guten Grundsätzen fehlt es in diesem Ort insbesondere? Welche sind da die herrschenden Meinungen? Welchen Gang nimmt da die Sittlichkeit, wie ist sie beschaffen? Dieß sey die Frage, die er immer mit sich selbst und den seinigen anstelle.

So weit sein Kreis unter ihm; nun richte er seinen Blick gegen den, der ober ihm steht; sein unmittelbarer Oberer ist der Präfect, an diesem schickt er von Zeit zu Zeit:

a) Die Conduitentabellen seiner Untergebenen über den Fortgang ihrer Geistes- und Sittencultur, Zunahme der Menschenkenntniß, Anhänghänglichkeit, Folgsamkeit, Einsaugung des Ordensgeistes, Verschwiegenheit ꝛc.; ihre schriftlichen Arbeiten, Aufgaben legt er bey.

b) Er berichtet, wie der Orden in seinem Orte stehe, was für oder wider den allgemeinen Zweck geschehen sey, was ihm günstig oder hinderlich, was er und die seinigen dafür gethan ꝛc.

c) Ueber die wichtigern Dinge, deren Einfluß sich auch auffer seinem Kreise verbreiten kann, worin er seinen Profanen- oder Ordenskenntnissen und Klugheit nicht genug zutraut, fragt er an.

d) Endlich legt er auch seine und der seinigen freymüthige Vorschläge, Anzeigen und Beobachtungen über seinen Kreis, so wie über den ganzen Orden bey.

Auch Er kann Aufnahmen und Beförderungen vorschlagen, aber vor sich weder versprechen noch ertheilen.

C. Präfecten.

Der Präfect verhält sich zu den Vorstehern, wie diese zu den einzelnen Mitgliedern.

Er muß die unter ihm stehenden Vorsteher noch ferner leiten, also ihre Charaktere vom Grund aus zu kennen suchen, ihren Eifer rege erhalten und verstärken, alle Ausartung und Abweichung hindern, zu höheren Kenntnissen vorbereiten, ihr ganzes Zutrauen suchen und verdienen.

Er verordnet in seinem District nach den Berichten und Anfragen der Vorsteher, was ihm gut und nüzlich dünkt, billiget ihr Verfahren, oder weiset sie zu recht; ertheilet Ihnen neue Anweisungen, richtet ihre Aufmerksamkeit und Thätigkeit hin, wo es ihm erforderlich scheint. Alles in seinem Districte Vortheilhafte oder Schädliche liegt in dem Kreise seiner Aufmerksamkeit, Direction und Wirksamkeit. Er ist die eigentliche Seele des untern Ordens.

Er hat die Befugniß, die untern Mitglieder bis zum zweyten Grad inclusive zu führen.

Dagegen hat er von Zeit zu Zeit an den Lezten einzusenden:

a) Die Conduitenliste der Vorsteher selbst.

b) Die Conduitenliste der Mitglieder von den Vorstehern verfaßt, und mit seinen Anmerkungen begleitet.

c) Einen concentrirten Auszug aus den Berichten der Vorsteher, ihrem Verfahren, Anfragen, seinen Verordnungen, dem Erfolge davon, den

von

von einzelnen Mitgliedern und Vorstehern gemachten Beobachtungen, Vorschlägen, Anzeigen ꝛc. mit Anzeige dessen, von dem sie gemacht worden; — eine Geschichte des Ordens in seinem Districte, seines Fortgangs, Wirksamkeit, Hindernisse, Thaten, und Hofnungen.

Endlich muß Niemand mehr im Stande seyn als der Präfect, Bemerkungen über allgemeine Verbesserungen, Vorschläge die Wirksamkeit des Orden betreffend, Plane für einzelne Theile oder das Ganze der Provinz zu machen; auch diese sendet er dem Provinzial ein, damit sie durch leztern der Beurtheilung des gesamten Kapitels vorgelegt werden.

Aber der Präfect kann für sich allein nichts entscheiden; seine Gewalt beruht auf dem Willen des Kapitels, wovon er ein Theil mit ist, und er ist das Organ dieses Willens. Er berichtet auch nur im Rahmen des Kapitels an seinen Obern.

Präfect und Kapitel.

Das Präfecturkapitel bestehet aus einer unbestimmten Anzahl von Mitgliedern, die aber doch nie so groß werden darf, daß das Zusammenkommen an Versammlungstägen Aufsehen errege.

Das

Das Kapitel erwählt die Vorsteher, seine Kapitularen und den Präfect; aber jeder Erwählte muß alle Stimmen des Kapitels und dann noch die Bestättigung des Provinzialkapitels haben.

Das Kapitel versammelt sich alle Vierteljahre, und noch außerdem, so oft es die Umstände erfordern, an einem vom Präfecten bestimmten Tage.

Provinzial.

Hier ist nun der Zusammenfluß, der Einheitspunct des Ganzen; hier sammeln sich alle Schilderungen der Mitglieder, alle ihre Thätigkeitsäußerungen, die Summe aller Kräfte, alle einzelnen Bemerkungen, Vorschläge, alle Hofnungen, Wünsche und Besorgnisse der Mitglieder. Daraus hat der Provinzial einen Generalconspect des ganzen Personal- und Realstatus der Gesellschaft zu entwerfen.

Uebrigens hat der Provinzial für sich, außer wo es die Kürze der Zeit erfordert, und dann nur provisionaliter, weder anzuordnen, noch eine Beförderung oder Aufnahme zu ertheilen.

Kapitel und Provinzial.

Das Provinzialkapitel soll aus der bestimmten Anzahl von zwölf Mitgliedern bestehen, die so lange nicht überschritten werden darf, bis hierüber

hierüber eine neue Bestimmung nothwendig werden sollte.

Niemand soll außer den Präfecten, die als solche ohnehin dazu gehören, noch unter die Zahl der Kapitularen aufgenommen werden, als durch die einstimmige Wahl aller Kapitularen. Der Provinzial selbst wird von diesem Kapitel erwählt, muß aber die Bestättigung des Nationalen haben.

In dem Kapitel sind alle Stimmen gleich; überhaupt soll wie in dem Präfecturkapitel die Mehrheit der Stimmen entscheiden, wenn nicht bey besonderen Geschäften ein anderes festgesetzt ist.

Sollte aber einer wider die Stimmen aller übrigen Mitkapitularen und ihren Entschluß auf seiner einzelnen Stimme beharren zu müssen glauben; dann muß die Sache an den Nationalen kommen, der die Entscheidung davon einem andern Provinzialkapitel überläßt, wenn sie ihm wichtig genug scheint.

Dieß nemliche gilt auch von dem Präfecturkapitel, nur mit dem Unterschiede, daß sich dieses an sein Provinzialkapitel wendet, und von da aus die Entscheidung kommt.

T   Ordent-

Ordentlicher Weise werden die Vorträge von dem Provinzial durch Missive an die Kapitularen gebracht, wo sodann jeder seine Meynung schriftlich beysetzt.

Ausserdem kann aber auch jeder Kapitular so oft und wann er will eigene Vorträge entweder an den Provinzial, oder, wenn er es nothwendig findet, unmittelbar an dessen seine Mitkapitularen senden.

Was im Anfange nicht seyn kann, aber nach und nach sorgfältig beobachtet werden muß, ist, daß kein weder Präfectur- noch Provinzialkapitular den untern Mitgliedern als solcher bekannt werde, weil jeder nur seinen unmittelbaren Obern kennen soll.

Da eine Zusammenkunft aller Kapitularen fast unmöglich, oft aber auch die Befragung aller durch Missive unthunlich seyn dörfte, so soll der Provinzial die laufenden Geschäfte, oder wo es die Enge der Zeit erfordert, mit einem Ausschuß von zwey oder drey der nächsten Kapitularen, oder solcher, die in der Sache besonders unterrichtet sind, besorgen, doch so, daß nach der Hand sämtlichen Kapitel Nachricht davon ertheilt werde.

Alles

Alles was die Ehre, den Fortgang, die Erweiterung des Ordens in einer Provinz, Vorschläge zur Erhöhung der allgemeinen Sittlichkeit betrift, was vortheilhaften oder nachtheiligen Einfluß darauf haben kann, gehört ausschließend für die Entscheidung des Provinzialkapitels, dergleichen sind:

a) Wahl des Provinzials und der Kapitularen.

b) Bestättigung der Präfecten, Kapitularen und Vorsteher.

c) Aufnahme neuer Mitglieder.

d) Beförderung vom dritten Grad anfangend.

e) Ausschließung eines Mitglieds.

f) Bestimmung der innern Regierungseinrichtung und ihrer Abänderung, worin aber nichts ohne Wissen des Nationals geschehen darf.

g) Berathschlagungen über Grundsätze und Anstalten, die dem Besten des Ordens oder der Menschheit in einer Provinz entgegen, und über solche, die ihm günstig seyn könnten.

h) Ueberhaupt alle für die ganze Provinz einzuführenden Verordnungen.

i) Die Besorgung der allgemeinen Sicherheit und des gemeinen Bestens für alle.

Zur Aufnahme eines Mitglieds wird a) erfordert, daß er alle Stimmen so wohl der Präfectur als Provinzialkapitels vor sich habe. Bey dem ersten soll er von Niemanden die exclusivam um vorgeschlagen, bey dem letzten um aufgenommen zu werden, bekommen. Es versteht sich aber, daß die Stimmen sich nach Gründen richten, und nicht blos willkürlich seyn sollen. b) Die Gründe zur Aufnahme oder nicht Aufnahme beruhen auf der Schilderung des Manubuctors, die noch, wenn es möglich ist, von zwey andern bestättiget, oder mit Anmerkungen, in dem Kapitel selbst aber vorgelegt werden muß. c) Die Schilderung muß mit allem Fleiße und Vorsicht bearbeitet werden, damit sie vollkommen eintreffe; dieß wird desto leichter seyn, wenn man Zeit genug anwendet, seinen Zögling zu prüfen, bevor er noch von der Existenz des Ordens weiß. d) Es ist aber noch nicht zur Aufnahme genug, wenn der Zögling auch vortreflich und vollkommen der Verbindung werth seyn sollte; es muß auch sonst sein Beytritt den Orden in keine Gefahr setzen, und kein politisches oder anderes Verhältniß entgegen seyn.

Bey Ausschließung gilt die Mehrheit der Stimmen. Jeder Provinzial muß die Liste der sowohl wirklich vom Orden ausgeschlossenen, als

zur Aufnahme verworfenen in seinem Provinz-
archiv hinterlegen.

Aber um allen diesen wichtigen Sorgen gewachsen zu seyn, müßen die Kapitularen mit dem
Zweck des Ordens, seiner Ausdehnung, den Mitteln dazu auf das genaueste bekannt seyn; er muß
ganz in ihr Gedankensystem übergegangen seyn,
muß alle ihre Kräfte beleben, sie müßen mit der ge-
nauesten Sorgfalt die Charaktere der untern Brüder durchstudieren, um zuverläßig zu wißen, was
sie zu leisten im Stande sind; sie müßen den
Gang der Welt, der Meynungen, der Sitten,
der Gesetzgebung, die gegenseitigen Bemühungen
der Guten und Bösen, die Machinationen gemein-
schaftlicher, öffentlicher oder geheimer Verbindungen mit scharfem Blick und fest unverwandten Augen beobachten, und in allen Fällen die schicklich-
sten Mittel für ihren — aber gerade nur für ihren bestimmten Zweck zu ergreiffen wissen.

Der Provinzial muß ihnen von Zeit zu Zeit
den ganzen Personal- und Realstatum der Provinz, die eingelaufenen Anzeigen, Plane, Vorschläge, Aufsätze communiciren; so wie jeder von
ihnen die seinigen ihm, und den übrigen.

Er ist das Aug, wodurch sie das untere sehen, die Stimmen, wodurch sie demselben Befehle ertheilen.

B. Verhältniß der Provinzen gegeneinander.

Jede Provinz kann und muß in einer doppelten Rücksicht betrachtet werden; als Theil eines größeren Ganzen und als ein für sich bestehendes Ganze.

Als ein eigenes Ganze ist sie unabhängig sie muß nach ihren eigenen individuellen Bedürfnißen handeln. In dieser Rücksicht sind sie im vorigen Abschnitt betrachtet worden.

Wessen Einfluß sich aber über ihre Gränzen verbreitet, was mehrere Provinzen, ganze Nationen interessirt, das muß gemeinschaftlich behandelt werden; in so weit steht sie unter höherer Direction, in so weit kann sie nur Vorschläge und Berichte machen, aber nicht entscheiden. Der Repräsentant dieser Gemeinheit ist der National, da eine unmittelbare Gemeinconsultation unter den Provinzen unmöglich ist.

Auch in Dingen, die das eigene Entscheidungs- oder nicht Entscheidungsrecht der Provinzen nicht betreffen, muß ein Vereinigungsband unter

unter ihnen exiſtiren, das ſie als einen ewig un-
zertrennbaren gemeinſam wirkenden Körper zuſam-
menhält. Zu dieſen beyden Zwecken werden folgende Geſetze erforderlich ſeyn.

a) Das Kapitel ſteht durch den Provinzial in
einer fortwährenden Correſpondenz mit dem
National, und bildet dadurch ein ununter-
brochenes Abhängigkeits- und Vereinigungsband.

b) Der Provinzial ſendet von Zeit zu Zeit an den
National eine ſimplificirte Ueberſicht des ganzen Ordenszuſtandes, ſo wie zuvor dem Kapitel mitgetheilet worden iſt.

c) Er theilt eine fortgeſetzte Liſte aller Mitglieder,
mit kurzen Schilderungen derſelben mit.

d) Die Provinzen theilen ſich gegenſeitig eine Liſte ihrer ausgeſchloßenen Mitglieder mit.

e) Alle Vorſchläge das Allgemeine des Ordens
betreffend, ſendet der Provinzial mit ſeinen und
der Kapitularen Bemerkungen an den National.

f) Dieſer letztere dirigirt, publicirt, und beſtä-
tiget die Wahl des Provinzials.

g) Ihm muß auch die von dem Kapitel feſtzu-
ſetzende äußerliche Form und innere Regierungseinrichtung mitgetheilt werden,

T 4   h) ſo

h) so wie jede wichtige Veränderung derselben.

i) Dagegen wird, wenn es die Umstände erlauben, und der National es thunlich findet, den einzelnen Provinzkapiteln von dem Zustande des Orden in andern Provinzen von Zeit zu Zeit so viel mitgetheilet, als zur Ermunterung, zur Erhebung des Geistes, zur Nachahmung, oder wichtigen Warnung forderlich wäre.

So viel von der Subordination aller Theile.

C. Geheimniß.

§. 1. Der Orden hat ein doppeltes Geheimniß zu beobachten; ein äußeres wodurch den Profanen nicht nur unser Zweck, Operationen und Personale, sondern auch sogar unser Daseyn unbekannt bleiben soll; denn wenn dieses einmal bekannt wird, so wird es das andere alle nach und nach sicher auch werden; dann hat er noch ein inneres, wodurch einem jeden Mitgliede gerade so viel von Ordenssachen und Personen eröfnet wird, als der Grad seiner Zuverläßigkeit, die Ausdehnung seines Wirkungskreises, die Erhaltung seines Zutrauens und Eifers fordert.

§. 2. Alle Bemühungen aber das Geheimniß zu erhalten, werden fruchtlos seyn, wenn sich nicht die Obern die Mühe geben a) die Mitglieder von

der

der Nothwendigkeit dieses Geheimnisses zu überzeugen b) sie in Geheimnissen geringerer Art zu üben, und sorgfältig darüber zu prüfen.

§. 4. Die Briefwechsel in Ordensgeschäften sollen mit ganz besonderer Vorsicht und auch in unbekannten Chiffres, verblümten Redensarten, manchmal gar, wo es sich thun läßt, so, als wäre von ganz anderm als dem Orden die Rede, und ganz nach profanem Styl geschehen. Es wäre auch gut, wenn jede Classe ihren eigenen Chiffre hätte, wenn bey unbedeutendern Briefen hingegen alles, was nur eine Spur des Ordens verriethe, ausgelassen, doch vom Orden so geschrieben würde, daß der Correspondent dennoch, was er wissen solle, wisse. Uebrigens wird jede Provinz hierin ihre besondern Maaßregeln schon zu treffen suchen.

§. 5. Bey dieser Nothwendigkeit verborgen zu seyn, und bey den grossen Gefahren leicht entdeckt zu werden, versteht es sich von selbst, daß unnüzer Ordensbriefwechsel nicht statt haben soll.

D. Kontrolle.

§. 1. Bey aller möglichen Sorgfalt in Bestellung der mittelbaren Obern bleibt Mißbrauch ihrer Macht, Nachläßigkeit im Amte, oder Mißleitung nach einseitigen, vielleicht gar widersprechenden

chenden Zwecken in einem Grade möglich, der zu einem beträchtlichen Unfuge steigen kann, ohne daß er den höhern Obern so bald zuverläßig bekannt werde.

§. 2. Es muß also eine Art Kontrolle festgesetzet werden, durch die alles Thun und Lassen eines jeden Obern dem höhern Obern bekannt werde, ohne daß er es hindern könne. Diese Kontrolle kann eine ordentliche und ausserordentliche seyn.

§. 3. Die ordentliche Kontrolle wird durch die quibus licet, Soli und Primo hergestellt welches jedes Mitglied vierteljährig versiegelt (v. Sp. Instr.) seinem Obern übergiebt, und die dieser unerbrochen weiter zu liefern hat.

§. 4. Diese quibus licet haben noch einen Nebenzweck, der sehr vortheilhaft benutzt werden kann; sie sind der einzige Weg, durch den der Untergebene mit seinen unbekannten Obern sprechen, und ihnen seyn ganzes Herz öfnen kann, aus dem sich sehr oft Data ergeben können, die man durch bekannte Obere niemals hätte einholen können.

§. 5. Diese Vorsorge unsers Instituts ist von großer Wichtigkeit, sie ist das Bollwerk der innern Sicherheit. Es kommt also alles darauf an:

a) die

a) die Freymüthigkeit und Offenherzigkeit der quibus licet zu befördern, und b) von ihrem Inhalt den bestmöglichsten Gebrauch zu machen.

§. 6. Das Erste könnte erreicht werden, wenn die quibus licet vierteljährig zum unabänderlichen Gesetze gemacht werden; daher muß der Nutzen davon den Untergebenen überzeugend dargethan werden, die Unterlaßung erst mit einem geheimen, dann, wenn sie wieder erfolgen sollte, einem öffentlichen Verweise bestraft werden. Wer sich auch daran nicht kehrt, der zeigt, daß ihm an dem Wohl der Verbindung wenig gelegen sey, und taugt nicht. Um aber die Anhänglichkeit an diese Pflicht zu verstärken, das Vertrauen zu vermehren, soll jedes quibus licet, wenn es Antwort erheischt, allzeit und zwar bald, sonst öfters von dem höhern Obern beantwortet werden.

§. 7. Der zu machende gute Gebrauch der quibus licet betrift a) ihre Eröfnung b) ihre Beantwortung c) Extract daraus an diejenigen, die der Inhalt davon betrift d) endlich geheime Befehle, die man zu ertheilen für gut befindet.

§. 8. Die Eröfnung der quibus licet erfordert die heiligste Verschwiegenheit. Nie muß der, der das quibus licet übergiebt, auch nur den geringsten Verdacht haben können, daß durch Er-

öfnung

öfnung desselben auch nur der mindeste ihm mißfällige Gebrauch gemacht werden könnte. Darauf muß in der Wahl der Personen, die die quibus licet eröfnen, der sorgfältigste Bedacht genommen werden, und insbesondere muß der eröfnende so viel möglich außer allen bürgerlichen Verhältnissen, die ihn zu Mißbrauch des darin Enthaltenen verleiten könnten, gesetzt seyn. Wenn also auch eine gewiße Norm über die Personen bestimmt ist, die sie eröfnen sollen, so muß es doch allzeit dem Kapitel frey stehen, diese Norm nach Bedürfniß umzuändern, und die Eröfnung jemand andern aufzutragen.

§. 9. Kommen darin Sachen vor, die den Geschäftskreiß dieses oder jenes Obern betreffen, Erläuterung bedürfen ꝛc. so werden sie ihm ohne Anzeige woher extractive communicirt.

§. 10. Da haben die Höhern unsichtbaren Obern Gelegenheit, jemanden besondere geheime Aufträge zu geben, ihm ihr Vertrauen zu zeigen.

§. 11. In der Regel öfnet der Präfect allein alle quibus licet der einzelnen Mitglieder seines Districts, extrahirt was den Vorstehern bekannt gemacht werden soll, setzt die Antworten auf und sendet sie dem Provinzial mit den Tabellen zur weitern Einsicht, fernern Gebrauch und Expedition

tion zu. Der Provinzial öfnet die Soli der einzelnen Mitglieder und die quibus licet der Vorsteher, und thut damit, was der Präfect mit den seinigen. Die quibus licet der Präfecten und ihrer Kapitularen, die Soli der Vorsteher und alle Primo werden an den Nationalen gesandt, der sie von unbekannten beantworten läßt. Die Probinzkapitularen correspondiren mit dem National ebenfalls durch Primo.

So wird ein Oberer durch den andern controllirt. Aber die Antworten auf quibus licet müßen mit dem nächsten quibus licet wieder zurück kommen.

Diese Instruction bleibt in Händen des Provinzials. Daraus sind Specialinstructionen für Präfecten und Vorsteher zu ziehen, für Vorsteher und einzelne Mitglieder sind ohnedem den Graden besondere Instructionen beygelegt.

Unterricht für alle Mitglieder, welche zu theosophischen Schwärmereyen geneigt sind.

Wer menschliche Glückseeligkeit befördren, Vergnügen und Ruhe der Menschen vermehren, ihr Mißvergnügen vermindern will, der muß alle Grundsätze erforschen und entkräften, die ihrer Ruhe, ihrem Vergnügen und ihrer Glückseeligkeit nachtheilig sind. Dahin gehören alle Systeme, welche die Veredlung und Vervollkommnung der Welt und der menschlichen Natur verwerfen, das Uebel ohne Noth in der Welt vervielfältigen, oder ärger beschreiben, als es wirklich ist, den Werth und die Würde des Menschen herabsetzen, das Vertrauen auf seine natürlichen Kräfte vermindern, den Menschen eben dadurch träg, furchtsam, niedergeschlagen, kriechend und abergläubisch machen, zur Schwärmerey führen, die menschliche Vernunft verschreyen und dem Betrug dadurch freyen Zutritt verschaffen. Alle theosophische und mystische Systeme, alles was mit diesen nähere oder entferntre Verwandschaft hat, alle Grundsätze welche theosophischen Ursprungs sind, der oft sehr verborben liegt, führen am Ende dahinaus und gehören zu dieser Classe. Und wie viel sind dieser Systeme nicht? und wie sehr verbreiten

breiten sie sich nicht in unsern Tagen? wie viele
sind davon angesteckt! Vergebens sucht man den
Mönchsgeist zu verbannen; er steht unter andern
vielfachen Gestalten wieder auf, und wirkt desto
schneller, je verborgner seine Thätigkeit ist.

Alle Menschen (die sehr schwache Secte der
physischen Egoisten ausgenommen) kommen von
allen Zeiten darinn überein, daß ausser ihnen noch
eine ungeheure Menge von Wesen vorhanden sey,
deren Innbegrif sie unter dem Nahmen Welt aus,
drücken. Aber in einer andern Untersuchung, in
einer weitern sehr natürlichen Frage, woher dieses
Universum komme, darüber haben sich die Meynungen der Menschen getheilt. Nur zwey Fälle
waren möglich anzunehmen. Diese Welt hat
sich ihre Wirklichkeit entweder selbst gegeben,
oder ein Wesen ausser ihr ist Urheber davon.
In der Zeit oder von Ewigkeit, das kann bey dieser Untersuchung gleich viel gelten. Das erstere
ist das System des Atheismus. Ordnung,
Zusammenhang, Harmonie der Welt, die Zwecke
aller Wesen, die Unterordnung dieser Zwecke zu
einem höchsten und allgemeinsten, zu einem gemeinschaftlichen Zweck, die endliche Bestimmung
aller Wesen, besonders der Denkenden, haben
den meisten Menschen einen so fühlbaren Abscheu

gegen

gegen diese Lehre beygebracht, daß sich der ungleich größere Haufen allzeit an die entgegengesetzte, ungleich trostreichere, Seelenerhebendere Lehre des Deismus gehalten.

Aber auch selbst im System des Deismus, öffnete sich dem forschenden und darüber unruhigen Denker eine neue Schwierigkeit. Dieses Wesen ausser der Welt, dieser ihr Urheber, woher hat er den Stof zu dieser Welt genommen? Hier waren abermal nur zwey Auswege möglich: Aus Nichts oder aus Etwas. Menschen mußten also die eine oder die andre dieser Meynungen erwählen. Das ganze Alterthum ohne Ausnahm konnte keine Schöpfung aus Nichts begreifen. Es war die herrschende Lehre der alten Welt, selbst der Juden, selbst der Mosaischen Schöpfungsgeschichte, daß die Welt aus Etwas entstanden sey. In den Büchern der Machabäer II. C. 7. v. 28. geschieht die erste deutliche Meldung einer Schöpfung aus Nichts. a) Dieser Satz aus Nichts, wird

---

a) Die alte Jüdische oder Mosaische Cosmogonie scheint alt Egyptischen Ursprungs zu seyn, unter welchem Volk die Juden, von ihrer Auswanderung aus Egypten, vier volle Jahrhundert gelebt. Sie hat auch, wie es sich unten zeigen wird, mit der Pythagoreisch-Platonischen Philosophie und Cosmogonie eine erstaunende

wird Nichts, ist der Grundsatz, von welchem alle alte Systeme ausgegangen und die entferntere Folgen abgeleitet sind.

Der staunende Aehnlichkeit. Die ungestaltete Materie die erst in Ordnung kömmt, der Geist der über den Wässern schwebt und brütet, der Hauch des Lebens den Gott dem ersten Menschen einhaucht, sind offenbar solche Begriffe, die Pythagoras und Plato aus dem Orient oder aus Egypten erhalten. Es ist auch natürlicher, daß das herrschende Volk einem unterdrückten und verachteten Völklein eher seine Meynungen und Sitten giebt, als es dieses von jenem annehmen sollte. Daß aber die Juden in Egypten wirklich mit den Lehren dieses Volks angesteckt gewesen, beweist hinlänglich ihr von Moyses so vergeblich bestrittener Hang und Rückfall zur Abgötterey. besonders die Anbetung des goldenen Kalbs, des Egyptischen Apis, nebst andern Gebräuchen; z. B. der Beschneidung, der Neomenien, der Priester- und Levitenclasse, welche Einrichtung ganz Egyptisch ist, das Verbot gewisser Speisen, so wie zum Theil die ganze Jüdische auf Ackerbau gegründete Staatsverfassung. Alles beweist, daß sich die Juden nach den Egyptiern geformt, und ihr Gesetzgeber nur in solchen Fällen von der Quelle abgegangen sey, wo es der Zweck und die Eigenheit seines neu zu gründenden Staats erforderte. Dieser Gesetz-

Der Lehre der ganzen alten Welt zufolge ist also die Welt aus Etwas entstanden. Nun aber was konnte vorhanden seyn, ehe eine Welt geworden, aus dem die Welt konnte hervorgebracht werden? Hier, nach diesen Voraussetzungen, war nichts übrig, als sie entweder aus Gott ausfliessen zu lassen. Und dieses ist sodann das so berufene Emanations-System. Oder es mußte nächst Gott ein Stof vorhanden seyn welchen die Gottheit bearbeitet und in Ordnung gebracht. Dieser Stof war nach Verschiedenheit der Systeme, die Nacht, das Cahos, ungestalte, formlose Materie. Diese beyde Systeme sind die Grundsysteme aller übrigen. Alle reduciren sich am Ende auf eines von diesen beyden, wenn die atheistische Systeme ausgenommen werden. Aus dem einem oder dem andern sind sie mit verschiedenen Modificationen entstanden. Aus ersterm die Philosophie des Zoroasters, die orientalische Philosophie, die Cabbala der Juden,

---

Gesetzgeber selbst war nach der Apostelgeschichte Act. VII v. 22. in aller Weisheit der Egypter unterrichtet. Und noch zu Salomos Zeiten war unter den Juden die Weisheit der Egypter und Orientalen sehr gerühmt und bekannt. Denn im I. B. der Könige IV. Cap. v. 29. 30 wird Salomo's Weissheit sogar über die Weisheit dieser Völker erhoben.

Juden, samt den gnostischen Irrthümern, zum Theil auch das Pythagoreisch-Platonische System. Von denen welche den zweyten Weg eingeschlagen, zeichnet sich vorzüglich eben diese Pythagoreisch-Platonische Schule mit ihren spätern Abkömmlingen, den Alexandrinern und Eclectikern, aus, nebst den heutigen Theosophen und Mystikern. Zu diesem Ende wollen wir diese beyde Hauptsysteme untersuchen; wollen sehen, was ältere Weise aus diesen beyden Voraussetzungen 1. Die Welt ist ein Ausfluß der Gottheit; 2. Eine formlose Materie hat von Ewigkeit mit Gott coexistirt, nothwendig folgern mußten.

I. Emanationssystem.

Wenn also aus Nichts nichts werden kann, und diese Welt ein Ausfluß der Gottheit ist, so muß

1) Solche ein zusammengesetztes Wesen, und nur in sofern unkörperlich seyn, als die Zusammensetzung feiner ist, und der groben Materie entgegen gesetzt wird. Daher stellten sich die Alten die Gottheit als ein Meer des reinsten Lichts und Aethers vor, deren Sinnbild und Schechina die Sonne und das Feuer ist.

2) Gleichwie aus dieser Sonne, aus diesem Feuer und Lichtmeer sich unaufhörlich Strahlen ergiessen, eben so kommen aus der Gottheit alle Kräften, Wesen und Dinge hervor.

3) Alle Theile dieser Welt sind also im Grund Theile der Gottheit.

4) Folglich auch alle Geister, unsre Seelen sind göttlichen Ursprungs, unsterblich.

Man kann hieraus sehen, daß die Unsterblichkeit der Seelen zwar eine uralte Lehre sey, die aber aus ganz andern und, wie sich zeigen wird, falschen Gründen behauptet wurde.

2. Daher auch der Ursprung der Lehre von der Präexistenz der Seelen und, wie sich unten zeigen wird, auch von der Wanderung der Seelen in verschiedene Körper, von der Fortpflanzung der Seelen durch die Seelen der Eltern.

3. Diese Ausflüsse sind die sogenannte Probolai.

5) Bey diesem Ausfluß mußten einige ausfliessende Theile der Gottheit oder der ersten Quelle, die verborgen und durchaus unzugänglich ist, näher oder entfernter seyn.

6) Oder nur die erste unmittelbare Ausflüsse sind die eigentliche Emanationen der Gottheit, alle

alle übrige sind erst weiter aus diesen ersten Emanationen in verschiedenen auf diese Art untergeordneten Emanationen ausgeströmt.

1. Daher ist in manchen Emanationssystemen und zwar in den meisten der höchste Gott, nicht der unmittelbare Urheber dieser Welt, sondern diese ist vom Demiurgus oder andern Mittelgeistern erschaffen.

2. Die untergeordnete Emanationen sind darum erfunden, um Gott nicht zum Urheber des Uebels zu machen, welches man in dieser Welt so häufig zu finden glaubte.

7) Je näher ein ausfliessendes Wesen in seiner Emanation der Urquelle der höchsten Gottheit ist, um so vollkommner ist dieses Wesen; je entfernter, um so unvollkommner.

1. Dieser Satz ist der Schlüssel zum ganzen Emanationssystem und zu den so verschiedenen Theogonien der Alten: dadurch allein werden ihre Göttererzeugungen begreiflich und erhalten doch einigen Sinn.

2. Daher konnten auch einige dieser Emanationen männlichen Geschlechts nach ihrer Lehre seyn, wenn sie die Wirkungen der Emanation selbst weiter hervorbringen; oder weib-

lichen Geschlechts, wenn sie solche bloß annehmen konnten.

3. Daher auch die bey den Morgenländern so gewöhnliche Lehre von dem Beyschlaf der Engel.

8) Daher eine Reihe von untergeordneten Geistern, von guten und von bösen, von verschiedenen Classen und Benennungen nach Verschiedenheit der so mannichfaltigen Emanationssysteme.

1. Dieses ist der Ursprung, der Izeds Am Schaspands, Femurs und Dews der Parsen, der Untergötter, der gebohrnen und ungebohrnen Götter, der Weltseele des Plato; des Demiurgus, des Adam-Kadmon und der Sephiroths der jüdischen Cabbalisten, der Hierarchie der Engel und des Satans mit allen ihren Classen und Abtheilungen.

2. Daher rühren die Träume der Gnostiker von ihren Aeonen und auch ihre Vermischung mit dem Christenthum: ihre Lehre, daß sie Christum, oder wie Simon der Magier, sich selbst, für einen der ersten Aeonen und unmittelbaren Ausflüsse der höchsten Gottheit gehalten; und alle Stellen der Evangelisten

von

von der Gottheit Christi dahin ausgelegt, und den Ursprung dieser Meinung aus dieser Quelle abgeleitet. Daher rühren auch die Aeonen männlicher und weiblicher Natur; ihre Zeugung und Fortpflanzung.

3. Daher schreiben sich die aus einander entstehende vier Welten der Cabbalisten, die Aziluthische, Briathische, Jezirathische und endlich die Asiathische oder unsre materielle Welt.

4. Daher die Verborgenheit und Unzugänglichkeit des höchsten Gottes, zu welchem man nur vermittelst dieser mittlern Naturen, Untergötter und Fürbitter gelangen kann.

5. Daher die Verehrung dieser Untergötter, der Ursprung aller Theurgie, der Glaube an unsichtbare Wesen, das Verlangen nach nähern Umgang und Gemeinschaft mit solchen.

6. Daher auch der Chaldäismus, der Ursprung der Lehre von dem Einfluß und der Macht der bösen Geister: die verschiedenen Gebräuche und Formeln, um solche zu besänftigen und zu unsern Absichten zu bewegen.

9) Die Materie ist das Unterste von diesem Ausfluß der Gottheit, und daher auch das un-

vollkommenſte von allem, die Quelle des Böſen.

1. Daher urſprünglich aller Abſcheu der ältern Weltweiſen und ihrer ſpätern Anhänger gegen Materie, Körper, Fleiſch: daher das Beſtreben der Frommen ſich vom Körper los und unabhängig zu machen: der Niſus zur Wiedervereinigung mit Gott, dieſe Sehnſucht nach der Wiederkehr in die Heymath der Seelen. Hier liegen die erſte Keime der Myſtik.

2. Darinn gründet ſich auch ebenfalls die Lehre, daß der Körper ein Gefängniß, ein Kerker der Seele ſey; daß die Seele durch ihn niedergezogen, an die Erde geheftet und an der Entwicklung ihrer Kräfte, an der Anſchauung der Gottheit, an der Vereinigung mit ihr, gehindert werde.

3. Darinn gründen ſich die erſte und älteſte Urſachen von Abtödtung des Fleiſches, von Enthaltſamkeit, alle Arten von Expiationen und Luſtrationen, der Hang zum contemplativen Leben und zur Einſamkeit, die entfernte Quelle des Monachiſmus und zugleich der theologiſchen Aſcetik, ſamt ihrer ganzen Praſeologie. Der Abſcheu vor dem Eheſtand und

und Erzeugung der Kinder oder der Hang zum Cölibat. Die Verachtung und Gleichgültigkeit gegen die Welt, welches alles nachher durch den ältern und neuern Platonismus noch mehr bestärkt wurde.

Diese Folgen des Emanationssystems sind zwar nicht im Anfang und bey allen so wie sie hier vorgetragen sind, sogleich entstanden; aber soviel ist wahr, das Emanationssystem mußte früher oder später darauf führen. Unter diesen Folgen sind auch einige von der Art, die nur hier als falsch angegeben werden, in sofern sie Folgen einer falschen Voraussetzung, eines falschen willkührlich angenommenen Grundsatzes der Emanation sind. Denn die Geschichte zeigt, daß die beste Lehren nicht gleich im Anfang auch nothwendig aus den besten Gründen vertheidigt wurden. Daher wenn der Ungrund der Emanation erwiesen ist, so fällt auch alles damit, was sich auf ihr stützet. Dieses Emanationssystem ist aber falsch.

1) Weil es auf willkührlich angenommenen Sätzen beruht, im Grunde gar nichts erklärt, die Schwierigkeiten vermehrt, und mehr eine bildliche allegorische Erklärung und Auflösung einer Frage ist, die niemand beantworten kann.

kann. Ein eitles Spiel der morgenländischen Einbildungskraft; ein Gedicht vom Ursprung der Welt, ein Streben des menschlichen Stolzes, Dinge, die über seine Begriffe und Erfahrungen sind, lieber durch Träume als gar nicht zu erklären.

2) Es macht Gott körperlich, zusammengesetzt; oder wie ist es möglich, daß aus einem einfachen Ding etwas ausflieſſe? —— Gott kann aber nicht körperlich seyn, aus folgenden Gründen, die auch zugleich gegen die Materialität unserer Seele können gebraucht werden, doch mit einigen Veränderungen:

1. Machen alle Theile ohne Ausnahme die Gottheit aus, wo ist sodann Gott? in keinem der Theile einzeln? und diese einzelne Theile sind noch dazu unvollkommen: denn jeder davon ist nicht alles, nicht das, was die übrigen sind. In welchem Subject existirt nun das gemeinschaftliche Ganze? Denn es ist in keinem der Theile.

2. Wenn nicht alle Theile zusammengenommen die Gottheit ausmachen, so ist entweder jeder Theil der ganze Gott —— wozu sodann diese unendliche Wiederholung desselbigen Dings? Woher die Vielheit, wo keine Ver-

schiedenheit ist? Warum mehrere Theile, wenn jeder einzelne schon der ganze Gott ist? Wenn jeder Theil die Fähigkeit hat, das zu seyn, das ist, was mehrere sind, und seyn sollen?

3. Wenn nur einige Theile dieses materiellen Gottes, Gott sind, wozu sodann die Theile in ihm, die nicht Gott sind?

3) Waren die emanirende Theile vor ihrer Emanation würkliche Theile der Gottheit oder nicht? Ist das letzte, wie kann in Gott etwas seyn, das nicht Gott ist? Ist das erste, waren diese Theile würkliche Theile der Gottheit, so wird die Frage noch verworrener, und die Auflösung noch bedenklicher; so entsteht die Frage: Bleiben diese Theile nach geschehener Emanation noch Theile der Gottheit, oder hören sie dadurch auf solche zu seyn? Ist dies letztere, wie kann ein Theil der Gottheit, deren Wesen Unveränderlichkeit ist, aufhören Gott zu seyn? Ist aber das erste, so haben wir den Spinozismus oder Pantheismus: denn beyde unterscheiden sich, wie die Gattung von der Art.

4) Ist das Emanationssystem noch vollends, wie es viele Arten davon würklich sind, und, um

conse-

consequent zu seyn, seyn müssen, auch zugleich ein Remanationssystem, kraft dessen die ausgeflossene Theile nach einer unbestimmbaren Zeit, sich wieder mit der Gottheit vereinigen: so geht die Individualität und Personalität der Wesen, und folglich auch ihre eigentliche Unsterblichkeit verlohren.

5) Nach dem Emanationssystem soll die Materie das Schlechteste und also das Unvollkommenste seyn, so aus der Gottheit ausgeflossen: und sie ist doch der erste Ausfluß der Gottheit, eben darum weil sie das Unterste aller dieser Ausflüsse ist, alle übrige sind erst nach ihr erfolgt. Der Grund ihrer Verdorbenheit liegt in der Entfernung nach dem oben angeführten Gesetz, weil sie am weitesten von dem emanirenden Principium entfernt ist. Was kann aber die Entfernung allein an den Eigenschaften der unveränderlichen Gottheit ändern? Oder waren diese unterste Theile schon unvollkommen, da sie noch Theile der Gottheit waren? Wie konnten sie sodann Theile der Gottheit seyn? Wenn die Materie die Quelle alles Uebels ist, und diese Materie, nach dem Emanationssystem aus Gott ausgeflossen ist, so bleibt doch die

Schwierigkeit, welche das Emanationssystem heben will: Gott ist die Quelle des Uebels: in einem so zusammengesetzten Wesen, wie Gott vor der Emanation war; waren ja auch einige Theile oben, andre waren unten. Ich sehe nicht, was da neues vorgegangen ist, die Theile haben bloß eine neue Lage erhalten: und Gott hat sich ausgedehnt, dessen Theile dicht an einander waren. Die ganze Welt ist also nach diesem System nichts weiter, als ausgedehntere, dünner gewordene Masse der Gottheit: und in sofern hatte die Gottheit in das Nichts gewirkt, weil sie, wenn ich so sagen darf, nun dort ist, wo vor ihrer Ausdehnung nichts war.

6) Wenn also die Entfernung von der Urquelle keine Ursach einer daraus entstehenden Unvollkommenheit seyn kann, wie kann sodann in einer Welt deren sämtliche Theile, Theile der Gottheit sind, der Ursprung des Uebels erklärt werden? Oder ist das Uebel ein Bestandtheil der Gottheit? — Hier ist kein Ausweg als die Lehre vom Dualismus, von zwey unabhängigen Principien, einem guten und bösen. Aber wozu eine Fiction, wenn reellere Erklärung möglich sind?

7) In dem Emanationssystem werden alle Classen der emanirenden Mittelnaturen willkührlich angenommen: es können dieser Classen eben so gut 100000 als drey oder vier seyn: oder warum letzteres ehender als das erstere?

Dieser Einwürfe lassen sich bey genauerm Nachdenken noch eine grosse Menge machen. Die eben angeführte sind einige der stärksten und auffallendsten. Das Emanationssystem hat das Gute an sich, daß die Einheit Gottes die Folge davon ist, es ist eines der ältesten und allgemeinsten Systeme im Orient, auf welches die sinnliche Denkungsart der Morgenländer, bey den ersten Spuren der Vernunft, am leichtesten und natürlichsten verfallen mußte. Bey Völkern, die sich so sehr als die Egypter und Chaldäer und Indier mit astronomischen Wissenschaften abgegeben, ist es noch um so begreiflicher. Die Mythologie derselben verdient eine vernünftige und billigere Erklärung, nur durch den Verlauf der Zeiten konnte das Zeichen selbst mit dem Bezeichneten verwechselt werden. Daraus läßt sich begreifen, daß die Lehre von der Einheit Gottes eine uralte Lehre sey, und die Vielgötterey der Heiden lange so arg nicht sey, als sie uns beschrieben wird. Mit dem allen ist es doch ein seichtes und grundloses

loses System, in welchem die Einbildungskraft und das Dichtungsvermögen der Menschen freyes Feld zu ihrem Spiele haben. Der reine Verstand findet aber darinn um so weniger Befriedigendes. Alle Systeme, welche auf dem Emanationssystem sich gründen und solches voraussetzen, sind daher eben so seichte und grundlose Systeme. —

Nun also zur zweyten Erklärungsart, zur Voraussetzung, daß die Gottheit bey Schöpfung der Welt einen schon vorhandenen Stof bearbeitet habe. Unter den Systemen dieser Art ist das vorzüglichste, das zugleich die meiste Anhänger besonders in spätern Zeiten erhalten,

Das ältere Pythagoreisch-Plantonische System.

Der eigentliche Sitz davon ist im Timäus. Dieses System ist im Grund ebenfalls ein Emanationssystem, und rührt folglich aus einer orientalischen oder alt Egyptischen Quelle, mit welcher entweder Pythagoras oder Plato selbst auf ihren vorgeblichen Reisen bekannt wurden. In so fern es sich in dem Emanationssystem gründet, in so fern stehen ihm auch die meiste der obigen Einwürfe entgegen. Es hat aber auch ausserdem noch eigene Fehler, die bey jedem Satz sogleich sollen

sollen angemerkt werden. Es hat noch mehr willkührlichere Sätze, ist weniger consequent und von Plato selbst mit solcher Dunkelheit und so anscheinenden Widersprüchen vorgetragen, daß es sehr schwer fällt ein zusammenhängendes Ganzes vorzutragen. Um so leichter ist es daher den spätern Platonikern gelungen ihre eigene Einfälle und Meynungen an dessen Stelle zu bringen. Sein Sinn ist nach dem Timäus im Plato folgender:

1) Gott, das allervollkommenste Wesen und die Materie sind beyde von Ewigkeit: sie waren beyde abgesondert, unabhängig von einander.

 1. Die Existenz der Materie ist willkührlich angenommen, um sodann sie als die Quelle des Uebels anzugeben, und dessen Ursprung zu erklären.

 2. Setzt Plato hier schon als ausgemacht voraus, daß es wirklich eine Materie gebe. Wenn aber die idealistische Systeme wahr sind, wie es auch möglich ist, so fällt das ganze System des Plato, der ganze Grund seines Gebäudes ist erschüttert.

2) Die Materie war vor der Einwürkung formlos, ohne selbstständige Eigenschaften. Sie hatte

hatte blos die Fähigkeit, alle Arten von Abdrücken der göttlichen Ideen anzunehmen.

Formlose Materie ist ein Unding. Sobald Materie genannt wird, so ist die Rede von etwas zusammengesetzten. Zusammengesetzte Dinge haben Theile, ausser Theile, folglich Form und Figur. Diese ist die zweyte, willkührliche und ganz grundlose Voraussetzung des Plato.

3) Diese Materie war stets in einer nie ruhenden, aber unordentlichen Bewegung: das was dem Chaos, der Materie diese unordentliche Bewegung gab, war die chaotische unvernünftige Seele. Bey der Materie unterscheidet er also:

1. Tode Masse,

2. Seelebelebendes Principium.

Von dieser Seele kommen Sinnlichkeit, Triebe, die materiell und zügellos sind: sie kämpft gegen Vernunft und Ordnung. Sie ist die Quelle alles Bösen. Spuren davon sind noch heut zu Tag, alles Elend, Schwäche, Gebrechen und Mängel der Menschen.

Lauter unerwiesene und auch nicht zu erweisende Sätze. Diese Seele ist im Grund der

X   Ahriman

Ahriman der Perser, unter einem andern Nahmen, und die Materie ist sodann überflüßig. Das System selbst ist wirklich dualistisch.

4) In dieser Unordnung würde sie ewig geblieben seyn, wenn sich nicht das höchste Wesen entschlossen hätte, sich ihr zu nähern, sie zu bearbeiten, alles in Ordnung und zweckmäßige Bewegung zu verwandeln. Aber so wie jeder Baumeister von jedem Gebäude, ehe er es aufführt, sich in seinem Verstand eine Idee schafft, ein Muster und Ideal nach welchem er bauen will: eben so brachte Gott, ehe er sich der Materie näherte, aus seinem vollkommnesten Verstand, die Ideen, Muster, Urbilder, Abdrücke aller Dinge hervor. Diese schuf er zuerst: diese sind die erste Emanation aus seinem göttlichen Wesen. — Der Logos — und nun existirte Gott, die Ideen oder der Logos und die Materie.

Was ist die Idee ausser dem Verstand? —
Nichts: eine Platonische Träumerey.

5) Gott ist keines Neides fähig, er wollte also der Materie alle mögliche Vollkommenheiten geben, und kein Böses dulden, das von ihr konnte getrennt werden: die daraus erschaffene

fene Welt, als die Würkung der besten Ursache, mußte also die beste und vollkommenste werden: sie mußte Gott so gleich werden als es möglich war.

6) Gott näherte sich der Materie, ergriff den nakten Urstof, bildete ihn zuerst zu einer sichtbaren und festen Substanz in Feuer und Erde um: ihr aber noch mehr Festigkeit zu geben, und die beyden Elemente noch genauer zu vereinigen, schuf Gott zwey Mittelnaturen, Luft und Wasser. Aus diesen vier Naturen wurde das Ganze nach harmonischen Verhältnissen so geordnet, daß es nur von Gott allein konnte zerstört werden. Zu diesen vier Elementen verbrauchte Gott allen vorräthigen Stof. Darduf gab er dem Ganzen eine Gestalt, die seiner Bestimmung am angemessensten war, und drehte sie kugelförmig. Bey dieser Gestalt und Vereinigung alles vorhandenen Urstofs brauchte sie weder Augen noch Ohren, weder Füsse noch Hände, und eben so wenig Werkzeuge der Erhaltnng und Fortpflanzung.

7) Aber noch immer ist die Welt nicht was sie seyn soll: alles Beseelte ist besser als das Unbeseele, alles Vernünftige besser als das

Unvernünftige. Gott entschloß sich daher, diesem Körper eine Seele, eine Führerinn zu geben. Es war aber unmöglich Vernunft unmittelbar mit dem Körper zu vereinigen: er vereinigte also mit Gewalt eine seiner Vollkommenheiten, seinen Verstand, mit der chaotischen Seele und durch diese mit der Körperwelt. Er schuf aus dieser Mischung eine vernünftige Seele. Diese setzte er in die Mitte der Welt, spannte sie durch das Ganze. Auf diese Art wurde die Weltseele, die Welt selbst ein grosses Thier, das aus Geist, Seele und Leib besteht. Hier ist zugleich die so berühmte Platonische Dreyeinigkeit. Gott, der Logos, von dem oben, die Weltseele oder der Geist: beyde letztere als Emanationen des erstern. Man vergleiche auch damit die Mosaische Cosmogonie, und den Geist Gottes der über dem Chaos und den Wassern schwebt.

8) Diese Weltseele ist nicht einfach, sondern zusammengesetzter Natur. Sie ist Ausfluß der Gottheit, in so fern sie vernünftig ist, sie ist chaotisch, in so fern sie sinnlich ist.

9) Nach der Weltseele schuf Gott den Himmel und die Gestirne: er beseelte sie und machte sie

sie zu sichtbaren Göttern, brachte sodann auch unsichtbare göttliche Naturen hervor, deren Entstehung und Natur Plato sich nicht anzugeben getraut. Er nimmt ausser den sichtbaren Göttern nur Dämonen als höhere Wesen an.

10) Diese Dämonen sind in Ansehung ihrer Kräften weit unter den Göttern: können fehlen, sind aber nicht bösartig und schadenfroh: haben lüftige Körper, sind über Himmel und Erde und die Gestirne verbreitet. Die auf Erden tragen die Gebete und Wünsche der Menschen zu den Göttern, die Befehle dieser zu den Menschen, alle Menschen stehen unter ihrem Schutz.

11) Diesen sichtbaren und unsichtbaren Göttern, die aus seiner besondern Gnade unsterblich waren, übertrug Gott das Geschäft, die Körper und den sterblichen Theil der Bewohner des Wassers, der Luft und der Erde zu bilden. Er selbst mischte in dem Becher, in welchem er die Seele der Welt geschaffen hatte, die zurückgebliebenen Theile, die nicht mehr rein und von einer edlen Natur waren. Aus diesen Ueberbleibseln schuf er die Seelen der Menschen oder vielmehr Dämonen,

nen, säete solche über Gestirne aus, und machte sie mit der Natur des Ganzen und dem Verhängniß bekannt. Er eröfnete diesen Dämonen, daß aus ihnen dereinst der Mensch, und zuerst die Männer als der bessere Theil, entstehen werde. Sie würden durch die Bewohnung der Körper einer grossen Empfindlichkeit und heftigen Erschütterungen ausgesetzt seyn: die Bezähmung und Ausrottung derselben würden sie in ihre ursprüngliche Heymath zurückbringen. Würden sie aber unterliegen, so würden sie abermals in menschliche, aber in weibliche Leiber eingeschlossen, und im Fall auch diese Züchtigung fruchtlos wäre, in solche Thierleiber, die ihrer Gemüthsart ähnlich wären, so lang verwiesen werden, bis sie sich von allem Unrath der Materie gänzlich losgemacht hätten.

12) Die Götter formten diesen Körper: trafen aber keine solche Temperatur, wodurch der Geist die Oberhand behielt: die Sinnlichkeit überwog und der Mensch fiel und wurde fleischlich.

13) Dadurch wurde der Mensch aus seiner ersten Wohnung vertrieben und auf diese Erdenwelt verbannt.

verbannt. Hier erhielt er seinen gröbern materiellen Körper: weicht immer mehr von seiner Vollkommenheit ab, muß verschiedene Körper durchwandern, bis er zur vollständigen Reinigung in die Unterwelt versetzt wird. Philosophie, Theurgie und Tugend können diese Reinigung beschleunigen.

Dieses Platonische System hat folgende Eigenschaften an sich:

1) Es ist einem Roman ähnlicher als einem philosophischen System.

2) Es ist voll von nicht zu vereinigenden Widersprüchen und der unzusammenhängendsten Lehren.

3) Es soll den Ursprung des Uebels erklären, und erklärt ihn nicht: weil die Existenz einer chaotischen Seele, von welcher alles Uebel herrühren soll, ohne Beweis angenommen wird.

4) Es soll den Ursprung der Geisterwelt erklären, und in so fern ist es ein unzusammenhängendes Emanationssystem.

5) Nach solchem ist der Mensch kein unmittelbares Geschöpf Gottes, sondern der Untergöt-

ter, diese sind theils göttlich, theils sinnlich, wie die Weltseele selbst.

6) Nach diesem System besteht der Mensch vor seinem Falle aus drey Theilen:

1. Aus dem emanirten Theil der Gottheit.
2. Vermischt mit einem Theil der chaotischen Seele.
3. Aus einem feinen Körper.

7) Nach dem Falle kam der grobe Körper und die unordentliche Seele hinzu. Also hat der Mensch zwey Leiber, einen feinern und gröbern: und drey Seelen.

1. Der Geist oder der emanirende Theil der Gottheit ist im Kopf.
2. Die feinere oder zürnende Seele im Herzen.
3. Die thierische in den untern Theilen.

8) In dem System des Plato sind Geist und Seele unterschieden, wie beynahe in allen morgenländischen Systemen. Der Geist ist das Unsterbliche, die emanirende Partikl der Gottheit. Die Seele, das belebende materielle Principium, die Partikl aus der chaotischen Seele, gröber oder feiner, nach Verschiedenheit des gröbern oder feinern Körpers.

pers. Jeder gröbere Körper hat mehr von der cahotischen Seele.

9) Durch das System des Plato, ist der Abscheu und die Verachtung des Körpers und der Materie noch ungleich mehr verstärkt worden als durch das bloße Emanationssystem. Denn er hielt das gegenwärtige Leben für einen Zustand der Züchtigung, den Leib für einen Kerker oder Gefängniß der Seele: welcher Abscheu mußte folglich daher entstehen Kinder zu zeugen? Wie groß mußte nicht die Vorliebe zum Cälibat werden? Die standhafte Bemühung diese Bande zu zerreissen, sich von den Sinnen loszumachen und in sich selbst zurückzuziehen, hielt er für die wahre Weisheit, für die wahre Reinigung, für das einzige Mittel der Gottheit ähnlicher und wieder in die Classe der Dämonen versetzt zu werden.

10) Von ihm rührt zum Theil das, allen theosophischen Systemen so eigene Verschreyen der menschlichen Vernunft und Erkenntniß her, die Herabwürdigung der menschlichen Natur. Er entwirft in seinem Theätet das Bild eines Weisen, der zu allen Weltgeschäften unbrauchbar und unthätig ist; der

nur diejenigen Wissenschaften liebt, welche ihn lehren, so geschwind als möglich aus diesem unreinen Aufenthalt der Vergänglichkeit in eine bessere Welt zu entfliehen. Hier gründen sich die ersten Linien der mönchischen Ascetik, in diesen falschen Voraussetzungen, in seiner Erdichtung der cabalischen Seele der Materie als der Quelle alles Bösen.

11) Dieser Satz von der Verdorbenheit der Materie, von den Ausflüssen der bessern Theile aus der Gottheit, sind die Quelle und der Grundstein aller theosophischen und mystischen Systeme. Und diese beyde Sätze gründen sich in der orientalischen Philosophie und in jener des Pythagoras und Plato; sind aber beyde ohne allen nur den geringsten philosophischen Grund und Beweis, um so mehr als das Verderben der Menschen, aus einem andern weit natürlichern und erweislichern Grund abzuleiten ist. Scharfe Denker werden den Ursprung von ungleich mehrern aus diesen beyden Quellen entdecken. Ihrem eigenen Nachdenken ist diese Entdeckung vorbehalten.

Aber wie ist nun die Filiation, die Abstammung der spätern Systeme aus diesen beyden
Quellen

Quellen bis auf unsre Zeiten zu erweisen? — Die Auflösung dieser Frage liegt in der Geschichte: Folgendes mag indessen ein Wink seyn, die Sache selbst genauer zu untersuchen.

Die Meinungen der Menschen und Völker durchwandern mit diesen die Erde. Alles was Mittel ist, Menschen aus ihrer Heymath zu treiben, ist zugleich Mittel dessen sich die Vorsicht bedient, ihre Lehren und Meinungen zu verpflanzen. Handel, Krieg und Eroberungen haben hierinn mehr gethan als aller Unterricht der Gelehrten. Dies sey im Vorbeygehen denjenigen gesagt, welche in dem Krieg nichts als Verderben und Zerstörung entdecken.

Der Orient ist die Wiege des Emanationssystems. Aus Egypten brachten die Juden ihre Cosmogonie nach Palestina: in der Assyrisch und Babylonischen Gefangenschaft wurden sie, deren Viele zurückgeblieben, mit den Lehren dieser beyden Völker bekannt, so wie diese mit Juden. Josephus der Jude gesteht das selbst im 3 Buch 7 Capitel seiner jüdischen Alterthümer, obgleich nicht ohne einige Schüchternheit. Hier lernten sie unter andern den Chaldäischen Satan und verschiedene Gattungen der Engel als Folgen des Emanationssystems kennen. Als Cyrus Babylon

bylon eroberte, und Chaldäa eine Persische Provinz wurde, vermischte sich der Chaldäismus mit dem Magismus und dem Judenthum: die Bücher der Parsen enthalten davon unläugbare Spuren, z. B. die Schöpfungsgeschichte in 6 Tagen, der Fall des Menschen. Als Egypten durch den Cambyses erobert wurde, so geschah auch hier eine nicht unmerkbare Vereinigung der alten Egyptischen Lehren mit jenen der Perser: schon vorher unter dem Psamitichus wurden einige Griechen aus Jonien und Carien nach Egypten gerufen, von welcher Zeit an die Reisen der Griechen, besonders ihrer Weisen, nach Egypten häufiger, aber auch die alte Egyptische Lehre verderbter geworden ist. Durch die Einfälle der Perser in Griechenland wurden die Griechen, wie aus dem Xenophon erhellet, mit den Grundsätzen der Perser bekannt: vielleicht ist dies der Zeitpunkt, wo **Pythagoras** und **Plato** Gelegenheit fanden, das Emanationssystem zu kennen. Aber mehr als alles Vorgehende haben **Alexanders** Eroberungen dazu beygetragen. Durch diese wurde der Platonismus und die ganze Griechische Weltweisheit nach Asien, Indien und vorzüglich nach Egypten verpflanzt, wohin sich auch die letzten Pythagoräer aus Italien geflüchtet hatten: auch die Juden kamen schon unter Alexanders und der Ptolomäer

Ismäer Regierung häufiger nach Alexandrien, und erhielten den Nahmen der Hellenisten, obgleich schon vorher einige nach dem Mord des Gedalia und der Zerstörung des Tempels dahin geflohen waren. Alexandria wurde der erste Handelsplatz der Welt: hier versammelten sich alle Völker der damals bekannten Welt, und mit ihnen ihre Meinungen und Lehren: orientalische Philosophie, alte Egyptische Lehre, Judaismus, Pythagoreismus und Platonismus. Aus der Vermischung von diesen allen entstund vorzüglich:

1) Die so berufene Cabbala der Juden, die Bücher Jezirah und Sohar, und vermuthlich die Secte der Essener und Therapeuten.

2) Der noch berufenere Syncretismus der Meynungen, die nachmals unter dem Nahmen der Alexandrinischen oder Neuplatonischen oder auch electischen Schule bekannt und erst im zweyten und dritten Jahrhundert nach Christi Geburt vorzüglich vom Plotinus, Jamblichus, Porphyrius und andern Neuplatonikern in ein ordentliches System gebracht wurden. Von dieser Alexandrinischen Schule wurden einige eifrige Bekenner, Clemens Alexandrinus, Origenes, Tatianus,

... tianus, Athenagoras und Justinus der Martyr eifrige Verfechter des Christenthums und vereinigten mit solchem einige Lehren des neuern Platonismus.

3) Die Gnosis: eine orientalische mit Platonismus vermischte Philosophie, die sich im Orient besonders im ersten und zweyten Jahrhundert der Kirche so sehr verbreitet, nachdem einige Zeit vor der christlichen Zeitrechnung die in Alexandria anwesenden Philosophen durch die Tyranney des Ptolomäus Physcon vertrieben und sich nach Asien geflüchtet hatten. Zweige dieser Gnosticker sind die Saturninianer, Elsecaiten, Carpocratianer, Cerdo, Marcion, Bardesanes, Cerinthus, Ophiten, Basilianer, Valentinianer und andre in der Kirchengeschichte der ersten Jahrhunderte so berufene Ketzer, zum Theil auch die Manichäer.

In allen dreyen ist das Emanationssystem das herrschende. In der Cabbala und Gnosis am stärksten, doch mit mehrerer Anwendung auf Juden und Christenthum. In der eigentlich Alexandrinischen Schule minder: da in dieser das Pythagorisch-Platonische mit sehr merklichen und von Zeit zu Zeit zunehmenden Modificationen hervorragt.

ragt. Diese Pythagoreisch-Platonische Lehren fanden in Egypten und Alexandria um so mehr Beyfall, als sie für die ursprüngliche Lehre Egyptens gehalten wurden, in welche Pythagoras und Plato, während ihres Aufenthalts in Egypten, von Egyptischen Priestern eingeweihet wurden. Schon vor und nach Christi Zeiten waren nicht nur allein Heiden, sondern auch Juden und Christen ihm sehr häufig zugethan. Philo der Jude war ganz Platoniker, die Essener und Therapeuten kommen offenbar aus dieser Schule. Selbst die Schriften der Apostel, besonders des Paulus und Joannes enthalten sichtbare Beweise, daß sie mit diesen Ideen bekannt waren. Die sogenannte Offenbarung Joannis, samt der darinn sich gründenden Parthey der Chiliasten, gehören vorzüglich hieher. Die ersten Ketzer finden sogar in allen Stellen von der Gottheit Christi Spuren dieser Lehre. Von den Antinicänischen Kirchenvätern ist es um so gewisser. Durch sie kam die Mystik schon in den frühesten Zeiten der Kirche in die christliche Religion und hat sich dadurch erhalten und fortgepflanzt. Die Schwärme der Anachoreten, und Mönche in Egypten und späterhin in andern Theilen der Kirche sind durch die Alexandrinische Schule entstanden. — Was aber der Pythagoreisch-Platonischen Schule diesen so gewaltigen Vorschub gab, war die Erscheinung des berühmten Ebentheurers und geglaubten Wundermanns Apollinius von Thyana, der sich selbst für einen Nacheiferer des Pythagoras in allen Stücken darstellte, die Welt durchreißte und eine ungeheure Menge von Menschen an sich riß, deren Bewunderung er sich erwarb: wie auch nicht minder die Erscheinung des nicht weniger berüchtigten Alexanders im zweyten Jahrhunderte der Kirche. Dazu kam der in diesen Zeiten so herrschende Hang und Glaube an Sterndeuterey und alle Arten von Weissagungen unter Griechen und Römern. Der Verfall der Wissenschaften und die feste Ueberzeugung von der Würklichkeit der Magie, oder der Kunst, Götter und Geister zu beschwören, sie zu seinen Absichten zu gebrauchen, die Seelen der Verstorbenen hervorzurufen und die Zukunft durch Hülfe der Geister zu erforschen. Diese und noch andre zusammenwirkende Ursachen mußten endlich zu Ende des zweyten und mit Anfange des dritten Jahrhunderts jenen Unsinn und Ungeheuer von Philosophie erzeugen, deren zerstreute Bruchstücke Ammonius, Plotin, Porphyrius, Jamblichus, Psellus, Proclus und andre unter dem Nahmen der eclectischen Philosophie in ein ordentliches System gesammelt. Daß bey diesen Schwär-

merchen

mereyen und Thorheiten wirklich das Emanationsſyſtem, nebſt der Platoniſch Pythagoreiſchen Philoſophie zu Grund liege: daß die Lehren der heutigen Theoſophen und Myſtiker im Grund mit einigen Zuſätzen und Abänderungen die nämlichen ſeyen, kann aus den Lehren dieſer Schwärmer am deutlichſten gezeigt werden, welche folgende waren, wie ſich jeder davon aus ihren Schriften überzeugen kann, wenn er anderſt Fähigkeit und Geduld genug hat, in den Sinn ihrer unverſtändlichen und barbariſchen Schreibart einzudringen:

1) Gott iſt in der Sprache der Eklektiker der würklich Würkliche, der Ueberweſentliche, der Ueberverſtändliche, die Quelle der Göttlichkeit, die Einheit aller Einheiten, der unzugänglich Verborgne unter den verſtändlichen Göttern. Er iſt allenthalben und doch nirgends, er durchdringt, enthält und erleuchtet alles und iſt doch an keinem Ort gegenwärtig.

2) Dieſer Gott hat alles Mögliche und Würkliche, Sichtbare und Unſichtbare in verſchiedenen Emanationen aus ſich ſelbſt erzeugt.

3) Aus dieſer Gottheit ſind die geiſtigen und gedenkbaren Götter, aus dieſen die verſtändlichen,

lichen, aus diesen abermals die Seelen, und endlich aus diesen letztern die Körper hervorgegangen.

In dieser Lehre wichen sie also von dem Plato ab, verwarfen seine formlose Materie, und hielten sich in diesem Stück an das reine Emanationssystem.

4) Am dunkelsten sind ihre Gedanken, und eben so widersprechend unter einander über den Schöpfer der sichtbaren Welt und über die Dreyheit, die zuerst aus der Gottheit hervorgegangen.

Jamblich nimmt ausser einer verständlichen, noch drey andre gedenkbare Dreyheiten, die abermal in einer verständlichen Siebenheit enthalten sind.

5) Aus dieser Dreyheit nahmen sie den Schöpfer der sichtbaren Welt, den Demiurgus.

6) Sie behaupteten mit Plato, daß die Welt ein beseeltes, empfindendes und vernünftiges Wesen sey: in dessen Mitte eine göttliche Seele wäre, die sie leitet, durchdringt und zusammenhält: erdichteten aber ausserdem noch eine überweltliche Seele.

7)

7) Plato leitete den Ursprung des Bösen aus der chaotischen Seele. Die Eklektiker verliessen hierinn ihren Lehrer, weil sie die Materie des Plato verwarfen, sie erklärten also die physischen Uebel

1. Durch Würkungen böser Geister,
2. Durch Vergehungen in einem vorhergegangenen Leben.

8) Da ihnen aber selbst diese Erklärungen unzulänglich schienen, so schoben sie doch mit Plato alle Schuld auf die Materie. Die Verdorbenheit der Materie bestand aber nach ihrer Meinung in einer gänzlichen Beraubung und Abwesenheit alles Guten.

9) Auf der andern Seite erhoben sie die Materie. Sie sprachen von einer reinen, unvergänglichen, himmlischen Materie, mit welcher die Götter sich bekleiden, die der Vereinigungspunkt zwischen der göttlich und menschlichen Natur ist.

10) In Erfindung der Classen und Naturen der Götter waren sie unerschöflich, aber nicht einig unter sich. Plato selbst nahm, ausser dem höchsten Gott, der Weltseele und den Gestirnen, keine andre Götter an.

11) Nach Porphyr, Jamblich und Plotin, sind einige Götter durchaus unkörperlich, andre sind mit Körpern verbunden, denen sie vorstehen.

Diese Götter waren aber darum nach dem Sinn des ganzen Alterthums nicht einfach; denn unkörperlich heißt bey ihnen alles, was keinen groben materiellen Leib hat, folglich ätherischer Natur ist. Die eigentliche Spiritualität Gottes sowohl als der Seelen war ihnen unbekannt. Dieser geglaubte feinere Materialismus der Seele gab auch Gelegenheit zu der Lehre von der Fortpflanzung der Seelen durch die Aeltern, (Propagatio per traducem) welcher noch unter den christlichen Lehrern Origenes und Tertullian zugethan waren. Durch diese Lehre von der Fortpflanzung der Seelen wollte man erklären, in wie fern alle Menschen durch den Fall ihrer Stammältern gesündigt und an diesem Fall Antheil gehabt.

12) Alle überweltliche Götter, die mit der Materie keine Verbindung haben, sind unwandelbar, und sind den Würkungen der Theurgie nicht unterworfen. Aber alle mit der Materie verbundene Götter können durch Magie erweicht werden.

13)

13) Der höchste Gott kann nur im Geist, in der Stille, ohne alle Worte und äusserliche Zeichen verehrt werden. Ihm ähnlich werden ist sein gefälligster Dienst.

14) Die überweltlichen Götter können durch Lieder und inbrünstige Gebete verehrt werden.

15) Den Göttern die über Körper herrschen, kann man so gar Opfer bringen, aber ja keine Thiere schlachten.

16) Die Götter erscheinen und offenbaren sich auch den Menschen. Diese Theophanien kann man von den Erscheinungen der Engel, Erzengel, Dämonen, dadurch unterscheiden

1. Erstere erscheinen gleichförmig, ihre Bewegungen sind schneller als Gedanken.

2. Aus der Grösse und dem Glanz, der den ganzen Himmel bedeckt und den körperliche Augen nicht ertragen können.

3. Ihre Gegenwart erhebt die Seele bis zur verständlichen Welt empor, macht das Unsichtbare sichtbar wie das Körperliche.

4. Durch die Pracht ihrer Begleitung von Engeln und Erzengeln.

17) Nach dem Plato sind die Dämonen Mittelnaturen zwischen Göttern und Menschen. Nach ihm sind Menschen gefallene Dämonen; und alle Dämonen sind gut. Nach den Eklektikern giebt es deren gute und böse: beyde sind mit einem nach ihrem Gefallen veränderlichen Körper umgeben.

18. Die guten Dämonen sind die Beschützer der Menschen, Thiere und Pflanzen, die Regierer der Jahrszeiten, die Verkündiger der Zukunft.

19) Die bösen Dämonen sind hingegen die Ursache von allen Unfällen der Menschen, von allen physischen Uebeln. Von ihnen rühren alle Versuchungen und böse Gedanken, alle Ausschweifungen und schädliche Leidenschaften. Alle Städte, Häuser und Tempel sind davon angefüllt: sie schleichen sich so gar in den menschlichen Körper, können aber durch Reinigungen vertrieben werden. Hieher gehören auch die Talismans und Amulette gegen böse Geister. Jeder Mensch hat seinen eigenen Dämon. Psellus hat sich in der Lehre von den Dämonen vorzüglich ausgezeichnet.

20)

20) Daher die Macht der Theurgie oder Magie, die ihre Kenner zu Herrn der Natur und der Götter macht: die auch eigentlich, so viel den ausübenden Theil betrifft, die Geheimnisse und Mysterien dieser Secte ausmachen.

21) Die Magie ist darum eine reelle Wissenschaft und kein Traum, weil die Welt ein Ganzes ist, worinn sich alles in Einem vereiniget, folglich ist auch das Irdische mit dem Himmlischen und dieses mit dem Ueberhimmlischen verbunden. Alle Wesen ziehen sich an, oder stossen sich von einander. Wer nun diese Sympathien und Antipathien kennt, der kann mit der ganzen Natur spielen, kann Götter und Dämonen nach Belieben erscheinen lassen, kann weissagen: ist Herr über Vergangenheit und Zukunft.

22) Die zur Magie nöthige, anziehende oder hinwegstossende Kräfte finden sich in Thieren, Steinen, Kräutern, in gewissen Zeichen, Worten und Formeln.

23) Wenn diese Worte ihre Würkungen hervorbringen sollen, so muß aller Sinn und alle Gedanken davon hinweggenommen werden, weil sie an unkörperliche Wesen gerichtet sind. Sie dürfen daher unverständlich seyn,

und Gott hat sie weislich in der Sprache alter barbarischer Völker geoffenbart: sie dürfen darum auch in keine verständliche Sprachen übersetzt werden.

24) Der wichtigste Theil der Theurgie ist die Kunst zu weissagen; denn so wie in der Natur alles auf alles würkt, so ist auch alles ein Zeichen vom andern und Vorbedeutung. Dahin gehören Astrologie und Traumdeuterey.

25) Nach dem Plotin und seinen Nachfolgern, die in diesem Punkt ihren Lehrer Plato gänzlich verlassen, ruhten anfänglich alle Seelen in dem Schoos der überweltlichen Seele. Nach den Gesetzen der Ordnung und Harmonie lösten sie sich alle zur bestimmten Zeit von dieser geistigen Natur ab, traten in das System unsrer Welt und erhielten Körper. Sie kamen zuerst in den Himmel, in den Aufenthalt der sichtbaren Götter und erhielten ein Gewand aus ätherischem Stofe. Hier verweilten sie nicht immer, sondern senkten sich nach eben den Gesetzen immer tiefer und tiefer, bis sie auf unsre Erde kamen. Auf jeder dieser Stufen erhielten sie einen neuen Körper, und endlich auf der Erde einen irdischen.

26)

26) Die Kräfte der Seele sind vernünftige und vernunftlose. Beyde sind wieder erkennende und begehrende.

27) Der vernünftig erkennenden sind nach ihrer Lehre drey: Meinungsvermögen, raisonnirender und reiner Verstand.

Erstere sind das Vermögen, allgemeine Erfahrungssätze zu begreifen.

Die zweyte: Fähigkeit, allgemeine Sätze samt ihren Beweisen zu erfinden oder zu begreifen.

Reiner Verstand ist die Kraft, einige Wahrheiten ohne alle Dunkelheit und Beweis sogleich zu erkennen. Von diesen letztern finden sich bey den meisten Menschen, wegen ihrer Sinnlichkeit, nur dunkle Spuren, und diese sind die Wahrheiten des gemeinen Menschenverstandes.

28) Der vernünftig begehrenden Kräfte sind zwey. Der Wille oder die unveränderliche Neigung zum Guten, und das Vermögen unter mehrern Gütern das größte, und unter mehrern Uebeln das kleinste zu wählen.

29) Vernunftlose Kräfte sind im Menschen vier anzutreffen, zwey erkennende, Empfindungs-

dungsvermögen und Einbildungskraft, und eben so viele begehrende.

30) Ausser diesen Kräften hat der Mensch noch drey pflanzenartige, die ernährende, vermehrende und zeugende Kraft.

31) Ihre Moral war die leibhaftige Mönchsmoral, ganz aufgelegt die edelsten Seelenkräfte vollkommen zu ersticken, und Menschen zu untauglichen Mitgliedern der Gesellschaft umzuschaffen, wozu schon ihr Lehrer Plato in seinem Theätet den Ton angegeben hatte.

32) Alle Eklektiker setzten die Glückseeligkeit des Menschen in das Hinaufsteigen zur Gottheit. Zu dieser Wiedervereinigung mit Gott kann er nur dadurch gelangen, wenn er alle Bande auflöst, welche die Seele an die Materie fesseln. Um solches zu bewürken, ist blosses Forschen der Wahrheit und anhaltende Betrachtung nicht nothwendig, sondern die Ausübung der theurgischen Werke und heilige Enthaltsamkeit werden vorzüglich erfordert. Fasten und alle Casteyungen des Leibs, Verachtung aller Ehre und äusserlichen Güter und Haß gegen den Ehestand, waren wesentliche Grundsätze ihrer Sittenlehre. Auch Extasen, Verzuckungen, würkliche

liche Erhebungen in den Himmel, sind hier nichts ungewöhnliches.

33) Alle Tugenden hatten nur einen Werth in dem Maas, als sie uns von der Materie entfernen und der Gottheit näher bringen. Sie unterschieden solche in bürgerliche oder sittliche und reinigende, in Tugenden der schon gereinigten Seele, und betrachtende, in theurgische und göttliche.

34) Von den bürgerlichen oder sittlichen nahmen sie mit allen übrigen Griechischen Philosophen vier an. Klugheit, Mäßigkeit, Tapferkeit, Gerechtigkeit. Sie waren ihnen aber nur Vorbereitungsmittel zu höhern Stufen der Vollkommenheit, als die Vorläuferinnen der reinigenden, welche eigentlich die Seele von aller Anhänglichkeit an die Materie losmachen: und so gab es bey ihnen eine reinigende Klugheit, oder ein Vermögen von allen Versuchungen zu unbesonnenen Handlungen frey zu seyn: eine reinigende Mäßigkeit, oder die Erhabenheit der Seele von sinnlichen Lüsten gar nicht angefochten zu werden.

35) Wenn die Seele von allen Schlacken der Materie gereinigt ist, dann erhält sie erst die Tugenden der gereinigten Seele.

36)

36) Kraft der betrachtenden Tugenden sieht der Mensch die ewige Wahrheit nicht mehr in an einander hängenden Sätzen, sondern intuitiv, mit einem einzigen Blick.

37) Die göttlichen Tugenden sind allein in dem göttlichen Verstand, und sind die Urquellen, aus welchen alle übrigen Tugenden ausfliessen.

Wer diesem Auszug nicht trauet, ihn für übertrieben hält, der suche die beweisenden Stellen entweder in diesen Eklektikern selbst auf, oder lese zu besser umständlichern Belehrung die Schriften, wovon dieses System der Eklektiker ein abgekürzter Auszug ist; **Bruckers philosophische Geschichte II. Theil;** und **Meiners Beytrag zur Geschichte der Denkart der ersten Jahrhunderte** 2c.

Und nun nenne doch jemand eine noch so bunte Volkssage und Aberglauben; einen noch so groben Mönchsbetrug, eine Sage und Märchen der alten Weiber von unserm heutigen Zeitalter, das in dieser Gattung Philosophie nicht als Folge, sondern als wirkliche Lehre, offenbar und ausdrücklich enthalten wäre. So weit hat sich der menschliche Verstand nie verirrt, als in diesen Systemen: so und auf diese Art konnte nur

ein

ein Gnostiker, Eklektiker oder Cabbalist rasen, über diese hinaus endigen sich die ausschweifendsten Thorheiten und Hirngespinste der Menschen. Die spätern Theosophen und Mystiker haben zwar an ausserordentlichen Ausschweifungen des Verstands nichts ermangeln lassen, aber mit dem allen konnten sie ihnen höchstens nur gleich kommen, sie zu übertreffen war unmöglich: denn auch die Thorheit hat ihre Grenzen. Nebenher hatte diese Secte, um allen Greul zu vollenden, nebst ihren beyden Geschwistern, der Gnosis und der Jüdischen Cabbala, die schöne Eigenschaft, eine Menge Schriften, entweder zu verfälschen, oder auf Rechnung grosser Namen und Männer des Alterthums, eines Moyses, Abraham, Hermes, Orpheus, Zoroaster, Pythagoras u. a. zu erdichten, um ihren Träumereyen eine günstigere Aufnahme und grösseres Ansehen zu verschaffen. Wer sollte es glauben, daß diese Gattung Philosophie ihren Stiftern und Lehrern, in ihrem Zeitalter, unter ihren Zeitgenossen, ein so gränzenloses, beynahe vergöttertes Ansehn verschafft? Wer sollte es glauben, daß diese Lehren die Bewunderung späterer Jahrhunderte erhalten, und selbst in unsern Tagen neuerdings aufgewärmt, und als vollendete Weisheit verbreitet werden? Wer sollte es glauben, daß alle spätere

theoso-

theosophische Systeme aus dieser Quelle rühren, und nur das eigene an sich haben, daß sie das Christenthum geschändet, und auf diese Lehrsätze angewendt, statt heidnischen Thoren christlich-theosophische Schwärmer geworden? — Daß aber die spätere und heutige Theosophen und Mystiker aus dieser Quelle entsprungen, beweisen theils nachstehende Fortsetzung ihrer Geschichte und Abstammung, theils die auffallende und so sichtbare Uebereinstimmung ihrer Lehren und Grundsätze mit den Lehren der Platonisch-Alexandrinischen Schule, mit welchen sie nicht nothwendig allzeit unmittelbar, sondern durch verschiedene Wege, Veranlassungen und Abstufungen bekannt geworden.

Diese Neu-Platonische Philosophie dauerte von ihrem Stifter Ammonius Saccas, Plotinus und andern in ununterbrochener Reihe bis auf den Damascius und Isidorus, bis in die Mitte des siebenten Jahrhunderts. Die meisten Kirchenväter waren ihr zugethan, unter diesen vorzüglich Origenes und Synesius. Sogar Augustinus erhebt die Arbeiten eines Plotinus in seinen Schriften gegen die Akademiker: und diese Lehre wurde so zu sagen die Lehre der

christ-

christlichen Kirche, bis sie durch den Aristoteles und die Scholastiker späterhin verdrängt wurde. Dahin gehören auch die untergeschobenen Bücher des Hermias und Dionysius Areopagita, denen unter den Christen ein solcher Werth-beygelegt wurde, daß man sagen kann, die Platonische und eklektische Schule habe sich in den folgenden finstern Zeiten hauptsächlich durch die Kirche fortgepflanzt, weil in solcher die Lehren der ersten Kirchenväter, die beynahe alle Platoniker waren, zum Grund der christlichen Lehre gelegt wurden. Die apokalyptischen Ideen samt dem im eilften Jahrhundert, und nachher in verschiedenen Zwischenräumen wieder auflebenden Chiliasmus, haben nicht wenig dazu beygetragen. Um diese Zeit waren die Wissenschaften in Europa durch den Einfall barbarischer Völker so sehr verschwunden, daß sich nur einige schwache Ueberbleibsel unter den Saracenen und in dem Sitz des Orientalischen Kaiserthums zu Constantinopel erhalten haben. Daß auch die Platonische Philosophie dahin geflüchtet und noch beständig fortgebauert habe, beweisen die Schriften der beyden Psellus,

und

und der um diese Zeiten in dieser Kaiserstadt herrschende Aberglaube und Dummheit. Noch deutlicher aber erhellet solches bey dem Aufleben der Wissenschaften im Occident durch Griechische Flüchtlinge vor und besonders nach der Eroberung von Constantinopel. Zu den Zeiten des Florentinischen Conciliums vor der ersten Helfte des funfzehnten Jahrhunderts kam, im Gefolg des Griechischen Kaisers, nach Florenz ein gewisser Grieche aus Constantinopel, Georgius Gemistus Pletho genannt. Dieser gewann die Freundschaft Cosmus des Grossen aus der Medicei̇schen Familie. Cosmus fand an dieser Art Philosophie, die dem Gemistus Pletho die geläufigste war, einen solchen Geschmack, daß er bey sich den Entschluß faßte, eine eigene Akademie zu Florenz zur Verbreitung dieser Lehre zu errichten. Er kaufte zu diesem Ende die Bibliothek des Joannes Lascaris und ließ den Plato und die Schriften der übrigen Platoniker durch den Marsilius Ficinus in das Lateinische übersetzen. Durch die Bemühungen dieses Ficinus und noch besonders des Picus von Mirandyla und Philippus Valor

Valor wurde diese Platonische Schule durch ganz Europa so berühmt, daß sich in Florenz von allen Ländern junge wißbegierige Männer einfanden. Unter den Vielen war auch aus Deutschland Joannes Reuchlin, sonst Capnio genannt, einer der nachmaligen stärksten Anhänger und Verfechter der Pythagorelsch-Platonisch-Cabbalistischen Philosophie, mit dessen Bemühungen andere, als Peters Galatius, Paulus Riccius und Franciscus de Georgiis ihre Kräfte vereinigten. Doch, da Aristoteles durch die Saracenen und Scholastiker schon in frühern Besitz gekommen, wollte es den Verfechtern der Alexandrinischen Schule nie recht gelingen, dem Plato sein voriges Ansehen zu verschaffen. Hier und da fanden sich aber doch einzelne Anhänger, die sich nach den Schriften dieser Vorgänger bildeten, und unter diesen befand sich auch im sechzehenden Jahrhundert der berühmte Cornelius Agrippa, der in seinen Büchern *de occulta Philosophia*, den Neu-Platonischen Unsinn, nebst der Magie, mit vielen Abweichungen erneuert hat. Nachher hielten sich an die ursprüngliche Lehre Franciscus

Patritius, Joannes Marcus Marci und spä́terhin, Theophilus Galeus, Radulph, Cudworth und Henricus Morus.

Unter den Thorheiten und Verirrungen des menschlichen Verstandes gehört auch die thörichte Begierde uneblere Metalle in eblere zu verwandeln. Diese so schädliche Sucht wurde vor allen durch die Schriften und Lehren des Theophrastus Paracelsus unter den Menschen im sechzehenden Jahrhundert verbreitet, nachdem sie schon vorher durch die Schriften des Arnoldus Villanovanus, Rupescissa, Basilius Valentinus und durch die vorgeblichen Werke des Raimundus Lullus rege gemacht worden. Paracelsus stellte in der Physik und Medicin den Grundsatz auf, daß man wahre Philosophie und Arzneykunst nicht von Menschen oder Creaturen, sondern ganz allein von und durch Gott vermittelst einer besondern Gnade und Erleuchtung erlernen könne und müsse. Diese Lehren behielten nicht nur allein bey, sondern trieben sie noch weiter Guthmann und Sperber. Plato und die spätern Platoniker hatten schon den Grund-

Grundsatz aufgestellt, daß alles menschliche Wissen eitel sey und die Vernunft irre führe. Dieser Satz wurde durch die Platonisirenden Kirchenväter und die, deren Institut und Vortheil alle vernünftige Wissenschaften verbannt, in die christliche Religion gebracht und unter ihren Bekennern verbreitet. Nun fieng auch die Paracelsische Schule an, den Gebrauch der Vernunft bey Erforschung der Naturgeheimniße zu verschreyen. Der Hang dazu nahm so sehr überhand, daß sich gegen das Ende des sechzehenden Jahrhunderts mehrere Sectenstifter, und unter diesen vorzüglich **Robert Fludd, Valentin Weigel, Jacob Böhm** mit seinem Anhänger **Quirin Kuhlmann** und **von Helmont** der ältere hervorthaten, die alle Stifter eigener theosophischen Systeme wurden. Der Aberglaube dieser Zeiten, der sogar Könige, und unter diesen den grossen Heinrich IV. aus Frankreich, ergriffen, ist aus der Geschichte bekannt. Alles gab sich mit Horoscopen und Nativitätstellen ab. Die Astrologen und alle die sich mit diesen Thorheiten beschäfftigen, wurden häufig an die ersten Höfe gerufen. Die Weissagungen des

Nostradamus sind zu bekannt, als daß es nöthig wäre sie neuerdings anzuführen. Sogar der grosse Keppler legte sich auf die Astrologie, stellte sich selbst die Nativität und vertrat bey dreyen Kaysern mehr die Stelle eines Hofastrologen als Hofastronoms. Er übernahm sogar die öffentliche Vertheidigung der Astrologie und prophezeite durch sieben M den Tod des Kaisers Matthias. Und nun wundre sich jemand über die Vorschritte solcher Thorheiten unter dem übrigen Haufen, wenn selbst Geister der ersten Grösse ihre Anhänger und Vertheidiger gewesen. Um die Zeit, als der durch diese Schulen veranlaßte Hang zur Alchemie und übernatürlichen Mittheilung der Naturgeheimnisse so herrschend wurde, erschien im Anfang des siebenzehenden Jahrhunderts eine Schrift, *Fama Fraternitatis R. C.* und bald darauf eine andere *Confessio Fraternitatis.* In dieser wurde Nachricht von der Würklichkeit einer Gesellschaft ertheilt, welche ein gewisser Christian Rosenkreuz im vierzehnten Jahrhundert nach der Rückkehr aus dem gelobten Land, wo er mancherley Geheimnisse und sonderbare Kenntnisse gesammelt, errichtet,

errichtet habe. In dieser Fama wurde bekannt gemacht:

1. Diese Gesellschaft hätte eine ganz eigene Offenbarung erhalten, durch solche hätte sie die Kenntniß der größten und meisten Geheimnisse erhalten? Sie als wahre Theosophen wußten sie zu erklären.

2. Die Gesellschaft arbeite an einer allgemeinen Verbesserung aller, besonders medicinischer und philosophischer Erkenntniß.

3. Sie besäße den Stein der Weisen, die Universalmedicin, die Kunst alle Metalle zu verwandeln und das Leben zu verlängern.

4. Sie wisse, und verkündige ein künftiges goldnes, durchaus glückliches Weltalter.

Durch diese sonderbare Ankündigung geriethen alle Köpfe in Gährung. Der Hang nach diesen hier angekündigten Wissenschaften wurde allgemeiner. Alle Theosophen und Alchymisten des Zeitalters eigneten sich solche zu. Unter allen traten Sperber und Robert Flud als ihre öffentlichen

Verthelbiger auf. Es wurde dafür, und dagegen geschrieben, und es äufferten sich mancherley Vermuthungen nach Verschiedenheit des Interesse, so jeder bey der Sache hatte.

Niemand konnte angeben, wo diese Gesellschaft sich aufhalte. Selbst Cartesius konnte auf seinen Reisen alles Bestrebens ungeachtet nichts davon erfahren.

Als durch diese Ankündigung die Köpfe der Menschen hinlänglich verruckt waren, hörten auf einmal alle weitere Nachrichten davon auf, und es entwickelte sich später so ziemlich wahrscheinlich, daß nie eine solche Gesellschaft gewesen, daß solches nur eine Erfindung und Scherz einiger klugen Köpfe gewesen, besonders des Valentin Andreä, um die Theosophen und Alchymisten seiner Zeit lächerlich zu machen, und ins freye offene Feld zu locken; zu sehen, und zu erfahren, wer die Parthey dieser Sache nehme, wer sie bestreiten werde; anbey die Mängel und Gebrechen der damaligen Gelehrsamkeit auf eine feine und sichere Art anzuzeigen, und nach und nach zu verbef-

ferne

fern, wie in Arnolds Ketzergeschichte mit guten Gründen unter dem Artikul Rosenkreuzer dargethan wird. Dieses gute Vorhaben brachte aber vielmehr die entgegengesetzte Würkung hervor. Die Alchymisten und Theosophen nutzten diesen Wink, warfen und versteckten sich und ihre Träume unter diesen Gedanken und Hülle, trieben auf diese Art nun ingeheim ihr vorher öffenes Handwerk, und behaupteten in vollem Ernst die Existenz einer Gesellschaft, die vorher nur in Gedanken würklich war und erst durch sie ihre Würklichkeit erhalten. Von dieser Zeit an erschienen auch ausserdem von Theosophen mancherley Secten, welche die Chemie, Alchemie mit dem Glauben an Weissagungen, und der Theosophie verbunden. Selbst die cartesianische Philosophie und die Lehren eines Malebranche lassen sich mit theosophischen Ideen sehr leicht in Verbindung bringen. In unseren Tagen ist der theosophische Aberglauben durch geglaubte Wundermänner einen Schwedenborg, Schröpfer, S. Germain, Cagliostro, durch die über den Ursprung, Abstammung und Geheimnisse der Freymaurerey

gewagte

gewagte Zweifel, Muthmaffungen und Untersuchungen, nebst anderen mitwürkenden Ursachen mehr als jemahlen erwacht, und der Leichtglauben des Pöbels und unphilosophischer Köpfe, so wie die feurige oder melancholische Denkungsart und Phantasie einiger stillen Schwärmer auf einen ausserordentlichen Grad getrieben, und gespannt worden. Ehrgeitzige oder auch überredete Geisterseher und Alchymisten fangen neuerdings an, die menschliche Vernunft zu verschreyen, haben diese in den Köpfen der Menschen entstandene Gährung, und die in dem Moment sich allgemein offenbarende Schwäche der Freymaurerey benutzt, alle lau gewordenen, leicht- und aberglaubischen Maurer unter neuen Aussichten und Versprechungen an sich gerissen, sich mit ähnlichen Beförderern des Aberglaubens verbunden, und sich zum zweytenmahl unter die Hülle der Rosenkreuzerey gesteckt, um ihren Thorheiten bey schwachglaubigen Menschen den Anstrich des Alterthums zu geben. Man ist sogar auf den Einfall gerathen, die wahre Weisheit bey Völkern zu suchen, die in der tiefsten Barbarey liegen. Palestina, Syrien, Egypten

und

und überhaupt das Morgenland soll noch die ächten Keime davon aufbewahret haben. Müssige Ritterorden wie z. B. jener der Tempelherren sollen diese morgenländische Weisheit, die gnostischen, und alexandrinischen Thorheiten mit sich durch die Kreutzzüge nach Europa gebracht haben. Jeder Betrüger giebt vor, in Eypern oder irgend einem Winkel von Kleinasien durch fleissiges Forschen diese Nachrichten und Kenntnisse erhalten zu haben, mit welchen er leichtgläubige Menschen bethört, die alles für gut, für Weisheit halten und für um so grössere Weisheit halten, je ferner der Ort ist, aus welchen sie abstammen soll. Bis endlich noch vollends durch das berüchtigte Buch *des Erreurs et de la verité* und andere häufig erscheinende theosophisch mystische Werke, das Gehirn unserer Zeitgenossen gänzlich, und so sehr verbrannt worden ist, daß dieses Uebel täglich mehr um sich greift, und allem Anschein nach die Periode unseres wissenschaftlichen Glanzes auf lange Zeit vorüber ist, um sodann in eine den scholastischen Zeiten nicht unähnliche, oder vielleicht

leicht noch gefährlichere und Seelenverderbendere Barbarey zu verfallen.

Und diese ist nun die kurze, aber sehr wahrhafte Geschichte unserer heutigen so hoch gepriesenen, so eifrig gesuchten geheimen Weisheit: dieser ihr Ursprung.